Library of Marxism Studies, Volume 2

马克思主义研究论库

第二辑

国家出版基金项目
NATIONAL PUBLICATION FOUNDATION

马克思恩格斯列宁论社会主义社会建设

Marx, Engels and Lenin's Thought on
the Construction of Socialist Society

梁树发　主编

中国人民大学出版社

· 北京 ·

出版说明

　　马克思主义是我们立党立国的根本指导思想，是我们认识世界、改造世界的强大理论武器，加强和推进马克思主义理论研究和建设，具有十分重要的意义。当前，随着中国特色社会主义伟大实践深入推进，新情况、新问题层出不穷，迫切需要我们紧密结合我国国情和时代特征大力推进理论创新，在实践中检验真理、发展真理，研究新情况，分析新矛盾，解决新问题，用发展着的马克思主义指导新的实践。时代变迁呼唤理论创新，实践发展推动理论创新。当代中国的学者，特别是马克思主义学者，要想适应时代要求乃至引领思想潮流，就必须始终以高度的理论自觉与理论自信，不断推进马克思主义中国化、时代化、大众化，不断赋予马克思主义新的生机和活力，使马克思主义焕发出强大的生命力、创造力、感召力，放射出更加灿烂的真理光芒。

　　为深入推进马克思主义理论研究、马克思主义中国化研究，中国人民大学出版社组织策划了"马克思主义研究论库"丛书。作为一个开放性的论库，该套丛书计划在若干年内集中推出一批国内外有影响的马克思主义研究高端学术著作，通过大批马克思主义研究性著作的出版，回应时代变化提出的新挑战，抓住实践发展提出的新课题，推进国内马克思主义研究，促进国内哲学社会科学的繁荣发展。

　　我们希望"马克思主义研究论库"的出版，能够受到广大读者的欢迎，为推动国内马克思主义研究和教学做出更大贡献。

中国人民大学出版社

目　录

上编　马克思恩格斯论社会主义社会建设

下编　列宁论社会主义社会建设

导　论

就"社会建设"具有的本来意义而言，在传统的马克思主义词典中是找不到这个概念的。它应该是马克思主义新词典中的内容。社会建设以及它的具体形态——社会主义社会建设，是中国共产党人和中国马克思主义者的贡献，具体地说，是以胡锦涛为总书记的党中央在马克思主义发展史上第一次明确提出的概念和理论。

在中国特色社会主义建设实践中，我们党关于社会主义社会建设概念、理论的形成和提出有一个过程。社会建设概念的第一次提出，是在2004年党的十六届四中全会上。全会从提高党构建社会主义和谐社会的能力出发，提出加强社会建设和管理、推进社会管理体制创新的要求。2004年12月1日，胡锦涛同志在中共中央政治局第十七次集体学习时发表了题为《学习和运用建设社会主义的成功经验　坚持好发展好中国特色社会主义道路》的讲话，从讲话中关于"全面把握我国经济、政治、文化和社会发展的基本特征"的提法和"正确认识和处理社会主义物质文明、政治文明、精神文明与和谐社会建设的关系"的提法中可以看出，党中央关于社会主义社会建设的思想是很明确的。其中出现了与经济、政治、文化并列的"社会"概念及其表述形式，出现了与物质文明、政治文明、精神文明并列的"和谐社会建设"概念及其表述形式①。

----

① 胡锦涛．学习和运用建设社会主义的成功经验　坚持好发展好中国特色社会主义道路．人民日报，2004-12-03（1）．

2005 年 2 月 19 日，在省部级主要领导干部提高构建社会主义和谐社会能力专题研讨班上，胡锦涛同志重申了关于加强社会主义社会建设的要求，并对其意义、内容等做了进一步阐述，指出随着我国经济社会的不断发展和构建社会主义和谐社会重大任务的提出，"中国特色社会主义事业的总体布局，更加明确地由社会主义经济建设、政治建设、文化建设三位一体发展为社会主义经济建设、政治建设、文化建设、社会建设四位一体"，并认为"关于社会主义社会建设的理论，是马克思主义理论的重要组成部分"①。这是关于社会主义社会建设概念和思想的最明确的表达。把社会建设与中国特色社会主义总体布局联系起来，把它看作这个总体布局的"一位"，表明我们党对社会建设的意义有了更加明确的认识，表明作为马克思主义理论重要内容的社会主义社会建设理论从此确立起来。2005 年 2 月 21 日下午，胡锦涛同志在主持中共中央政治局第二十次集体学习时，向全党提出了加强社会建设理论研究的任务。他指出："做好任何一项工作都离不开理论指导。与社会主义经济、政治、文化建设一样，我们对社会主义社会建设的理论研究和实践探索还有大量工作要做，因而尤其需要在实践的基础上加强理论研究。要加强马克思列宁主义、毛泽东思想、邓小平理论和'三个代表'重要思想关于社会主义社会建设理论的研究，并用来指导我们构建社会主义和谐社会的各项工作。要加强对我国历史上关于社会建设理论的研究，按照去伪存真、去粗取精的要求，努力做到古为今用。要注意研究国外社会建设理论，借鉴其积极成果。"

作为马克思主义理论研究者，特别是专门从事马克思主义发展史研究的理论工作者，我们特别注意到中央关于"要加强马克思列宁主义、毛泽东思想、邓小平理论和'三个代表'重要思想关于社会主义社会建设理论的研究"这一要求，以为社会主义社会建设概念和理论的提出具有十分突出的思维创新和马克思主义理论创新的意义，对于这一科学理论的形成、本质、内容和意义等的认识，不仅要从我国经济社会发展的新的实际出发，还要放到社会主义，特别是中国特色社会主义的历史进程中，放到马克思主义发展的历史进程中。

本书《马克思恩格斯列宁论社会主义社会建设》，是关于社会主义

---

① 胡锦涛. 在省部级主要领导干部提高构建社会主义和谐社会能力专题研讨班上的讲话. 北京：人民出版社，2005：8.

社会建设理论的马克思主义发展史研究的上篇，《毛泽东邓小平江泽民胡锦涛习近平论社会主义社会建设》（暂定名）将是它的下篇。

一、什么是社会建设

社会主义社会建设理论体系中的社会建设是个新概念，是以往马克思主义、科学社会主义文献中所没有的。这是一个重要概念，是理解和说明马克思主义社会建设理论的基础。这个概念具有复杂性，如果我们不能在中国特色社会主义建设实践中理解它，不能以新的社会观察的视角和创新性的思维去理解它，就不能正确地说明和把握它。

（一）社会与社会建设

社会建设、社会主义建设或社会主义社会建设，以往曾是一个十分普通的概念。社会是一个集经济、政治、文化等要素于一体的集合概念，是社会关系体系。社会建设就是按照社会发展的规律和发展的具体目标、要求，通过积极的活动、实践，由经济建设、政治建设和文化建设构成的社会整体的发展过程。此外，社会建设概念本身具有价值内涵，所以，它的使用一般只与社会主义社会相联系，在一般意义上，它只与进步社会形态和进步事业相联系，只在马克思主义、科学社会主义文献中出现。而作为中国特色社会主义事业"四位一体"总体布局中的"社会建设"，其意义不同于以上说到的在通常的或一般意义上理解和使用的那个社会建设概念，而是一个比一般社会建设概念具有更具体更深刻的特殊内涵的概念。它是马克思主义理论体系中的新概念。

新的社会建设概念同以往的通常意义上的社会建设概念的区分，主要在于对"社会"这个概念的理解。我们以往理解和使用的社会建设概念中的"社会"，是包括经济、政治和文化要素在内的社会整体。而在新的社会建设概念中，"社会"不是这样一个整体，而是作为这个整体的一个部分，一个特殊的部分，即与经济、政治、文化相并列的一个特定要素，即整体社会的"第四要素"。社会建设同经济建设、政治建设、文化建设一起构成社会的整体建设。由此，社会这个概念就有了整体与部分之分，广义与狭义之分，或者"大社会"与"小社会"之分。而就社会的整体与部分之间的关系而言，部分有三种意义或三种存在形式。一是指构成社会整体的要素，其中任一要素都是社会整体的一个部分。二是指社会整体存在中的任一领域，这一领域"五脏俱全"，具有与社会整体一样性质的结构，即任何一个领域、部分都有其经济的、政治的、文化的、社会的要素和成分。一个地区、一个领域、一个单位，都是一个社会。哪里有人群，哪里就有社会。三是指构成社会整体的除经济、政治、文化之外的特定领域或要素，它就是我们现在讲的社会建设概念中的社会。除第一种意义的部分外，其他两种意义的部分都可称为"小社会"。而作为上述第二种意义上的部分虽然也可称作"小社会"，但社会建设这个概念指的则不是这种意义上的，而是同整体的社会中的经济、政治、文化并列的"第四要素"意义的社会建设。胡锦涛同志2006年10月11日在党的十六届六中全会第二次全体会议上的讲话，把社会建设概念的这种意义、内涵讲得很清楚。他说："我们要构建的社会主义和谐社会，是经济建设、政治建设、文化建设、社会建设协调发展的社会，是人与人、人与社会、人与自然整体和谐的社会，要贯穿于建设中国特色社会主义的整个历史过程。在实际工作中，我们既要从'大社会'着眼，把和谐社会建设落实到包括经济建设、政治建设、文化建设、社会建设和党的建设等在内的党和国家全部工作之中；又要从'小社会'着手，以解决人民群众最关心、最直接、最现实的利益问题为重点，着力发展社会事业、促进社会公平正义、建设和谐文化、完善社会管理、增强社会创造活力，走共同富裕道路，推动社会建设与经济建设、政治建设、文化建设协调发展。"①

在这里，胡锦涛同志是在构建社会主义和谐社会的意义上来谈社会建设问题的。这是一项全面性的工作，是一个系统工程。它既不是社会特征构成中的某一要素、某一社会领域或方面的事情，也不仅仅是经济、政治、文化除外并与之并行的那种被称作"小社会"的活动。作为一种实践的社会主义和谐社会建设，它是"大社会"和"小社会"的实践、建设的统一。但是，胡锦涛同志的以上论述并没有赋予"大社会"意义上的活动以社会建设意义，而是把社会建设仅限于"小社会"意义

---

① 中共中央文献研究室．十六大以来重要文献选编：下．北京：中央文献出版社，2008：675.

上的实践。它的具体所指就是"以解决人民群众最关心、最直接、最现实的利益问题为重点"的各项社会事业，它包括教育、就业、社会保障、分配、医疗卫生服务和社会管理等方面。在党的十七大报告中，胡锦涛同志把它明确地规定为"民生六条"。

社会主义社会建设的内容是具体的，社会建设内涵的规定也是明确的。但是作为一个过程，一个复杂的社会工程，它包含多方面的因素和复杂的关系。要科学地把握社会建设这个概念，还需要在理论上厘清它与社会建设相关的几个概念之间的关系。

（1）关于社会建设与社会主义文明建设。社会主义文明是个很一般的概念，它是社会主义物质文明、精神文明、政治文明和社会文明的统一，是这些具体文明的总称。它作为一个专门的概念提出来，不是在构成它的那些具体文明概念之前，而是在之后，特别是在物质文明、精神文明概念产生之后。我们最初是在物质文明和精神文明的基础上谈论社会主义文明的。而社会主义文明概念又是在社会主义精神文明在社会主义文明体系中地位的讨论中形成的。改革开放以来，党确立了以经济建设为中心的基本路线，经过一定时期的全党和全国人民的努力奋斗，我国经济快速发展，人民生活获得较大改善，社会的对外开放和对内改革也极大地改变了以往消沉、封闭的精神生活和政治生活，人们的思想空前活跃。但是，与此同时，社会上出现了一些消极现象，比如，历史积淀的封建文化无法彻底消除；一些消极的外来文化、资产阶级腐朽文化随着对外开放也进入中国，同经济发展、物质文明建设的成就相比，精神文化建设滞后了，跟不上经济发展的步伐和需要，也不能适应社会主义事业全面发展的要求。因此，党中央明确提出"两手抓，两手都要硬"的要求。而当时人们理解的社会主义文明，就是物质文明和精神文明。所谓社会全面发展，也就是物质文明和精神文明两个方面都获得发展。随着改革开放的不断向前推进，在两个文明建设取得突出成效的前提下，也是作为改革开放和社会发展的合理进程，政治体制改革的要求产生了。人们在以较多的眼光关注除物质文明建设外的精神文明的同时，政治文明建设的意义也被社会同时看到了，并被作为一项进一步推进改革开放伟大事业的迫切任务提了出来，物质文明和精神文明建设达到一定水平后，政治文明建设的要求必然会被提出来，当然这并不是取决于在事物发展之前的主观逻辑，而是取决于事物发展进程的客观逻辑，即取决于发展中社会实际存在的问题，取决于旧的政治体制已经成为改革和发展的阻力，到了必须要进行改革的程度。以胡锦涛为总书记的党中央一开始就注意到如何通过积极稳妥的政治体制改革而使社会改革继续前进，使中国特色社会主义事业不断前进的问题。在这方面无论是中央还是地方，无论是理论界还是实际工作部门，在政治体制改革方面做了大量的研究和探索。在认识上，似乎只有在政治体制改革的问题，即政治文明建设的问题提出来时，我们关于社会主义文明和社会主义文明建设的理念才算是完整了，才算真正地确立起来了。当然，在此之前，还有生态文明，生态文明自然应该列入社会主义文明范畴。但按社会结构的基本要素来看，主要的还是物质文明、政治文明、精神文明三个方面。在后来明确提出的中国特色社会主义事业总体布局的意义上，"三位一体"的建设、发展思路确立起来了。

人的认识总是随着客观事物的发展而发生变化的。我们对中国特色社会主义建设规律的认识、对社会发展规律的认识也是这样，没有预先准备好的一成不变的方案，一切都在摸索中前进。改革开放进入攻坚时期，改革、发展中大量的社会矛盾出现了，而矛盾集中表现在与人民群众的直接利益和直接生活相关的方面，由收入差距拉大、利益分配不公而导致的两极分化实际已经出现。不解决这个问题，不仅使改革和发展不能继续，而且会导致社会不稳定，改革所取得的成果就有前功尽弃的危险。所以，着眼于提高人民生活的全面建设小康社会的目标提出了，着眼于解决与人民群众直接利益相关的构建社会主义和谐社会的任务提出了。构建社会主义和谐社会的要求同社会主义物质文明建设、政治文明建设、精神文明建设作为我们当下的迫切任务被并列提出了。

胡锦涛同志在省部级主要领导干部提高构建社会主义和谐社会能力专题研讨班上的讲话中指出，党的十六大"把社会更加和谐作为我们党要为之奋斗的一个重要目标明确提出来，这在我们党历次代表大会的报告中是第一次"。"我们党明确提出构建社会主义和谐社会的重大任务，就是要求全党同志在建设中国特色社会主义的伟大实践中更加自觉地加强社会主义和谐社会建设，使社会主义物质文明、政治文明、精神文明建设与和谐社会建设全面发展。这表明，随着我国经济社会的不断发展，中国特色社会主义事业的总体布局，更加明确地由社会主义经济建设、政治建设、文化建设三位一体发展为社会主义经济建设、政治建设、文化建设、社会建设四位一体。""我们要通过发展社会主义社会的生产力来不断增强和谐社会建设的物质基础，通过发展社会主义民主政治来不断加强和谐社会建设的政治保障，通过发展社会主义先进文化来不断巩固和谐社会建设的精神支撑，同时又通过和谐社会建设来为社会主义物质文明、政治文明、精神文明建设创造有力的社会条件。"①

（2）关于社会建设与构建社会主义和谐社会。本质说来，社会建设就是社会主义和谐社会建设，反过来也一样。但把社会主义和谐社会建设仅仅理解为社会建设，又是片面的。因为，社会主义和谐社会建设是一项更为全面的要求，更为全面的实践。同时，我们又必须承认，社会主义社会建设概念正是社会主义和谐社会建设概念的合理引申，特别是从其与经济建设、政治建设和文化建设的关系来看，它们是一回事，即社会主义和谐社会建设就是社会主义社会建设。从中央关于这个问题的提出和它们之间的关系的表述形式来说，我们得出这个结论是有根据的。在没有明确提出社会建设概念时，我们党和国家领导人的讲话和党的文献都是在经济建设、政治建设、文化建设之后并列提出社会主义和谐社会建设，而在明确提出社会建设概念之后，与经济建设、政治建设、文化建设并列所提的就是社会建设了。

但是，我们又不能把社会建设与社会主义和谐社会的关系的理解简单化和凝固化。一般说来，就社会主义和谐社会目标的实现来说，它是一个全面的社会行动，是社会生活的各个方面、社会结构的各个构成要素之间综合作用的结果，其中包括社会建设的作用。其实，胡锦涛同志在我们上面引证过的关于那段"大社会"与"小社会"的论述中就讲清楚了社会建设与社会主义和谐社会建设之间的关系。社会主义和谐社会建设是"大社会"意义上的社会建设，社会主义社会建设则是"小社会"意义上的社会建设。

（3）关于社会建设与社会管理。社会建设与社会管理的关系也是需要弄清楚的。首先，建设和管理是一回事还是两回事？其次，它们之间是什么关系？江泽民同志在谈精神文明建设时曾谈到了建设与管理的关系，他指出："坚持精神文明重在建设，重在加强管理。建设包括管理，

---

① 胡锦涛．在省部级主要领导干部提高构建社会主义和谐社会能力专题研讨班上的讲话．北京：人民出版社，2005：15．

管理促进建设。"① 社会建设和社会管理毕竟是两个不同的概念。那么，它们不同在什么地方呢？是范围或外延的差异？还是方式、性质上的差异？我们认为，它们首先在活动所及的范围上有差异，社会建设是"小社会"意义的，而社会管理则是"大社会"意义的。这里的管理，不能被狭义地理解为一定企业的管理或教育部门的管理、生产流程的管理、产品分配的管理等。管理，具有社会生活和实践的全面意义。而在性质、行为方式上，建设似乎是一个从无到有的过程，它更多是指向未来的；管理，则是指对现有事物、东西的安排、组织、治理等，它更多是指向现实的。而就两个概念的内涵看，建设的内涵似乎更宽泛些，建设包含管理。管理的内涵更狭窄些，因而其意义规定也就更为确定、更为具体。

　　当然，我们应该特别看到社会建设与管理的统一性。理论上，总的来说，管理也是社会建设。管理本身就是一个建设问题，一种具有社会建设意义的实践。一些工作虽然是管理问题，因而理论上可以被列入管理范畴，但这些工作其实又都具有社会建设的意义；而所谓社会建设工作，在表现形式上又往往是管理方面的工作，社会建设往往要通过各类管理来实现。也就是说，社会建设和管理尽管在概念或逻辑上可以分开，它们也存在一定程度的实际的差别，但就构建社会主义和谐社会而言，它们的一致则是主要的。这两项工作在实际过程中很难分开，也没有必要将它们明确分开。

　　另外，还要看到管理在社会建设中的特殊意义。这一点正是管理与社会建设相提并论的原因之一。在领导人讲话和中央文献中，在一般地谈到社会建设问题时，总是不忘谈管理，而特别是《中共中央关于加强党的执政能力建设的决定》在"加强社会建设和管理，推进社会管理体制创新"标题下，阐述的内容其实全部都是社会管理问题，提出了关于研究社会管理规律，完善社会管理体系，整合社会管理资源，建立社会管理格局、更新管理理念、创新管理方式等要求。胡锦涛同志在省部级主要领导干部提高构建社会主义和谐社会能力专题研讨班上的讲话中，在作为构建社会主义和谐社会的"重要工作"之一的社会建设和管理方面，讲的主要也是社会管理问题，在各类社会组织建设、各种社会服务

---

① 中共中央文献研究室．十四大以来重要文献选编：上．北京：人民出版社，1996：658.

和社会管理方面提出明确要求。其实，我们发现，无论是在一般的广义的社会主义建设方面，还是在狭义的社会主义社会建设方面，影响其实际进程和效果的原因，往往不在于建设不够，而在于管理不好。这就是在社会主义社会建设问题上特别强调社会管理的意义所在。

（4）关于社会建设与党的建设。胡锦涛同志在省部级主要领导干部提高构建社会主义和谐社会能力专题研讨班上的讲话中，是把提高构建社会主义和谐社会的能力作为加强党的执政能力建设提出的。在广泛的意义上，存在一个党的建设与"四个建设"（经济建设、政治建设、文化建设和社会建设）的关系问题。不仅"四个建设"作为一个整体，有一个与党的建设的关系问题，而且其中每一个方面都有一个与党的建设的关系问题。关于社会建设与党的建设的关系，它首先是一个党的领导与各项社会主义事业的关系问题，即我们的各项建设事业都必须在中国共产党的领导下进行。党的领导是我们各项事业顺利发展和取得胜利的根本政治保证。我们的这种政治选择以我们的事业的历史经验为可靠支撑。其次，这是一个社会建设对于加强党的执政能力的意义的问题。这一点正是我们党在加强党的执政能力建设中，特别强调社会建设和管理的意义所在。这决定我们在中国特色社会主义建设、社会主义和谐社会建设中，必须始终处理好经济建设、政治建设、文化建设、社会建设与党的建设的关系。所以，就此而言，社会建设是一个社会全面发展问题，一个不仅具有直接的社会意义，而且具有根本政治意义的问题。

（二）社会建设，根本说来是一个怎样建设社会主义的问题

社会建设直接地是作为构建社会主义和谐社会的重要举措提出的，它是一个社会主义和谐社会建设问题，因为"只有建立起与社会主义经济、政治、文化体制相适应的社会体制，才能形成与社会主义经济、政治、文化秩序相协调的社会秩序"①。加强社会主义社会建设对于加强党的执政能力建设的意义，首先体现为对于构建社会主义和谐社会的意义。我们必须在社会主义和谐社会建设和加强党的执政能力建设中，理解社会主义社会建设的意义。但是，对于这一意义的理解，又不能仅仅

---

① 胡锦涛．在省部级主要领导干部提高构建社会主义和谐社会能力专题研讨班上的讲话．北京：人民出版社，2005：23.

停留在这两个方面，还要把它放到社会主义建设的总体任务和总体进程中。

马克思主义在当代发展中面临着一系列重大的和迫切的问题需要回答。而对于这些问题的回答，有可能成为马克思主义的理论创新点，如对新技术革命、全球化、时代、当代资本主义、社会主义、人与自然的关系等的认识。其中最迫切和最具根本性的问题，是什么是社会主义和怎样建设社会主义的问题。什么是社会主义和怎样建设社会主义，是当代马克思主义发展面临的根本性主题。这不仅因为社会主义代表的是当代世界发展的根本方向，还因为社会主义的曲折经历使这一问题的回答变得极为现实和迫切。实践证明，我们过去和现在生活中的一切矛盾和问题、成功与失败，都与对这个问题的认识和解决有关。我们谈的社会建设，是社会主义的社会建设，不是其他社会形态的社会建设。对这样一个问题的认识与解决，自然应当被放到怎样建设社会主义，特别是怎样建设中国特色社会主义这一大的主题中来。

把社会建设问题放到怎样建设社会主义主题中来认识和思考的理由，还在于社会建设的意义本身。社会建设，内容所指不是包括经济、政治和文化在内的社会生活的一切方面，而是特别以解决民生问题为重点的包括社会制度（体制）改革、社会价值整合、社会组织建设、社会事业发展、社会保障不断完善和社会管理水平不断提高等内容的实践过程。这一实践和问题的解决，围绕的基本是民生问题。正因为具有这一确定的内容或规定，它才有可能成为中国特色社会主义事业总体布局中相对独立的"一位"。有了它，才有所谓中国特色社会主义事业的总体布局从"三位一体"到"四位一体"的发展。社会建设概念的提出，从社会生活和结构的一个特殊方面使我们对怎样建设社会主义问题的理解和回答在理论上前进了一步。

二、社会建设理论的提出

（一）社会建设理论的提出是党的实践主题和历史地位转变的结果

中国共产党是先进的无产阶级革命政党。当无产阶级和最广大人民群众处于被剥削被压迫地位的时候，她要领导无产阶级和最广大人民群众起来革命，推翻资产阶级的统治，建立无产阶级的革命政权。革命的根本问题是政权问题。在无产阶级夺得政权以前的时期，无产阶级及其政党面临的任务或实践主题，是革命，是夺取政权，建立无产阶级的政治统治。而在无产阶级推翻了资产阶级的统治，建立起无产阶级的革命专政以后，无产阶级的实践主题就会发生转变，即由革命转变为建设。

我们党对于革命胜利后实践主题的转换，有十分明确的意识，并且这种意识的产生是发生在中华人民共和国成立前夕，而不是以后，这可以从毛泽东在1949年3月召开的党的七届二中全会上的报告中看出。报告向全党发出了"开始着手我们的建设事业"的号召，明确指出"党的工作重心由乡村移到了城市"，生产建设成为党的中心工作，并且提出"城市中其他的工作，例如党的组织工作，政权机关的工作，工会的工作，其他各种民众团体的工作，文化教育方面的工作，肃反工作，通讯社报纸广播电台的工作，都是围绕着生产建设这一个中心工作并为这个中心工作服务的"。他说："如果我们在生产工作上无知，不能很快地学会生产工作，不能使生产事业尽可能迅速地恢复和发展，获得确实的成绩，首先使工人生活有所改善，并使一般人民的生活有所改善，那我们就不能维持政权，我们就会站不住脚，我们就会要失败。"① 我们注意到，关于管理城市和建设城市、关于使人民生活有所改善等社会建设思想在报告中已经存在，只是还不够充分、系统，还没有形成明确的社会建设概念。并且，在生产建设概念形成的同时，政治建设、文化建设等等同样没有形成和明确地提出来。但是，应该承认，革命胜利这一事实已经奠定了实践主题转变的基础。生产建设（在更广泛的意义上是经济建设）概念的提出是一个标志。按其逻辑，距离政治建设、文化建设概念的提出不会远了。社会建设概念和理论提出的根本的事实基础和逻辑基础已经奠定了。

我国在进入社会主义建设以后的一段时间里，由于国际国内斗争的影响，党的工作中心、重心发生了动摇、转移，"以阶级斗争为纲"代替了以生产建设、经济建设为中心。而回到这个中心上来则是在党的十一届三中全会以后。但是，确立了以经济建设为中心的党的基本路线以

---

① 毛泽东. 毛泽东选集：第4卷. 北京：人民出版社，1991：1428.

后，并不是自然而然地就确立起经济建设、政治建设、文化建设的社会全面发展的发展思路，而是在发展出现物质文明建设、精神文明建设"一手硬、一手软"的情况后，作为对这种倾向的一种反驳、纠正而提出这一思路。它不是抽象的逻辑演进的结果。同样，社会建设概念和理论的形成，也有其客观基础。一方面，由于改革开放和贯彻以经济建设为中心的党的基本路线，我国现代化建设和经济发展取得巨大成就，奠定了政治建设、文化建设的物质基础，从而有根据提出和确立社会全面发展的战略思路。这一思路内在地包含着以解决民生问题为重点的社会建设思想，只是改革开放和社会发展进程，特别是社会发展中的矛盾和问题还没有达到明确提出这一概念和理论的条件。

另一方面，社会建设概念和理论的提出除了有社会发展方面的客观条件外，还有主观条件，其中主要的是我们党关于历史方位的明确认识，即在由革命党转变为执政党后，如何执好政，如何通过社会主义现代化建设和中国特色社会主义建设，使国家快速地发展和富强起来，使广大人民群众尽快富裕起来，使人民尽快过上"经济更加发展、民主更加健全、科教更加进步、文化更加繁荣、社会更加和谐、人民生活更加殷实"的小康社会。"社会更加和谐""人民生活更加殷实"的要求，在性质上已经是一种社会建设的思想。当我们确立了这样一个明确的发展目标，由于发展中的不平衡、政策缺失和执行失当，也由于改革和发展的不足与相对滞后，在与群众利益直接相关的各种矛盾和问题相对集中地暴露甚至激化的情况下，提高党的构建社会主义和谐社会的能力问题、大力推进社会主义社会建设的问题就明确地摆在党和政府面前。于是，社会建设概念和社会主义社会建设理论就形成并明确提出了。

（二）社会建设理论的提出是我国发展的现实需求

任何理论问题都是在一定的时代背景下对现实问题的回答和理论解决。社会主义社会建设的理论主张和实践主题是在我国处于社会转型的时代背景下逐步显现出来的，同时也是对我国社会转型期出现的一系列重大现实问题和社会矛盾积极而主动的回应。改革开放以来，我国社会结构呈现出两个主要特征：一是加速从传统农业社会向现代工业社会过渡，二是由计划经济体制向社会主义市场经济体制的转换。这种转型加速期的发展状态使得中国在发展进步的同时也伴生出一系列的社会矛盾和问题，社会转型的代价呈现出不断扩大的趋势。

第一，社会发展滞后于经济增长，经济社会发展呈现出不平衡的态势。在人类社会发展中，经济和社会是两个不同的领域，它们之间存在着既对立又统一的关系，经济发展是社会发展的前提和基础，而社会发展则是经济发展的目标和保证。改革开放以来，由于始终坚持"以经济建设为中心"，强调"发展是硬道理"等正确方针，我国经济实现了持续快速增长，综合国力得到了显著增强，创造了世界经济增长的奇迹。但是，相对于经济的快速增长，社会发展却显滞后，社会政策不到位，正如温家宝总理所指出的，我们新一届领导通过抗击非典型肺炎这场疾病，得到一个重要的启示，就是要注意协调发展。城乡发展不平衡，经济和社会发展不平衡，就如同一个人一条腿长一条腿短一样，一定会跌跤的①。温家宝总理所提到的"一条腿长"指的是"经济的增长"，"一条腿短"则指的是"社会建设的落后"，具体表现在随着经济的增长和发展，区域发展和城乡发展不平衡的表现越来越明显，失业率、城市贫困人口逐年升高，教育、科技、文化、医疗、住房、环保、社会保障等关系人民切身利益的公共领域缺乏相应的进步，随着经济的发展和财富的增加，公正合理的收入分配制度也没有完全建立起来，自然环境与经济增长也出现了新的矛盾。尽管这些问题的出现不能简单地归结为经济的增长，但是伴随着经济的增长，这些问题却愈发严重。因此，在毫不动摇继续发展经济的同时，必须加快社会建设的步伐，努力通过改善民生以弥补社会建设这条"短腿"的不足，促使经济社会之间实现协调发展。

第二，在社会各领域存在的诸多问题中，社会不公现象尤为严重。随着我国经济社会发展的不断推进，社会公平问题也日益凸显出来。尤其是改革开放以来，我国逐渐从一个收入分配较为平均的国家，成为贫富差距较为显著的国家。贫富差距过大已经成为我国社会存在的主要不和谐因素之一，成为我国经济社会进一步发展的严重障碍。改革开放以来，由于社会主义市场经济体制打破了分配领域中的平均主义，中国发展的活力被极大地激发起来，广大劳动者的积极性被充分调动起来，生

---

① 温家宝总理接受《华盛顿邮报》总编唐尼采访．人民日报，2003 - 11 - 24.

产效率得到大幅提高，经济实现了快速增长，人民生活水平也得到了显著提高。但是，在经济发展的同时，传统社会的公平性与安全性也遭到破坏，社会贫富差距逐步拉大，成为严重的社会问题之一。按照国际惯例，衡量贫富差距的标准是基尼系数，基尼系数处于 0.3 以下为"好"，0.3～0.4 之间为"正常"，超过 0.4 为"警戒"（据此，0.4 被视为贫富差距警戒线），一旦超过 0.6 则表明该社会两极分化十分严重，社会处于可能发生动乱的"危险"状态。据相关学者测算，我国总体基尼系数的演变大体上可分三个阶段："第一阶段是 1981—1984 年，总体基尼系数较低，在 0.27～0.3 之间；第二阶段是 1985—1992 年，总体基尼系数较高，在 0.3～0.4 之间；第三阶段是 1993—2004 年，总体基尼系数超过警戒水平，基本上都在 0.4 以上（其中 1996、1997 年仅略低于0.4），2003 年达到最高值 0.443 0，2004 年为 0.441 9[①]。分配的不公及收入差距的过分悬殊必然导致整个社会随着财富总量的增加而社会矛盾日益加剧，日益加剧的社会矛盾成为社会健康发展的严重隐患，不断扩大的收入差距已经成为我国经济社会发展中不可忽视的重要问题之一。缩小收入差距、实现共同富裕的要求在当前经济实现增长和物质较为富裕的情况下就显得更加必要和迫切。此外，在教育、就业、卫生、社会保障等关系群众切身利益的领域也存在着严重的不平等、不公正问题。因此，社会不公问题凸显的现实是我国提出社会建设的重要依据之一。

第三，随着小康社会的逐步实现，人们对于公共产品和服务的需求开始增多。人的需求是具体的和历史的，"一旦满足了某一范围的需要，又会游离出、创造出**新的需要**"[②]，由此形成了整个社会需求的不断变化和发展的历程。实践表明，随着社会的发展，尤其是随着维持人自身生存的基本物质需要得到满足以后，人们对于公共产品和服务的需要就会出现并发展成为社会的一种必需品，而对公共产品和服务需求的满足程度在一定程度上影响着人的自由全面发展水平和社会的稳定和谐程度，它体现着发展的社会属性。改革开放以来，我国社会主义市场经济获得较快发展，私人部门也相应地迅速发展起来，私人产品的有效供给

---

① 程永宏. 改革以来全国总体基尼系数的演变及其城乡分解. 中国社会科学，2007(4).

② 马克思，恩格斯. 马克思恩格斯全集：第 47 卷. 北京：人民出版社，1979：260.

可以得到很好的保障，人们的生存和温饱问题基本得到了解决，大体实现了一种初步的小康社会。现在，中国正逐步向全面小康社会过渡，开始追求和促进人的全面发展，整个社会开始由生存型社会向发展型社会转变。这样的转变同时带来了社会需求的新变化，从对私人产品的大量需求向对公共产品的需求转变，社会成员对于公共产品和服务的需求在全面快速地增长，民众对于公共设施、公共安全、环境保护、社会保障、义务教育、公共医疗卫生等公共产品和服务的需求在不断增加。此外，我国不仅面临着公共产品和服务"供给不足"的问题，还存在着基本公共产品和服务"享受不均"的问题，基本公共产品和服务的供给存在着比较严重的非均衡性或非均等性，尤其是城乡之间公共产品和服务的差距较大。如何最大限度地满足人民群众日益增长的公共产品和服务需求并实现基本公共产品和服务供给的均等化是当前社会发展中的重要问题，这也是我国必须加快推进社会建设的重要原因之一。

（三）社会建设理论的提出是思维变革的结果

胡锦涛同志的社会主义社会建设概念和理论，是对马克思关于社会有机体和社会发展思想的继承和发展。马克思认为，社会是一个活的有机体，它由相互联系的多种要素构成，具有一定的结构与功能。1859年马克思在《〈政治经济学批判〉序言》中指出："物质生活的生产方式制约着整个社会生活、政治生活和精神生活的过程。"[①] 在这里，马克思指出了总体的社会生活系统中的四个要素：物质生活（可以被理解为我们通常所说的经济生活）、社会生活、政治生活、精神生活。这里的"社会生活"概念中的"社会"，显然是狭义的社会，即"小社会"。从人的实际生活过程讲，总体的社会生活是物质生活、社会生活、政治生活、精神生活的统一。从社会结构意义上讲，总体的社会是由经济、政治、（精神）文化和狭义的社会构成的　个有机的统一体。马克思在这里对社会生活这个概念虽然未做具体说明，但把它与物质生活、政治生活、精神生活并列地提出来，显然不是指总体的社会生活，而是指有特定内容的人的生活的一定领域。在这里，马克思关于"大社会"和"小

---

① 马克思，恩格斯．马克思恩格斯选集：第2卷．北京：人民出版社，1995：32.

社会"的观念和区分是十分明确的,说明作为社会建设概念的"小社会"概念,在马克思主义经典作家那里是有理论根据的。

社会建设概念的提出有客观根据,也有主观条件。突出的主观条件是由改革开放和中国特色社会主义建设实践推动的思维方式的变革。社会建设概念的提出具有思维变革的意义。

社会是一个有机体,同任何有机物一样,有其特定的要素构成和一定结构。社会结构,在具体性上,通常指社会经济结构、社会政治结构和社会文化结构。一定的社会就是一定的社会经济结构、社会政治结构和社会文化结构的统一。其实,社会或社会结构的这种"三位"划分是不全面的。因为它缺少作为社会更根本的基础的技术或生产力。经济,按其本来的含义,指的是生产关系,在社会结构意义上,它是社会的经济基础。技术并不包括在经济范畴内。全面的观点应该是把社会技术结构包括到整体的社会结构中去。把整体的社会结构看作社会技术结构、社会经济结构、社会政治结构和社会文化结构的统一。当然,关于技术是否应该包括到社会结构中去,不是我们在这里特别讨论的问题。我们只是要说明以往我们关于社会结构的理解不是不可以改变的。

在实践上,关于社会结构的上述惯常的理解的缺陷已经显露出来了。丰富的社会实践生活的表达仅限于经济的、政治的和文化的生活的归结,显然是不够的。原因当然不在于我们不具有发现和创造新的概念的能力,而在于社会结构概念的传统理解限制了我们关于社会观察的视野,限制了我们对于社会生活及其结构的客观的和辩证的思考。活生生的极为丰富的社会生活内容,限于既定的"结构性"思维并被简单地纳入或经济的或政治的或文化的概念中。结果,这些已有的哲学范畴不能够适应现实生活、实践的需要,不能发现和充分表达生活中那些具有特定内容和意义的方面。

社会建设概念和理论的提出之所以具有思维方式变革和观念创新意义,首先在于它打破了一种严格按照社会结构思维观察和描述现实社会生活的形而上学,而回到按照生活本身来表达的辩证的科学的思维上来。其次在于它给予了除经济、政治和文化之外的社会生活其他方面一种概括性的表达。再次,也是最重要的,是这一概念的提出使人们有可能对社会生活这一特定方面给予特别关注,而这一方面的意义则随着社会发展而愈加凸显出来。所以,社会建设概念有可能使关于现实社会生活过程及其结构的表达更完整，也有可能使我们更加关注社会发展所具有的新的意义。

马克思恩格斯的科学社会主义奠定了社会主义社会建设理论的根本理论基础。诚然，由于历史的局限，他们对未来社会主义的细节，对怎样建设社会主义的问题不可能有周到的预见和阐释，但是，他们创立的唯物史观、他们的经济学说和政治学说，他们关于一定社会形态的结构、性质、发展和运行的一般见解，则是我们理解社会主义的本质和实践社会主义的根本指导思想。列宁领导了第一个社会主义社会的建立，他是领导俄国无产阶级把科学社会主义由理论变为现实的人物。他还亲自领导了俄国的社会主义建设，尽管时间短暂，但为后来的社会主义社会建设实践留下可贵经验和理论遗产，发掘和继承这一经验的和理论的宝贵遗产，全面科学地揭示社会主义社会建设理论的列宁主义形态，是我们的重要理论任务。

（一）马克思恩格斯的社会主义社会建设思想

马克思恩格斯当时的活动主题是使世界革命化，现实地推翻资本主义制度。他们较少直接谈到社会建设问题，更少直接谈到社会主义社会建设问题。但是，我们又不能一般地说在马克思恩格斯那里没有社会建设、社会主义社会建设的思想。事实上他们关于未来社会的构想在一定程度上包含了他们的关于未来社会建设的思想。

本书从社会主义社会的利益关系、教育、就业、分配、社会保障和社会管理等六个方面考察了马克思恩格斯的社会主义社会建设思想。这一思想是与他们关于发展生产力是社会主义社会建设的首要任务、社会主义社会建设根本说来是社会制度建设、无产阶级专政的国家制度是社会主义社会建设的政治保障的思想相联系并以之为基础的。

（1）生产力是社会发展的决定力量，发展生产力是社会建设的首要任务。在马克思恩格斯看来，物质生活资料和生产资料的生产是社会发展的基础，生产力是社会发展的最后决定力量。生产力的巨大增长和高度发展在两种意义上是绝对必需的，一是在社会生活和发展的一般意上，"如果没有这种发展，那就只会有**贫穷**、极端贫困的普遍化；而在**极端贫困**的情况下，必须重新开始争取必需品的斗争，全部陈腐污浊的东西又要死灰复燃"①。也就是说，如果没有生产力的这种发展，正常的社会生活就不会存在，社会发展就会停滞。二是在直接的意义上，生产力的发展是造成革命得以发生的条件的"实际前提"②。正是由于生产力的发展，暴露出资本主义生产关系和社会制度的局限性，打破这种制度就成为必然的了。生产力的这种发展对于社会发展的决定意义，不仅使解放生产力和发展生产力成为无产阶级革命的根本目标，而且成为关于新社会建设的根本目标。纳入社会主义社会建设内容并作为这一进程的基础的是生产力的发展，经济建设始终应该成为社会主义建设的中心任务，这一认识和目标设定正是来源于生产力对于社会发展来说的起最后决定作用的规律和原理。

（2）社会关系总和起来构成一定社会，社会建设根本说来是社会制度建设。就社会革命和社会发展的实现来说，生产力的发展只是为其提供了客观可能性，而使这种可能成为现实的条件首先在于生产力与生产关系之间的矛盾，在于这种矛盾引起的其他社会矛盾，特别是社会阶级矛盾和阶级斗争状况，它们构成革命发生的总的和直接的形势。马克思恩格斯正是从社会的这一动态的深层观察中，看到了生产关系在社会生活和社会关系体系中的意义。他们把生产关系看作人们之间的首先发生的和基本的关系，是社会关系体系中的决定性关系，是社会的经济基础。马克思甚至认为：**"生产关系总和起来就构成**所谓**社会关系**，构成所谓**社会**，并且是构成一个处于**一定历史发展阶段**上的社会，具有独特的特征的社会。"③ 生产关系对于生产力的发展具有或者推动或者阻碍的巨大的反作用。在社会生活的实际进程中，正如生产关系一刻也不能离开生产力一样，生产力也一刻不能离开生产关系。生产和社会的发展总是在生产力与生产关系的相互关系中得到实现。生产关系除了对于生产力发展的意义外，它作为一定社会关系体系中的核心的、原始的关系，还决定着这个体系中的其他社会关系的性质和存在状况，并在总体上决定着该社会关系体系的性质和存在状况。生产关系对于社会存在和发展的根本意义，它在社会关系体系、社会结构中的决定地位，使马克

---

① ② 马克思，恩格斯 . 马克思恩格斯选集：第 1 卷 . 北京：人民出版社，1995：86.

③ 同①345.

思恩格斯总是从生产关系的性质和现实状况出发观察现实社会的性质和状况，并从中做出社会变动可能性和合理性的判断。马克思如何在生产力与生产关系之间的矛盾中说明资本主义社会的危机，以及怎样由这一危机而导致革命，《〈政治经济学批判〉序言》对此做了经典性的阐述。

马克思恩格斯思想体系中的生产关系概念是使他们的社会结构分析和社会形态理论成为科学、使他们的唯物主义历史观得以确立的决定性的理论条件。生产关系理论作为社会分析的科学方法，特别注意社会生活和社会结构中的制度因素，特别是以生产资料所有制性质为实质内容的社会经济制度。无论是就无产阶级社会革命的行动而言，还是关于未来社会的构想，马克思恩格斯都把目标首先锁定在社会制度方面，锁定在生产资料所有制的性质方面。在他们早期活动时期关于政治解放与人类解放、社会解放的关系阐释中，就表现出这一理论特征。他们主张无产阶级就其最终目标来说，不是追求政治解放，而是人类解放、社会解放，要由政治解放发展为人类解放、社会解放。政治解放建立的只是资产阶级的共和国，它不能改变生产资料私有制；社会解放、人类解放的实质在于改变生产资料私有制，建立以生产资料公有制为基础的社会。他们把彻底消灭私有制和建立社会主义公有制看作为无产阶级运动的"基本问题"①，坚持社会主义社会是"一个集体的、以生产资料公有为基础的社会"②的观点。用马克思恩格斯的这一思想指导社会主义社会建设，就是在建立起一个以生产资料公有制为基础或主导的基本社会制度前提下，要根据生产力发展的要求通过改革而不断巩固和完善这个制度。社会主义是不断改革的社会，改革的要求是多方面的，但在所有制关系方面的调整、改革则对社会主义社会的建设和发展具有根本的意义。

生产资料公有制是社会主义社会的基本经济制度，同这个制度相适应的是"各尽所能，按劳分配"的分配制度。马克思在阐述未来社会的产品分配原则时，批判了拉萨尔派的机会主义的"公平的分配"和"公平的权利"的观点，提出了马克思主义关于分配问题的基本原理。拉萨尔派主张，在"劳动资料是公共财产"的社会里，应该公平地分配劳动所得，即"劳动所得应当不折不扣和按照平等的权利属于社会一切成

---

① 马克思，恩格斯．马克思恩格斯选集：第1卷．北京：人民出版社，1995：307.
② 马克思，恩格斯．马克思恩格斯选集：第3卷．北京：人民出版社，1995：303.

员"。在《哥达纲领批判》中，马克思批驳了拉萨尔派的上述错误观点，指出："什么是'公平的'分配呢？""难道资产者不是断言今天的分配是'公平的'吗？难道它事实上不是在现今的生产方式基础上唯一'公平的'分配吗？难道经济关系是由法的概念来调节，而不是相反，从经济关系中产生出法的关系吗？难道各种社会主义宗派分子关于'公平的'分配不是也有各种极不相同的观念吗？"① 马克思反对劳动产品的所谓"公平的分配"原则，是因为它实际是一个抽象原则。因为在不同的经济关系中，不可能有一个适应各种经济关系、适应各个社会阶级的公平标准。在资本主义社会，资本家和工人之间的本来的经济关系就是不公平的，他们之间怎么可能产生关于公平的共同认识和共同标准呢？所谓"平等的权利"，也是相对的，而且按其实质说来，它仍然是"被限制在一个资产阶级的框框里"的资产阶级权利。如果说这种事实上的不平等权利的存在，是社会主义社会的一种弊病的话，那也是不可避免的。它既是由社会主义社会发展的程度和特征决定的，也是由权利的本质决定的。"权利决不能超出社会的经济结构以及由经济结构制约的社会的文化发展。"② 在社会主义社会，一方面，社会主义的生产资料公有制决定了不可能像资本主义社会那样按生产资料占有情况进行分配；另一方面，不够发达的生产力水平又决定不能按照人们的需要进行分配。在这种情况下，按照劳动的数量和质量进行分配就是唯一公平的分配方式。

社会主义社会，产品分配关系社会成员的切身利益，因而是影响其劳动积极性乃至社会稳定的因素。抽象的绝对的公平是不存在的，因而所谓"公平的分配"是不切实际的。但是，根据"各尽所能，按劳分配"的原则，尽可能做到公平则是应该的，也是能够做到的。社会主义社会建设既要反对那种不切实际的关于分配的绝对公平观，又要反对轻视社会公平的倾向。

（3）无产阶级专政的国家制度为社会建设提供有力的政治保障。社会主义社会建设与社会主义经济建设、政治建设、文化建设之间存在辩证的关系。社会主义经济建设为社会主义社会建设提供物质基础，社会主义政治建设为社会主义社会建设提供政治保障，社会主义文化建设为

---

① 马克思，恩格斯．马克思恩格斯选集：第3卷．北京：人民出版社，1995：302.

② 同①305.

社会主义社会建设提供精神支撑，而社会主义社会建设则为社会主义经济、政治、文化建设提供社会条件。马克思指出："在资本主义社会和共产主义社会之间，有一个从前者变为后者的革命转变时期。同这个时期相适应的也有一个政治上的过渡时期，这个时期的国家只能是**无产阶级的革命专政**。"① 社会主义社会作为向共产主义社会的过渡阶段，政治上实现无产阶级专政的国家制度。无产阶级专政的国家制度是社会主义政治建设的基本内容。它对社会主义社会建设的意义，就在于为社会主义社会建设提供安全、稳定的政治环境和政治保证。它同时具有的对敌人专政和对人民民主的功能发挥着调节社会关系的职能，从而起着保证国家安全和维护社会稳定的作用。

（4）社会保障对于社会建设和发展有重要作用。社会保障问题的研究是马克思恩格斯关于社会建设和管理问题研究的一个特例，在一定程度上表现了他们一般的社会建设和管理思想。马克思认为，无论是对一定社会的经济发展来说，还是对整个社会生活的组织和社会发展来说，社会保障都是必需的。社会保障的重要性特别取决于以下三个方面：社会生产可能的风险需要社会提供后备基金予以生产保障；未达到劳动年龄的人口，需要社会提供一定生活保障；因年老多病不能参加生产劳动的人口，需要提供社会保障。社会保障往往通过提供各种保障基金的形式实现，它们包括国家的后备基金（用于救灾、救济、抚恤等）、社会保险基金（用于养老、失业、救灾保险等）、社会福利基金和医疗保险基金等。马克思在分析这些基金的来源时指出，后备基金或保险基金等形式的社会保障基金均来源于劳动者剩余劳动创造的剩余价值的一部分，或者是利润的一部分。马克思指出，到资本主义社会为止的历史中，后备基金都是特权阶级的财产。即将到来的社会变革将把这种社会的生产基金和后备基金从特权阶级的支配中夺取过来，把它们转交给社会作为公共财产，这样就第一次真正把它们变成了社会的基金。社会主义应该而且能够为社会提供充分的社会保障。

应该承认，由于时代主题和历史任务的限制，马克思恩格斯不可能把主要精力放在社会主义社会建设问题的研究上，所以他们关于社会主义社会建设的思想不可能是全面的、系统的和成熟的。但马克思主义创

---

① 马克思，恩格斯．马克思恩格斯选集：第3卷．北京：人民出版社，1995：314．

始人关于社会主义社会建设问题的论述，无疑为这一问题的研究开辟了一条科学发展的道路。

（二）列宁的社会主义社会建设思想

列宁是第一个将社会主义建设思想付诸实施的无产阶级革命领袖。列宁在把马克思恩格斯创立的科学社会主义从理论变为现实的过程中，从俄国经济文化相对落后的实际出发，从新生无产阶级政权的巩固和建设新社会的需要出发，创造性地阐述了一系列关于社会主义社会建设的思想，为马克思主义的社会主义社会建设思想的发展提供了经验，奠定了基础。

本书拟从社会主义社会的教育发展、劳动就业、收入分配、医疗卫生、社会保障和社会管理等六个方面详细考察列宁的社会主义社会建设思想。与马克思恩格斯不同的是，列宁经历了一段时间虽然不长但十分重要的社会主义初创时期，具有实际领导社会主义社会建设的经验。在领导俄国无产阶级取得十月社会主义革命胜利之前，列宁就已经在思考俄国无产阶级在取得政权后如何巩固政权及成功管理新型国家的问题。革命胜利后，俄国面临巩固革命胜利成果、建设新型国家的全面的迫切的任务，这个任务自然包含社会主义社会建设。列宁对此有着非常直接的和较为全面的阐述，从而形成内容较为丰富并具有创造性的社会主义社会建设思想。列宁领导俄国社会主义建设的时间仅仅七个年头，但他留下的思想遗产却十分丰富和极其宝贵。他除了在社会主义社会的教育发展、劳动就业制度建设、收入分配制度建设、医疗卫生制度建设、社会保障和社会管理制度建设等方面有重要的阐述外，他关于无产阶级夺取政权后的主要任务是从经济上管理国家的思想、关于劳动群众是社会主义社会建设的主体的思想、关于共产党是社会主义社会建设的领导核心的思想、关于学习和利用资本主义社会管理经验对于社会主义新社会的建设是必要的思想，不仅构成列宁社会主义社会建设思想的重要内容，而且是这一思想的原则基础。

（1）无产阶级夺取政权后的主要任务是从经济上管理国家。1918年3月苏维埃政权同德国及其同盟缔结了"布列斯特和约"，此后，苏维埃政权获得了一个短暂的和平时期。在这一时期，列宁及时地提出苏维埃政权面临的新任务，就是"组织对俄国的管理"。而管理主要是经济上的，"管理国家的任务现在首先是归结为纯粹经济的任务：医治战争给国家带来的创伤，恢复生产力，调整好对产品的生产和分配的计算和监督，提高劳动生产率，——总之，归结为经济改造的任务"①。列宁指出，要做到卓有成效的管理，除了善于说服以外，还必须善于实际地进行组织工作，即用新的方式去建立社会主义的经济基础。无产阶级夺取政权后，"随着剥夺剥夺者及镇压他们反抗的任务大体上和基本上解决，必然要把创造高于资本主义的社会结构的根本任务提到首要地位，这个根本任务就是：提高劳动生产率"②。劳动生产率归根到底是使社会主义最终战胜资本主义的最重要最主要的东西，"社会主义能否实现，就取决于我们把苏维埃政权和苏维埃管理组织同资本主义最新的进步的东西结合得好坏"③。这里，列宁实际阐述了无产阶级在取得政权并镇压了剥削者的反抗以后，应不失时机地把工作重点转移到社会主义经济建设上来的思想。但是苏维埃政权还未来得及管理国家，就遭到了外国武装干涉并爆发了国内战争，社会主义建设被迫中断。直到1920年底，新生的苏维埃政权取得胜利后，列宁在分析国内外形势和党的任务时再次提出应当过渡到管理俄国和经济建设上来的任务。他指出，为了彻底战胜资本主义，除了用革命的力量来推翻剥削者，还要建立新的经济关系，从而向全世界表明，苏维埃不仅是一种革命的力量，还是一种能够树立榜样的力量，而后者则更为重要，"因为归根到底，战胜资产阶级所需力量的最深源泉，这种胜利牢不可破的唯一保证，只能是新的更高的社会生产方式，只能是用社会主义的大生产代替资本主义的和小资产阶级的生产"④。革命愈向前发展，就愈要提出一个重要的任务，即"从积极方面来说建设共产主义，创造新的经济关系，建立新社会"⑤。"从经济上管理国家"的意义在于确立苏维埃社会主义国家的经济基础，就社会主义社会建设的广义来说，它是任务之一；而就社会主义社会建设的狭义来说，它是这一建设的基础。但是，从管理国家

---

① 列宁.列宁专题文集·论社会主义.北京：人民出版社，2009：388.

② 列宁.列宁选集：第3卷.北京：人民出版社，1995：490.

③ 同②492.

④ 列宁.列宁选集：第4卷.北京：人民出版社，1995：13.

⑤ 同④9.

的意义来说，它又直接具有社会主义社会建设（狭义）的意义。

（2）劳动群众是社会主义社会建设的主体。列宁指出，新生苏维埃政权在帝国主义战争和外国武装干涉所造成的严重经济破坏的形势下建设社会主义，是一项十分困难的事情。要克服这一困难，出路在于普遍吸收所有的劳动者来管理国家，因为"社会主义不是少数人，不是一个党所能实施的。只有千百万人学会亲自做这件事的时候，他们才能实施社会主义"①。"只有比先前多十倍百倍的群众亲自参加建设国家，建设新的经济生活，社会主义才能建立起来"②。在这里，列宁提出了劳动群众是社会主义社会建设和管理的主体的思想。一方面，只有劳动群众能够表现出充分的自觉性、思想性、坚定性和忘我的精神，社会主义建设才有可靠的保证。另一方面，只有社会主义的制度保障，只有苏维埃成为唯一的国家机构，全体被剥削的群众才能真正参加国家管理，才能真正发挥首创精神。列宁也完全相信广大劳动群众能够管理好国家，他号召人们打破那种以为"只有富人或者受过富有阶级教育的人，才能管理国家，才能领导社会主义社会的组织建设"的偏见，认为"凡是识字的、有识别人的本领的、有实际经验的**普通**工人和农民都能够胜任**组织家的**工作"③。列宁甚至提出，"我们的目的是要吸收**全体贫民**实际参加管理"④。

俄国社会主义建设的经验表明，社会主义的社会建设和管理是一件非常复杂的事情，在一个经济、文化都比较落后的国家，要做到人人都参加国家建设和管理是不现实的。列宁后来也认识到这一点，指出虽然苏维埃在纲领上是通过劳动群众来实行管理的机关，可是由于劳动群众的文化水平的限制，实际上却是通过无产阶级的先进阶层来为劳动群众实行管理。但是，列宁坚持认为，劳动群众真正能够成为社会主义国家的建设者和管理者，永远是所有无产阶级进行社会主义社会建设和管理的最终目标和最高追求。

（3）共产党是社会主义社会建设的领导核心。外国武装干涉和国内战争结束后，苏维埃政权的各项工作逐渐走上了建设轨道，在这当中俄

---

① 列宁. 列宁选集：第 3 卷. 北京：人民出版社，1995：464.
② 列宁. 列宁全集：第 35 卷. 北京：人民出版社，1985：416.
③ 同①378.
④ 同①504.

国也出现了一些新的矛盾。在十月革命胜利后的初期，由于国家的各项管理机关还没有健全，工会除了执行工人监督外，几乎成了能够担负起组织和管理生产的唯一机关，以后又与国家最高国民经济委员会共同组织对企业的国家管理。当俄国社会主义建设步入正轨时，关于工会在社会主义建设中的作用和任务问题，在党内就产生了意见分歧。托洛茨基坚持"工会国家化"，主张按各个工业部门把经济机关和工会合并，执行行政管理和经济管理的职能。以施略普尼柯夫等人为代表的"工人反对派"则提出"国家工会化"，主张由各种产业中的工会代表选出中央机关来管理整个国家的建设，将工会与苏维埃政权对立起来。这场争论的实质是在社会主义社会建设和管理中要不要坚持党的领导的问题。列宁针对这场争论发表了一系列重要文章，批评"工人反对派"特别明显地暴露出来的工团主义倾向。他指出："只有工人阶级的政党，即共产党，才能团结、教育和组织无产阶级和全体劳动群众的先锋队，而只有这个先锋队才能抵制这些群众中不可避免的小资产阶级动摇性，抵制无产阶级中不可避免的种种行业狭隘性或行业偏见的传统和恶习的复发，并领导全体无产阶级的一切联合行动，也就是说在政治上领导无产阶级，并且通过无产阶级领导全体劳动群众。"① 工人阶级不仅在取得政权之前，而且在夺取政权时期，在掌握政权之后，都需要共产党的领导。为了顺利推进社会主义建设事业，必须继续毫不动摇地坚持共产党的领导，这是社会主义建设取得胜利的根本政治保证。列宁在批评托洛茨基的错误观点时，科学地阐明了党、国家政权和工会之间的正确关系。他充分肯定工会在社会主义社会建设和管理中的重要作用，认为工会是建立先锋队和群众之间的联系的纽带，是具有最广泛群众基础的工人阶级组织，正确调解各种不同性质不同类型的矛盾是工会的重要任务。但是，"工会却不是国家组织，不是实行强制的组织，它是一个教育的组织，是吸引和训练的组织，它是一所学校，是学习管理的学校"②。列宁阐明了共产党应是社会主义社会建设和管理的领导核心的思想。

（4）学习和利用资本主义社会管理经验。十月革命后，列宁从俄国实际出发，阐述了学习和利用国家资本主义过渡到社会主义的思想。他

---

① 列宁. 列宁选集：第 4 卷. 北京：人民出版社，1995：474.
② 同①368.

把国家资本主义定义为："就是我们能够加以限制、能够规定其范围的资本主义，这种国家资本主义是同国家联系着的，而国家就是工人，就是工人的先进部分，就是先锋队，就是我们。"无产阶级，即革命先锋队掌握着足够的政治权力，同时又存在着国家资本主义，这种情况是历史上前所未有的。"问题的关键在于我们要懂得，这是一种我们可以而且应当容许其存在、我们可以而且应当将之纳入一定范围的资本主义，因为这种资本主义是广大农民和私人资本所需要的，而私人资本做买卖应能满足农民的需要。必须让资本主义经济和资本主义流转能够象通常那样运行，因为这是人民所需要的，少了它就不能生活。"①

列宁认为，学习和利用资本主义来建设社会主义，除了利用国家资本主义以外，还包括学习资本主义的先进生产方式、经营方式和先进的科学技术和管理经验。列宁专门论述了利用资产阶级专家的必要性和可能性。他指出："没有各种学术、技术和实际工作领域的专家的指导，向社会主义过渡是不可能的，因为社会主义要求广大群众自觉地在资本主义已经达到的基础上向高于资本主义的劳动生产率迈进。"② 利用资产阶级专家，这是在特殊情况下采取的妥协办法。把这些在资产阶级社会中受过教育的、和资产阶级有着千丝万缕联系的资产阶级专家手里掌握的全部文化和技术知识，由资本主义的工具变成社会主义的工具，使他们由资本主义的服务者变成劳动群众的服务者，变成劳动群众的顾问，这是已经夺得政权的无产阶级给自己提出的困难任务。

作为一名求实精神和创新精神高度统一的无产阶级领袖，列宁在继承马克思主义社会主义社会建设思想的基础上，从俄国的实际出发，对社会主义社会建设进行的初步的理论探索，是对马克思主义社会主义社会建设理论的重要贡献。

由马克思、恩格斯、列宁阐发的社会主义社会建设思想，奠定了马克思主义社会主义社会建设思想的理论基础。但是，应该指出，关于社会主义社会建设的思想在他们那里无论多么丰富与深刻，都不是作为我们今天提出和理解的社会主义社会建设概念所具有的意义而自觉地加以阐述的，更不是出于建构一套马克思主义的社会主义社会建设思想体系的目的而做的阐发，它是马克思、恩格斯、列宁在实践中或者在相关问

---

① 列宁 . 列宁全集：第 43 卷 . 北京：人民出版社，1987：84.
② 列宁 . 列宁选集：第 3 卷 . 北京：人民出版社，1995：482.

题的思考中遇到了属于社会建设的性质或意义的问题而做的理论阐发。由于历史的和实际经验方面的局限，他们还没有明确的社会建设和社会主义社会建设的理念和概念，而关于他们的所谓具有一定的系统性和创造性意义的社会主义社会建设思想，实际是后人根据今天发现、提出和理解的社会建设、社会主义社会建设理念，从他们的大量的但又较不集中、较不系统，甚至较不自觉的阐述中发现、发掘与研究的结果。社会主义社会建设思想在他们那里达到的程度不能说是成熟的和得以系统发挥的，这一任务是留给后人的。我们当然不否认苏联和东欧那些曾经的社会主义国家的马克思主义者对这一思想的发展可能有所贡献，但是，他们的社会主义实践的失败、社会主义政权丧失的教训，表明他们实际没有完成马克思主义奠基人和列宁主义奠基人赋予他们的这个任务。真正自觉地接受这个任务并使这一思想达到科学的形态和基本形成一个结构严密的体系的是马克思主义中国化伟大事业，特别是中国特色社会主义伟大事业的开创者，是毛泽东思想、中国特色社会主义理论体系的缔造者。这是与中国共产党和中国人民的艰苦卓绝的奋斗史、中国社会主义建设，特别是中国特色社会主义建设的历史联系在一起的，是与马克思主义中国化的历史联系在一起的，是同中国共产党的几代中央领导集体紧密联系在一起的①。

---

① 包括毛泽东论社会主义社会建设、邓小平论社会主义社会建设、江泽民论社会主义社会建设、胡锦涛论社会主义社会建设、习近平论社会主义社会建设等内容的《毛泽东邓小平江泽民胡锦涛习近平论社会主义社会建设》（暂定名）一书，不久将作为我们的课题"马克思列宁主义、毛泽东思想、邓小平理论和'三个代表'重要思想论社会主义社会建设"的另一部分成果得到出版。

上 编

马克思恩格斯论社会主义社会建设

马克思恩格斯没有构建未来理想社会的完整模式,他们是在批判旧世界的过程中发现新世界的。因此,关于未来社会如何建设,马克思恩格斯只能根据他们所揭示的人类社会发展的一般规律从原则上加以说明和预测。

第一章　马克思恩格斯论社会利益问题

　　社会主义社会建设的理想就是实现人的自由而全面的发展，它的一切过程以满足人民群众的利益为根本出发点和落脚点，而马克思恩格斯关于利益的基本观点就是马克思主义人民利益观和社会主义价值观的思想基础。

　　在从事理论活动的早期，马克思恩格斯就十分重视社会利益问题，正是对现实物质利益问题的思考促使他们在社会历史观领域由唯心主义转向唯物主义。对于当时深受黑格尔理性国家观影响的青年马克思而言，这一转变的起点就是普鲁士第六届莱茵省议会关于林木盗窃法的辩论。这一辩论使他第一次遇到要对所谓物质利益发表意见的难事，在思想上遭遇了因理性与物质利益纠缠所产生的"苦恼的疑问"，促使他不得不搞清楚法与市民社会的关系。而对于带着自由眼光去审视社会与国家的青年恩格斯来说，英国曼彻斯特的工作经历使他异常清晰地观察到，经济事实即利益构成了现代社会阶级对立的基础，是政党形成与党派斗争的基础，因而也是全部政治历史的基础。这样，恩格斯与马克思殊途同归，得出同样的看法："决不是国家制约和决定市民社会，而是市民社会制约和决定国家，因而应该从经济关系及其发展中来解释政治及其历史，而不是相反。"① 这表明，对现实的物质利益问题的共同关

---

① 马克思，恩格斯．马克思恩格斯全集：第21卷．北京：人民出版社，1965：247.

注，使马克思恩格斯找到了他们在社会历史观上通向历史唯物主义的开端，这一"开端"构成了马克思恩格斯思考市民社会与政治国家关系的萌芽，而整个马克思主义理论就在这个萌芽中形成与发展。

一、利益与历史唯物主义的发轫

毋庸置疑，在社会历史观上，早期的马克思深受黑格尔法哲学的影响。而在黑格尔法哲学中，个人与国家关系问题是核心问题。但是，黑格尔不像近代契约论者那样把个人与国家设定为对抗关系，以个人权利来对抗国家权力，视国家为个人权利的保护者。相反，他在主张个人自由的基础上，把个人和市民社会看作是由合乎理性的国家所规定的。黑格尔认为："现代国家的本质在于，普遍物是同特殊性的完全自由和私人福利相结合的，所以家庭和市民社会的利益必须集中于国家；但是，目的的普遍性如果没有特殊性自己的知识和意志——特殊性的权利必须予以保持，——就不能向前迈进。所以普遍物必须予以促进，但是另一方面主观性也必须得到充分而活泼的发展。只有在这两个环节都保持着它们的力量时，国家才能被看作一个肢体健全的和真正有组织的国家。"① 而"自在自为的国家就是伦理性的整体，是自由的现实化；而自由之成为现实乃是理性的绝对目的"②。这一思想，黑格尔在其《历史哲学》中再次进行了肯定，他指出："在国家里，'自由'获得了客观性，而且生活在这种客观性的享受之中。因为'法律'是'精神'的客观性，乃是精神真正的意志。只有服从法律，意志才有自由。因为它所服从的是它自己——它是独立的，所以也是自由的。当国家或者祖国形成一种共同存在的时候，当人类主观的意志服从法律的时候，——'自由'和'必然'间的矛盾便消失了。"③ 因此，他竭力论证个体只有同整体相关联相融合才具有意义这一国家理论，这种论证是德国式的思辨哲学的论证，这种论证恰恰满足了德国资产阶级的迫切需要。正如恩格斯指出的："当黑格尔在他的'法哲学'一书中宣称君主立宪是最高的、

---

① 黑格尔．法哲学原理．北京：商务印书馆，1961：261.
② 同①258.
③ 黑格尔．历史哲学．上海：上海书店出版社，2006：36-37.

最完善的政体时，德国哲学这个表明德国思想发展的最复杂但也最准确的指标，也站到资产阶级方面去了。换句话说，黑格尔宣布了德国资产阶级取得政权的时刻即将到来。"①

马克思的早期思想深受黑格尔理性国家观的影响，他从自由理性出发，抨击封建专制制度的法律。在《评普鲁士最近的书报检查令》中，马克思从国家应该是政治理性和法的理性的实现原则出发，抨击专制法律取消了公民在法律面前的平等，并指出它不是法律而是特权，"是以无思想和不道德而追求实利的国家观为基础的。这些法律就是醒醒的良心的不自觉叫喊"②。可以看出，站在理性批判主义的立场，马克思已觉察到法的党派性以及国家背后的利益本质。随后，在《第六届莱茵省议会的辩论》（第一篇论文）中，马克思已经看到了社会等级背后隐藏着物质利益。他认为，省议会的每一个议员代表一个等级，利益在等级背后起作用。贵族、市民等级的代表捍卫的是私人利益，唯有农民代表捍卫的是农民群众的普遍利益，代表的是被压迫者的利益和愿望。当然，这时的马克思虽然进一步提出了"人们奋斗所争取的一切，都同他们的利益有关"的观点，但其主旨却是在抨击专制法律的基础上，阐明法是自由的实现的思想。此后，在《〈科隆日报〉第179号的社论》中，马克思从黑格尔的理性国家观的整体主义出发，强调国家要按照自由理性维护公民的自由，而公民则要服从理性国家的法律。对于国家与个人的关系，马克思曾有过类似于黑格尔的论述，不同的是他已不像黑格尔那样把国家看作神在地上的行进。他说："实际上，国家的真正的'公共教育'就在于国家的合乎理性的公共的存在。国家本身教育自己成员的办法是：使他们成为国家的成员；把个人的目的变成普遍的目的，把粗野的本能变成合乎道德的意向，把天然的独立性变成精神的自由；使个人以整体的生活为乐事，整体则以个人的信念为乐事。"③ 用一句话总结就是，"把国家看作是相互教育的自由人的联合体"④。这一主张尽管烙有黑格尔理性国家观的印痕，但是，个人与社会之间有机统一的思想从此就成为贯穿马克思一生思想活动的一根红线。

但是，在《莱茵报》时期，残酷的社会现实很快使马克思对黑格尔

---

① 马克思，恩格斯．马克思恩格斯全集：第8卷．北京：人民出版社，1961：16.

② 马克思，恩格斯．马克思恩格斯全集：第1卷．北京：人民出版社，1995：122.

③④ 同②217.

的理性国家观产生了动摇。莱茵省议会为了维护林木所有者的私人利益，竟然让国家丧失应有的正义和理性的光辉，使国家沦为私人利益的工具，使国家理性仅仅用法律形式掩饰私人利益。在《关于林木盗窃法的辩论》中，马克思尖锐地指出："这种把林木所有者的奴仆变为国家权威的逻辑，**使国家权威变成林木所有者的奴仆**。整个国家制度，各种行政机构……都沦为林木所有者的工具，使林木所有者的利益成为左右整个机构的灵魂。"① 当然，此时的马克思虽然已清楚地看到林木所有者的物质利益对国家与法以及人们的思想和行动所起的支配作用，但是他在内心深处仍然肯定黑格尔的理性国家观，仍然强调"不应该同整个国家理性和国家伦理联系起来来解决每一个涉及物质的课题"②。然而，在此后两个月马克思撰写的《摩泽尔记者的辩护》中，我们可以看出，他已经明显地注意到人们活动背后的客观的社会关系的作用，看到了客观关系对国家的制约性。他指出："人们在研究**国家**状况时很容易走入歧途，即忽视**各种关系的客观本性**，而用当事人的**意志**来解释一切。但是存在着这样**一些关系**，这些关系既决定私人的行动，也决定个别行政当局的行动，而且就像呼吸的方式一样不以他们为转移。"③ 如果说马克思从前认为私人利益对国家和法的制约不符合国家的本性，譬如，在《关于林木盗窃法的辩论》中，马克思把由林木所有者本身来立法的行为称为**"下流的唯物主义"**，是"违反各族人民和人类的神圣精神的罪恶"④，那么，他现在则从客观关系出发，去研究国家制度和管理原则，这无疑是大大向唯物史观迈进了一步。

现实生活与赤裸裸的物质利益问题使马克思深刻认识到，黑格尔唯心主义原则同现实存在着巨大的鸿沟和矛盾，黑格尔的方法无法解开社会历史之谜，这使马克思陷入了理论的困惑和思想的苦恼。《莱茵报》被查封使马克思有机会从社会舞台退回书房，对他以往的理论活动进行梳理和总结。而《黑格尔法哲学批判》的写作，旨在通过对黑格尔法哲学的系统批判，搞清楚市民社会与政治国家和法的关系，认识到是市民社会决定政治国家，而不是相反。从这时候起，马克思利益的内涵发生

---

① 马克思，恩格斯. 马克思恩格斯全集：第 1 卷. 北京：人民出版社，1995：267.
② 同①290.
③ 同①363.
④ 同①289.

了新的变化，开始从德国人的理性主义光环中走出来。在莱茵省议会的辩护期间，马克思从理性主义的视角，把利益看作非理性的、盲目的，理性主义需要扬弃的东西。而非理性的东西是不法的东西，它本身需要理性的法律去约束。但在《黑格尔法哲学批判》中，利益概念开始与市民社会相联系，理性主义开始在唯物主义审判台散去其耀眼的光环。随后，在《德法年鉴》时期，马克思在市民社会决定政治国家思想的基础上，对市民社会的内涵做了进一步的拓展，加深了对市民社会与政治国家关系的认识。在《论犹太人问题》中，马克思借助犹太人的"世俗礼拜"（做生意）和"世俗的神"（金钱），开始从人的利己主义的活动出发来揭示市民社会的本质，从人的商品经济活动的要素和原则，即需要、利己主义、金钱以及商品出发来认识市民社会及其与政治国家的关系。这样，在马克思那里，利益概念从黑格尔理性主义光环下走出来，在非理性的市民社会中找到了发源地。

与此同时，恩格斯与马克思"殊途同归"，以对现实利益问题研究为契机，致力于真正弄清楚市民社会与国家和法的关系问题。前已述及，在英国的曼彻斯特期间，恩格斯异常清晰地观察到经济事实在现代世界中的决定性作用，它既是阶级对立产生的基础，又是政党形成、党派斗争的基础。这表明，马克思恩格斯开始共同走向一个新的世界观。在后来的理论研究中，正是通过对现实利益问题、现实经济问题的研究，才确立了生产关系的范畴，建立了历史唯物主义理论体系，从而正确地解决了利益的本质及其历史作用问题，找到了历史发展的真正动力。

二、对利益的历史唯物主义阐释

历史从哪里开始，思想进程也应当从哪里开始。马克思恩格斯按照逻辑与历史相统一的方法，从"现实的人"追求利益的现实活动出发来揭示历史的奥秘，构建唯物史观。换句话说，在唯物史观的创立过程中，利益问题作为一条主线贯穿了马克思恩格斯思想发展的全过程，他们的思想每前进一步、理论每发展一个阶段都与在利益问题的研究上逐步深入密切相关，可以说正是对利益问题的探索，促使马克思恩格斯创立了唯物史观，同时也使利益问题得到了历史唯物主义的阐释。

《1844年经济学哲学手稿》是马克思初步探索经济领域所形成的研究成果。这时马克思已将理论研究的视角从宗教和哲学领域转入社会经济领域，把利益的对立理解为社会存在的基础，开始从生产关系的角度剖析资本主义社会。马克思指出，"在国民经济学中，我们到处可以看到，各种利益的敌对性的对立、斗争、战争，被承认是社会组织的基础"，"这时私有财产才能完成它对人的统治，并以最普遍的形式成为世界历史性的力量"①。这样，在马克思那里，资产阶级国民经济学家基于理性立场所坚持的工人利益向来不与社会利益相对立的意见就被彻底地否定了，利益被初步地理解为不同阶级之间的对立的社会经济关系。但是，此时的马克思虽然把社会历史看作人通过人的劳动而诞生的过程，看到了社会的利益对立关系及其在社会组织中的基础作用，却用人抽象的自由自觉的劳动本质的异化和复归的观点来解释人类社会历史的发展，带有明显的费尔巴哈人本主义和自然主义的色彩。

在《神圣家族》中，马克思已经远远超出了费尔巴哈人本主义的观点，与恩格斯一道研究了劳动和实践，开始从现实的物质生产以及物质利益原则的视角深入历史发源地内部来观察分析历史活动，把利益理解为人与人之间的社会经济关系，并把人与人之间的经济利益关系看作国家的基础，从而日益接近新世界观的科学体系。马克思恩格斯考察了社会实践的功能和性质，指出实践活动既受社会历史条件制约又能动地创造历史的双重性，强调思想必须从属于利益，而不能和利益相背离，正义和美德的思想只是装点历史的花环，利益推动着人们的实践，历史本身是追求着自己目的的人的活动。他们指出："正如古代国家的**自然基础**是奴隶制一样，**现代国家**的**自然基础**是市民社会以及市民社会中的**人**，即仅仅通过私人利益和**无意识**的自然的必要性这一纽带同别人发生关系的独立的人，即自己营业的**奴隶**，自己以及别人的**私欲**的奴隶。"②这里，马克思恩格斯已经唯物地揭示了利益的社会性本质，并从资本主义的具体生产关系出发，认为私人利益就是私有制社会关系的表现，从而抽象出对一般利益范畴的认识。马克思恩格斯进一步解释道，生活于

---

① 马克思，恩格斯. 马克思恩格斯全集：第3卷. 北京：人民出版社，2002：254，293.

② 马克思，恩格斯. 马克思恩格斯全集：第2卷. 北京：人民出版社，1957：145.

一定经济关系中的人，就是指通过私人利益和不以人的意识为转移的历史必然性规律的纽带而相互发生关系的人，以此推论，资本主义社会中私人利益关系就是社会经济关系的表现。总之，马克思恩格斯在《神圣家族》中阐述的一系列具有历史唯物主义萌芽的问题，其核心就是从利益关系来研究资本主义经济关系，从而揭示出历史唯物主义的基本理论。

上述对利益问题的历史唯物主义的初步见解，使马克思恩格斯能够从人类社会存在的基础及其发展动力的角度系统地考察利益问题，以此全面阐述唯物史观。在《德意志意识形态》中，马克思恩格斯把现实的人及其现实的活动作为唯物史观的出发点和前提，从"需要即人的本性"的角度出发去把握人的存在以及利益问题。马克思在批判施蒂纳的时候指出："在任何情况下，个人总是'从自己出发的'，但由于从他们彼此不需要发生任何联系这个意义上来说他们不是**唯一的**，由于他们的**需要**即他们的本性，以及他们求得满足的方式，把他们联系起来（两性关系、交换、分工），所以他们**必然要**发生相互关系。"① 这就是说，现实的人为了满足自身的生存需要，不得不在一定的社会关系中进行物质生产与交换。于是，伴随着人们的需要以及满足需要的生产劳动，就存在着劳动采取何种组织方式、生产资料如何占有、劳动成果如何分配等一系列经济利益的问题，这就是生产关系。生产关系本质上就是人们基于自身需要以及满足需要的生产劳动而在他们之间发生的经济利益关系，表现为：一方面，利益是人们相互结合的出发点，它贯穿于生产过程中人与人所形成的生产关系中。马克思恩格斯指出，生产发展导致分工，"随着分工的发展也产生了单个人的利益或单个家庭的利益与所有互相交往的个人的共同利益之间的矛盾；而且这种共同利益不是仅仅作为一种'普遍的东西'存在于观念之中，而首先是作为彼此有了分工的个人之间的相互依存关系存在于现实之中"②。另一方面，生产关系作为一种利益关系，主要是指对利益的分配与占有。马克思恩格斯指出，分工导致私有制的出现，而私有制这种"所有制是对他人劳动力的支配"③。正因为如此，恩格斯在《论住宅问题》中明确指出："每一既定

---

① 马克思，恩格斯. 马克思恩格斯全集：第3卷. 北京：人民出版社，1960：514.
②③ 马克思，恩格斯. 马克思恩格斯选集：第1卷. 北京：人民出版社，1995：84.

社会的经济关系首先表现为**利益**。"① 因此，我们可以说，当马克思恩格斯把作为唯物史观的出发点和前提——现实的人及其现实的活动理解为基于现实的人的需要、满足需要的生产活动以及人们在此基础上所发生的交换活动，即经济利益关系时，利益就成为历史唯物主义的基础性范畴。

既然利益作为历史唯物主义的基础性范畴，那么它就内在地规定着社会基本矛盾的运动。在《德意志意识形态》中，马克思恩格斯揭示了社会这部庞大而复杂的机器运行的基本机制。具体地说，马克思恩格斯把人类社会历史的发展理解为由生产力发展所决定的交往形式（经济利益关系）以及建立在此基础之上的上层建筑的发展，即"它们在整个历史发展过程中构成一个有联系的交往形式的序列，交往形式的联系就在于：已成为桎梏的旧交往形式被适应于比较发达的生产力，因而也适应于进步的个人自主活动方式的新交往形式所代替；新的交往形式又会成为桎梏，然后又为别的交往形式所代替。……这种发展非常缓慢；各种不同的阶段和利益从来没有被完全克服，而只是屈从于获得胜利的利益，并在许多世纪中和后者一起延续下去。……较早时期的利益，在它固有的交往形式已经为属于较晚时期的利益的交往形式排挤之后，仍然在长时间内拥有一种相对于个人而独立的虚假共同体（国家、法）的传统权力，一种归根结底只有通过革命才能被打倒的权力"②。他们认为，国家产生、存在的现实基础是由生产力发展所决定的分工联系以及由此产生的由利益矛盾所决定的阶级关系，国家不过是虚幻的共同体。"随着分工的发展也产生了单个人的利益或单个家庭的利益与所有互相交往的个人的共同利益之间的矛盾；而且这种共同利益不是仅仅作为一种'普遍的东西'存在于观念之中，而首先是作为彼此有了分工的个人之间的相互依存关系存在于现实之中。正是由于特殊利益和共同利益之间的这种矛盾，共同利益才采取**国家**这种与实际的单个利益和全体利益相脱离的独立形式"③。然而，正如马克思恩格斯所指出的，"每一个企图取代旧统治阶级的新阶级，为了达到自己的目的不得不把自己的利益说

---

① 马克思，恩格斯. 马克思恩格斯选集：第 3 卷. 北京：人民出版社，1995：209.
② 马克思，恩格斯. 马克思恩格斯选集：第 1 卷. 北京：人民出版社，1995：124.
③ 同②84.

成是社会全体成员的共同利益"①，因此，国家实质上是统治阶级为"保障自己的财产和利益所必然要采取的一种组织形式"②，是"统治阶级的各个人借以实现其共同利益的形式"③。这一思想，恩格斯在《路德维希·费尔巴哈和德国古典哲学的终结》中做了明确阐释。他在分析英国和法国的阶级关系时指出："土地占有制和资产阶级之间的斗争，正如资产阶级和无产阶级之间的斗争一样，首先是为了经济利益而进行的，政治权力不过是用来实现经济利益的手段。"④ 这说明，上层建筑的功能说到底就是维护、调节与实现利益。

基于上述思想，在《反杜林论》中，恩格斯批驳了资产阶级经济学家基于理性的眼光得出的"资本和劳动的利益一致、关于自由竞争必将带来普遍协调和全民幸福"学说的荒谬性，他指出："旧的、还没有被排挤掉的唯心主义历史观不知道任何基于物质利益的阶级斗争，而且根本不知道任何物质利益；生产和一切经济关系，在它那里只是被当作'文化史'的从属因素顺便提一下。新的事实迫使人们对以往的全部历史作一番新的研究，结果发现：以往的**全部**历史，都是阶级斗争的历史；这些互相斗争的社会阶级在任何时候都是生产关系和交换关系的产物，一句话，都是自己时代的**经济**关系的产物；因而每一时代的社会经济结构形成现实基础，每一个历史时期的由法的设施和政治设施以及宗教的、哲学的和其他的观念形式所构成的全部上层建筑，归根到底都应由这个基础来说明。"⑤ 这样，唯物史观揭示了制约着一切历史事变的物质原因——物质资料的生产方式，找到了制约人们思想动机背后的物质原因，即经济利益。对此，列宁有着深刻的领会，他指出，物质利益是马克思主义整个世界观的基础。原因在于，马克思对纷繁复杂的社会现象做到了"两个归结"：一方面，"从社会生活的各种领域中划分出经济领域，从一切社会关系中划分出**生产关系**"；另一方面，"把社会关系归结于生产关系，把生产关系归结于生产力的水平"⑥。唯物史观认为，一切社会关系都是经济关系的派生物，而经济关系在本质上就是经济利

① 马克思，恩格斯．马克思恩格斯选集：第1卷．北京：人民出版社，1995：100.
② 马克思，恩格斯．马克思恩格斯全集：第3卷．北京：人民出版社，1960：70.
③ 同①132.
④ 马克思，恩格斯．马克思恩格斯选集：第4卷．北京：人民出版社，1995：250.
⑤ 马克思，恩格斯．马克思恩格斯选集：第3卷．北京：人民出版社，1995：365.
⑥ 列宁．列宁选集：第1卷．北京：人民出版社，1995：6，8.

益关系，它受生产力的制约。因此，"必须到生产关系中间去探求社会现象的根源，必须把这些现象归结为一定阶级的**利益**"①。

三、利益对立的雇佣劳动制度分析

以利益追求为内驱力，资产阶级凭借商品经济开启了人类的现代化之路，其所取得的成就，马克思恩格斯在《共产党宣言》中就给予了充分的肯定。然而，马克思更多地注意的不是资本主义现代性的成就，而是现代性的"问题"。1856年4月，马克思在伦敦举行的英国宪章派创办的《人民报》创刊纪念会上的演说中指出，现代性的现实充满着矛盾和荒谬，"在我们这个时代，每一种事物好像都包含有自己的反面。我们看到，机器具有减少人类劳动和使劳动更有成效的神奇力量，然而却引起了饥饿和过度的疲劳。财富的新源泉，由于某种奇怪的、不可思议的魔力而变成贫困的源泉。技术的胜利，似乎是以道德的败坏为代价换来的。随着人类愈益控制自然，个人却似乎愈益成为别人的奴隶或自身的卑劣行为的奴隶。甚至科学的纯洁光辉仿佛也只能在愚昧无知的黑暗背景上闪耀。我们的一切发现和进步，似乎结果是使物质力量成为有智慧的生命，而人的生命则化为愚钝的物质力量。现代工业和科学为一方与现代贫困和衰颓为另一方的这种对抗，我们时代的生产力与社会关系之间的这种对抗，是显而易见的、不可避免的和无庸争辩的事实"②。

造成上述事实的原因何在？在马克思恩格斯看来，资本主义私有制、资本对劳动的统治与奴役以及由此所导致的对生产力的束缚，是导致"现代性悖论"的最深刻的根源。马克思恩格斯比他们同时代的资产阶级思想家，更早地也更明确地洞察到资产阶级所谓的"理性社会"自身无法克服的内在矛盾。资产阶级为了取得统治地位，以理性的眼光，把反映本阶级特殊利益的自由和平等等人权观念说成代表普遍利益的普遍观念，把自己渲染成正义的化身。但是，"这个理性的王国不过是资产阶级的理想化的王国；永恒的正义在资产阶级的司法中得到实现；平等归结为法律面前的资产阶级的平等；被宣布为最主要的人权之一的是

---

① 列宁. 列宁全集：第1卷. 北京：人民出版社，1984：464.
② 马克思，恩格斯. 马克思恩格斯选集：第1卷. 北京：人民出版社，1995：775.

资产阶级的所有权；而理性的国家、卢梭的社会契约在实践中表现为，而且也只能表现为资产阶级的民主共和国"①。这意味着，现代主义所提倡、推崇的理性已从批判的武器退化为维持秩序的工具，这一切只能表明资产阶级按理性和人道建立的所谓合理化的资本主义制度"不论它较之旧制度如何合理，却决不是绝对合乎理性的。理性的国家完全破产了"，"同启蒙学者的华美诺言比起来，由'理性的胜利'建立起来的社会制度和政治制度竟是一幅令人极度失望的讽刺画"②。

正因如此，马克思在《1844 年经济学哲学手稿》中展开对异化劳动的批判，从而显示出他对人的生存状况的极大关注。他反对像国民经济学家那样，当想说明什么的时候，总是从所谓的理性出发，置身于一种虚构的原始状态。他认为，必须从"物的世界的**增值**同人的世界的**贬值成正比**"这一"**当前的**经济事实出发"③。这一事实表明：在资本主义私有制下，工人的现实化、对象化劳动发生了异化，即"在国民经济学假定的状况中，劳动的这种现实化表现为工人的**非现实化**，对象化表现为**对象的丧失和被对象奴役**，占有表现为**异化、外化**。劳动的现实化竟如此表现为非现实化，以致工人非现实化到饿死的地步"④。马克思从对异化劳动这一概念的分析中，提出了两个亟待解决的根本问题："（1）从**私有财产**对**真正人的**和**社会的**财产的关系来规定作为异化劳动的结果的**私有财产**的普遍**本质**。（2）……人怎么使他的**劳动外化、异化**？这种异化又怎么以人的发展的本质为根据？"⑤ 第一个问题是要求对私有财产的社会结构特性做出更进一步的分析，第二个问题是要求对私有财产和劳动的关系及其未来的走向做进一步的说明。对于前者，马克思把资本主义私有财产的本质具体化为"劳动、资本以及二者的关系"，表现为劳动与资本，即工资与利润的"**敌对性的相互对立**"⑥；对于后者，马克思指出，必须扬弃资本主义私有制，实现共产主义，才能使人的自由自觉的劳动本质得以完成。当然，同《资本论》相比，马克思此时的认识是相对肤浅的。因为，上述两个问题的解决离不开经济学

①　马克思，恩格斯．马克思恩格斯选集：第 3 卷．北京：人民出版社，1995：356.

②　同①722，723.

③　马克思，恩格斯．马克思恩格斯全集：第 3 卷．北京：人民出版社，2002：267.

④　同③268.

⑤　同③279.

⑥　同③288.

的分析。

在《资本论》及其手稿中，马克思在商品具有使用价值和价值的认识的基础上，提出了生产商品的劳动具有具体劳动和抽象劳动的二重性。在此基础上，马克思首先区分了两种形式的"物化"：一种是指具体劳动的对象化即劳动产品的生产，另一种是指商品经济中劳动的社会性即抽象劳动的物化。后者是指，在以私有制和商品交换为基础的商品社会中，"活动和产品的普遍交换已成为每一单个人的生存条件，这种普遍交换，他们的相互联系，表现为对他们本身来说是异己的、独立的东西，表现为一种物。在交换价值上，人的社会关系转化为物的社会关系；人的能力转化为物的能力"①。马克思关于人们的社会关系物化的思想为他进一步揭露雇佣劳动制度下工人的劳动异化奠定了基础。但是，劳动异化是怎样发生的呢？马克思对在《1844 年经济学哲学手稿》中提出的这一问题，已经在《资本论》及其手稿中做了透彻的回答。为此，马克思区分了对象化劳动和活劳动这两个概念，认为它们是同一劳动过程的两种不同形式的规定：前者是指劳动的客观方面的规定，是具体的物化劳动；后者是指劳动的主观方面的规定，是活劳动能力的劳动。对象化过程实际上就是活劳动能力的外化过程，而活劳动能力的使用价值能够使资本得到增殖。由此，在《经济学手稿（1857—1858 年）》中，马克思对雇佣劳动做出了这样的界定："雇佣劳动是设定资本即生产资本的劳动，也就是说，是这样的活劳动，它不但把它作为活动来实现时所需要的那些对象条件，而且还把它作为劳动**能力**存在时所需要的那些客观要素，都作为同它自己相对立的异己的权力生产出来，**作为自为存在的、不以它为转移的价值**生产出来。"② 严格的政治经济学意义上的雇佣劳动概念的提出，使马克思对资本主义生产方式下劳动的异化有了一个科学的分析，也使马克思再次以劳动的异化为主体价值批判向度，完成了他对现代资本主义社会的严格的经济学批判。

在马克思看来，资本主义的雇佣劳动是奴役劳动的最高形式。而奴役劳动的任何一种形式，都是从劳动者身上榨取剩余劳动的劳动形式。"如果我们现在首先考察已经形成的关系，考察变成资本的价值和作为单纯同资本相对立的使用价值的活劳动，——因而，活劳动只不过是这

---

① 马克思，恩格斯．马克思恩格斯全集：第 30 卷．北京：人民出版社，1995：107．
② 同①455 - 456.

样一种手段，它使对象化的死的劳动增殖价值，赋予死劳动以活的灵魂，但与此同时也丧失了它自己的灵魂，结果，一方面把已创造的财富变成了他人的财富，另一方面只是把活劳动能力的贫穷留给自己"①。正是在此意义上，马克思把创造资本的劳动称为雇佣劳动。而雇佣劳动制度在发展了资本的同时，却牺牲了个人。马克思指出："在资本主义体系内部，一切提高社会劳动生产力的方法都是靠牺牲工人个人来实现的；一切发展生产的手段都变成统治和剥削生产者的手段，都使工人畸形发展，成为局部的人，把工人贬低为机器的附属品，使工人受劳动的折磨，从而使劳动失去内容，并且随着科学作为独立的力量被并入劳动过程而使劳动过程的智力与工人相异化；这些手段使工人的劳动条件变得恶劣，使工人在劳动过程中屈服于最卑鄙的可恶的专制，把工人的生活时间变成劳动时间，并且把工人的妻子儿女都抛到资本的札格纳特车轮下。"② 这同马克思在《1844年经济学哲学手稿》中对于异化劳动所造成的人的异化的描述，不无一致。其共同的主旨，是揭示资本主义私有制下，由于资本具有独立性和个性而工人没有独立性和个性，所造成的物的世界的增值与人的世界的贬值的那种物化的、异化的社会关系。正是因为如此，恩格斯曾一针见血地指出："这样一来，有产阶级胡说现代社会制度盛行公道、正义、权利平等、义务平等和利益普遍和谐这一类虚伪的空话，就失去了最后的立足之地，而现代资产阶级社会就像以前的各种社会一样真相大白：它也是微不足道的并且不断缩减的少数人剥削绝大多数人的庞大机构。"③

四、解决资本主义利益矛盾及冲突的根本途径是实现共产主义制度

马克思着眼于人的全面发展，以历史辩证法的眼光来审视资本主义，把其理解为解放与奴役相互交织的辩证过程。这意味着，在资本主

---

① 马克思，恩格斯. 马克思恩格斯全集：第30卷. 北京：人民出版社，1995：453.
② 马克思，恩格斯. 马克思恩格斯全集：第23卷. 北京：人民出版社，1972：707-708.
③ 马克思，恩格斯. 马克思恩格斯选集：第3卷. 北京：人民出版社，1995：338.

义社会里，资本本身是矛盾的，表现在两方面：一方面，资本具有力求全面地发展生产力的趋势，这为新的生产方式产生创造了物质前提；另一方面，这种趋势同时又是同资本这种狭隘的生产形式相矛盾的，表现为资本本身的限制，即生产力、财富和知识等的创造，在表现为从事劳动的个人本身力量的外化的同时，从事劳动的个人不是把自己创造出来的东西当作他自己的财富的条件，而是当作他人财富和自身贫穷的条件。

马克思认为，这种对立的形式本身是暂时的。因为，"在资本对雇佣劳动的关系中，劳动即生产活动对它本身的条件和对它本身的产品的关系所表现出来的**极端异化形式**，是一个必然的过渡点，因此，它已经**自在地**、但还只是以歪曲的头脚倒置的形式，包含着一切**狭隘的生产前提**的解体，而且它还创造和建立无条件的生产前提，从而为个人生产力的全面的、普遍的发展创造和建立充分的物质条件"①。而"要达到这点，首先必须使生产力的充分发展成为**生产条件**，不是使一定的**生产条件**表现为生产力发展的界限"②。这里，所谓的"不是使一定的**生产条件**表现为生产力发展的界限"指的就是资本主义私有制的扬弃与新的社会生产方式的建立。基于此，马克思提出了关于解决资本主义矛盾的设想，其大意是，在资本主义所创造出的巨大生产力的基础上，通过消灭"社会上的一部分人靠牺牲另一部分人来强制和垄断社会发展（包括这种发展的物质方面和精神方面的利益）"的现象，以及缩短工作日来建立"自由王国"，实现人们的自由全面的发展。他说："这个领域内的自由只能是：社会化的人，联合起来的生产者，将合理地调节他们和自然之间的物质变换，把它置于他们的共同控制之下，而不让它作为盲目的力量来统治自己；靠消耗最小的力量，在最无愧于和最适合于他们的人类本性的条件下来进行这种物质变换。但是不管怎样，这个领域始终是一个必然王国。在这个必然王国的彼岸，作为目的本身的人类能力的发展，真正的自由王国，就开始了。但是，这个自由王国只有建立在必然

---

① 马克思，恩格斯. 马克思恩格斯全集：第 30 卷. 北京：人民出版社，1995：511 - 512.

② 同①541.

王国的基础上，才能繁荣起来。工作日的缩短是根本条件。"① 这就是说，在共产主义的条件下，人们在合理地调节人与人之间的利益关系的基础上，能够合理地调节人和自然的关系，从而使社会发展同人的自由全面的发展协调进行。马克思进一步指出："如果抛掉狭隘的资产阶级形式，那么，财富不就是在普遍交换中产生的个人的需要、才能、享用、生产力等等的普遍性吗？财富不就是人对自然力——既是通常所谓的'自然'力，又是人本身的自然力——的统治的充分发展吗？财富不就是人的创造天赋的绝对发挥吗？这种发挥，除了先前的历史发展之外没有任何其他前提，而先前的历史发展使这种全面的发展，即不以**旧有的**尺度来衡量的人类全部力量的全面发展成为目的本身。"② 至此，过去那种在旧制度下对立的利益矛盾在新的制度下得以化解。

从利益的角度讲，马克思关于每个人自由而全面发展的思想关涉到共同体利益与个人利益之间的关系。在《德意志意识形态》中，马克思恩格斯指出："从前各个人联合而成的虚假的共同体，总是相对于各个人而独立的；由于这种共同体是一个阶级反对另一个阶级的联合，因此对于被统治的阶级来说，它不仅是完全虚幻的共同体，而且是新的桎梏。在真正的共同体的条件下，各个人在自己的联合中并通过这种联合获得自己的自由。"③ 这里，马克思恩格斯区分了两种不同性质的共同体——"虚幻的共同体"与"真正的共同体"。"虚幻的共同体"作为统治阶级成员的利益联合体与被统治阶级的各个成员相对立，而"真正的共同体"则是在消灭了生产资料资本主义私人占有的前提下，个人不是作为阶级成员而是作为个人之间的联合。"它是各个人的这样一种联合（自然是以当时发达的生产力为前提的），这种联合把个人的自由发展和运动的条件置于他们的控制之下。"④ 这就是说，真实的集体不仅不与个人相对立，而且肯定个人的独立与自由发展。

在马克思恩格斯看来，共同体是有利于个人自由存在与全面发展的客观环境，因为"只有在共同体中，个人才能获得全面发展其才能的手

① 马克思，恩格斯．马克思恩格斯全集：第 25 卷．北京：人民出版社，1974：926 - 927.

② 马克思，恩格斯．马克思恩格斯全集：第 30 卷．北京：人民出版社，1995：479 - 480.

③ 马克思，恩格斯．马克思恩格斯选集：第 1 卷．北京：人民出版社，1995：119.

④ 同③121.

段，也就是说，只有在共同体中才可能有个人自由"①。在马克思的经典著作中，作为哲学范畴的"共同体"与"社会"是同义语词，指的是人与人之间在生产交往的基础上所形成的联系或关系的总和。而在社会共同体里，个人之间互为手段互为目的，用马克思的话说就是："直接体现他的个性的对象如何是他自己为别人的存在，同时是这个别人的存在，而且也是这个别人为他的存在。"② 这就告诉我们：第一，共同体是保证个人生存、促进个人全面发展的环境和手段，离开了共同体这一环境和手段，个人就无法生存与发展；第二，共同体不是自发形成的，也是由个人的交互活动创造的，需要个人维护和发展。但是，正如马克思恩格斯在《德意志意识形态》中所指出的那样："在过去的种种冒充的共同体中，如在国家等等中，个人自由只是对那些在统治阶级范围内发展的个人来说是存在的，他们之所以有个人自由，只是因为他们是这一阶级的个人。"③ 而在资产阶级统治的社会里，这种个人的自由是建立在资本主义雇佣劳动制度的基础上的，是人格化的资本的自由，是资本攫取雇佣工人的剩余劳动所创造的剩余价值的自由。因此，马克思一针见血地指出，自由是资本剥削劳动力的自由，平等则表现为资本平等地剥削劳动力。

马克思恩格斯着眼于无产阶级的解放，提出要消灭资产阶级赖以生存的市民社会及其政治国家，消灭雇佣劳动制度，以实现无产阶级及其全人类的整体利益的交往方式来代替维护资产阶级整体利益的交往方式。在《神圣家族》中，他们指出："既然人是从感性世界和感性世界中的经验中汲取自己的一切知识、感觉等等，那就必须这样安排周围的世界，使人在其中能认识和领会真正合乎人性的东西，使他能认识到自己是人。既然正确理解的利益是整个道德的基础，那就必须使个别人的私人利益符合于全人类的利益。"④ 这里，所谓"全人类的利益"，实际上也就是"全人类这一共同的集体利益"。

需要指出的是，在现实的社会主义建设过程中，人们将马克思恩格斯的上述思想演绎成"个人利益必须符合集体利益"。当然，这一理解

---

① 马克思，恩格斯. 马克思恩格斯选集：第1卷. 北京：人民出版社，1995：119.

② 马克思，恩格斯. 马克思恩格斯全集：第3卷. 北京：人民出版社，2002：298.

③ 同①.

④ 马克思，恩格斯. 马克思恩格斯全集：第2卷. 北京：人民出版社，1957：166-167.

还可以从马克思的经典著作中找到佐证，即从马克思在论述剩余价值理论过程中对"李嘉图定律"的评论中找到佐证。"李嘉图定律"的实质就是：社会生产力发展和社会的进步是以牺牲某些阶级或阶层的利益为代价。"李嘉图把资本主义生产方式看作最有利于生产、最有利于创造财富的生产方式，对于他那个时代来说，李嘉图是完全正确的。他希望**为生产而生产**，这是**正确的**。如果象李嘉图的感伤主义的反对者们那样，断言生产本身不是目的本身，那就是忘记了，为生产而生产无非就是发展人类的生产力，也就是**发展人类天性的财富这种目的本身**。如果象西斯蒙第那样，把个人的福利同这个目的对立起来，那就是主张，为了保证个人的福利，全人类的发展应该受到**阻碍**，因而，举例来说，就不能进行任何战争，因为战争无论如何会造成个人的死亡。（西斯蒙第只是与那些**掩盖**这种对立、否认这种对立的经济学家相比较而言，才是正确的。）这种议论，就是不理解……在人类，也象在动植物界一样，种族的利益总是要靠牺牲个体的利益来为自己开辟道路的，其所以会如此，是因为种族的利益同**特殊个体的利益**相一致……因此对李嘉图来说，生产力的进一步发展究竟是毁灭土地所有权还是毁灭工人，这是无关紧要的。"① 我们都把这句话作为"个人利益应当无条件服从集体利益，当个人利益与集体利益发生矛盾时，应当牺牲个人利益"的佐证，从而将"个人利益应当无条件服从集体利益"作为社会主义社会的一条普遍的道德要求。但事实上，马克思说的是，李嘉图崇尚生产力法则并承认资本主义社会阶级对立和不和谐是正确的，但力图证明资本同劳动严重对立的资本主义社会是天然合理和永恒的社会，并赋予其绝对合理性和规律必然性是错误的。马克思所说的"种族利益牺牲个体的利益"这一情况只限于阶级存在与阶级对立的社会中，而在阶级对立的共产主义社会，个体利益与共同体利益是一致的，因为，"代替那存在着阶级和阶级对立的资产阶级旧社会的，将是这样一个联合体，在那里，每个人的自由发展是一切人的自由发展的条件"②。

在现实的社会主义建设过程中，受"左"的错误思想支配，我们对"个人利益合于集体利益"这一集体主义道德原则的理解产生了偏差，

① 马克思，恩格斯. 马克思恩格斯全集：第26卷（Ⅱ）. 北京：人民出版社，1973：124 - 125.

② 马克思，恩格斯. 马克思恩格斯选集：第1卷. 北京：人民出版社，1995：294.

在处理两者关系上，往往只注重集体利益不注重个人利益，只讲集体利益包含了个人利益而不讲个人利益的独立性，一味强调个人利益应当无条件服从集体利益，甚至把个人对自身利益的合理追求等同于个人主义而加以排斥和反对，结果导致个人对以"集体利益高于个人利益"为基石的集体主义道德原则有一种情感拒绝和逆反心理，使得集体主义原则在人们的道德信念中认同度降低。这就要求我们要正确理解马克思恩格斯关于共同体与个人关系的思想。

第二章　马克思恩格斯
论社会主义教育

马克思恩格斯的社会主义教育思想，是在对资本主义教育进行批判的基础上形成的，具有丰富的内容和深刻的内涵，在世界教育史上具有划时代的意义。

一、对资本主义教育的批判

马克思恩格斯的教育思想，是在批判当时资本主义教育的基础上建立的，当时资本主义还处于大机器生产的上升时期。他们认为，当时的资本主义教育是简单的"机器式教育"。在《共产党宣言》第二部分——"无产者和共产党人"中，马克思恩格斯提出了共产党的纲领和消灭私有制的目标。在谈到当时流行的各种反对消灭私有制的谬论时，马克思恩格斯指出："资产者唯恐失去的那种教育，对绝大多数人来说是把人训练成机器。"① 这里，马克思恩格斯　针见血地指出并批判了资本主义教育把人训练成机器的本质。马克思恩格斯在分析资本主义的产生、发展和灭亡的过程和规律时就已经揭示了"机器式教育"是资本主义的一种必然。

---

① 马克思，恩格斯．马克思恩格斯选集：第1卷．北京：人民出版社，1995：289.

马克思恩格斯对于资本主义教育本质的认识和批判是深刻的，"机器式教育"制度下的教育不可能为个人完善品德修养、满足自身精神需求服务。"机器式教育"制度下的教育必然是简单、冷漠的，这种教育存在着主体、情感、智慧多重性缺失的问题。首先，主体性的缺失。资本主义教育为培养整齐划一的"机器"服务，教育对象的主体性、独立性、创造性自然是被压制的。其次，情感性的忽视。资本主义教育是为了训练劳动工具，机械的训练几乎成了教育的全部，教育强调的人与人情感的交流与对话很容易被忽视。最后，智慧性的偏废。资本主义教育成为训练简单技能的活动，教育本应具有的智慧性、理智感荡然无存。

马克思恩格斯生活在资本主义社会，对资本主义教育进行了极其深刻的揭露。教育总是有目的的，在资本主义社会里，资产阶级办教育是为了维护他们的统治，培养他们所需的人才。教育通过对人的训练和培养促进了资本主义机器大工业的繁荣与进步。资本主义教育的本质是把人训练成机器，是为资本主义大生产服务的。"工人变成了机器的单纯的附属品，要求他做的只是极其简单、极其单调和极容易学会的操作。"① 在《共产党宣言》中，马克思恩格斯重申了教育不能脱离社会，教育总是与政治状态和社会情况有关的观点。而资产阶级为了掩盖他们统治人民的事实，总是虚伪地宣称教育可以脱离政治，学校可以脱离社会，从而抹杀了教育的社会本质。马克思恩格斯批判了资产阶级的伪善和对共产党人的攻击，他们指出："而你们的教育不也是由社会决定的吗？不也是由你们进行教育时所处的那种社会关系决定的吗？不也是由社会通过学校等等进行的直接的或间接的干涉决定的吗？共产党人并没有发明社会对教育的作用；他们仅仅是要改变这种作用的性质，要使教育摆脱统治阶级的影响。"② 这些论述科学地阐明了阶级社会中教育的阶级实质，揭露了资产阶级的伪善，对教育本质问题做了科学界定，为无产阶级争取教育权的斗争和社会主义社会教育的实施指明了方向。

马克思恩格斯在对资本主义教育批判的同时，对无产阶级、劳动人民及其子女的教育问题也给予了极大的关心和同情。马克思恩格斯在

---

① 马克思，恩格斯. 马克思恩格斯选集：第1卷. 北京：人民出版社，1995：279.
② 同①290.

《共产党宣言》中指出，"现代工业越发达，男工也就越受到女工和童工的排挤。对工人阶级来说，性别和年龄的差别再没有什么社会意义了。他们都只是劳动工具"①。儿童没有受教育的权利和机会，他们和妇女都加入了生产大军。恩格斯在《英国工人阶级状况》一文中也以大量的事实和确凿的论据说明了这一点。因此，马克思恩格斯在《共产党宣言》中呼吁，无产阶级在掌握政权后，对全体儿童实行"公共的和免费的教育"，取消各种形式的儿童工厂，让全体儿童都接受教育，把他们培养成全面发展的人。社会主义国家的教育权利为全体人民所享有，教育为全体人民服务，旨在培养全面发展的社会主义事业的接班人。

二、关于教育的本质与目的

马克思恩格斯的教育本质论集中、具体地体现在《共产党宣言》以及其他相关著述中。

（一）教育的本质

《共产党宣言》中体现了丰富的辩证唯物主义和历史唯物主义思想。马克思恩格斯认为，产生社会思想和社会理论的源流（包括教育思想和理论）都不应从思想和理论本身去寻找，而要从社会的物质生活条件中去寻找。教育作为一种社会现象，同样要遵循这一理论。由此，马克思恩格斯提出了教育的社会性、阶级性、历史性的理论。正如《共产党宣言》中所指出的那样，"而你们的教育不也是由社会决定的吗？不也是由你们进行教育时所处的那种社会关系决定的吗？"② 马克思恩格斯从人与社会关系的角度来看教育，认为人的存在主要表现在人与社会的关系上，从这个角度讲，教育就在于使人社会化，而教育本身也是社会的一部分，也要受到生产力发展水平和经济基础的制约。同时，教育也反作用于生产力、经济和政治的发展。

---

① 马克思，恩格斯．马克思恩格斯选集：第1卷．北京：人民出版社，1995：279.
② 同①290.

（二）教育的目的

马克思恩格斯认为，在人类社会发展的不同历史时期，因生产力发展的水平不同，教育的目的就不同。在阶级社会中，教育有着明显的阶级性，教育的领导权和受教育权都被统治阶级所享有，教育的一项根本任务就在于为统治阶级培养和造就其所需要的人才。而在未来的共产主义社会，教育的最终目的是培养共产主义社会的建设者，促进人的全面发展。

第一，培养具有高度觉悟的共产主义社会建设者。马克思认为，共产主义以实现人的自由全面的发展为根本目的。因此，实现人的全面发展不仅需要高度发达的物质生活条件和社会制度环境，而且需要促进人的思想观念的进步，即培养具有高度觉悟的共产主义社会建设者。马克思在《共产党宣言》中提出了共产主义革命必须与传统观念实现彻底决裂的任务。在马克思看来，传统观念是在生产资料私有制社会条件下形成的统治阶级的统治思想，是剥削阶级为了实现阶级统治，麻痹、奴化被统治阶级的思想观念。它不仅束缚了人的思想自由，而且与共产主义社会格格不入。实现与传统观念的彻底决裂，培养具有高度觉悟的共产主义社会建设者，是未来社会教育最根本的任务和目的。

第二，培养和提高人的主体性。在马克思看来，资产阶级教育的根本目的就是培养为资本家赚钱的机器，因而造成了人的畸形的片面的发展。他在《共产党宣言》中指出："资产者唯恐失去的那种教育，对绝大多数人来说是把人训练成机器。"[1] 为彻底克服资产阶级教育这种历史局限性和阶级局限性，马克思把培养和提高人的主体性作为共产主义教育的根本目的之一，他在《关于费尔巴哈的提纲》中依据唯物主义的基本原理，对基于科学实践观的人的主体性做出了科学的阐述。马克思指出，人的主体性生成的根源在于人的社会实践活动，劳动实践是人改造自然的能力，是人的主体性和本质力量的确证。人的主体性是指主体对客体的主导地位以及对客体能动地认识和改造的特性，根本上是指人的实践能力和改造能力。人作为实践主体的主体性，就是人作为主体在

---

① 马克思，恩格斯．马克思恩格斯选集：第1卷．北京：人民出版社，1995：289.

对客体的作用过程中所显示出来的自觉能动性，具体表现为人的自主性、自为性、选择性、创造性的统一。为充分说明如何培养人的主体性，马克思批判了18世纪法国唯物主义者和费尔巴哈关于人与环境关系问题的教育决定论，指出社会实践是实现人的主体性的根本途径，因此他特别强调，在未来社会的教育中，必须实现与生产劳动相结合。马克思在《共产党宣言》中指出，在未来共产主义社会中"对所有儿童实行公共的和免费的教育。取消现在这种形式的儿童的工厂劳动。把教育同物质生产结合起来，等等"①。

第三，促进人的全面发展。资本主义教育的局限是没有把人看作现实活动的人，而把人的活动仅限于感官的活动或是感官的经验活动。马克思在对费尔巴哈的批判中说明了这一点。费尔巴哈把人看作"感性对象"，他只是抽象地谈论人，而没有看到现实存在着的活动的人。"可见，他从来没有把感性世界理解为构成这一世界的个人的全部活生生的**感性活动**。"② 而实际上"感性活动"的人是人存在于世的基本形态，人在"感性活动"中与世界建立联系，既实现世界的发展，也促进了自身的发展。马克思语境中的教育活动就是人的活动。他认为教育的目的是培养具有实践能力的人，促进人的全面发展。教育要以人的现实条件为基点，坚持人与教育的互动发展。

三、关于教育的功能与作用

马克思恩格斯阐明了教育是一个永恒的范畴，又是一个历史的范畴。他们认为，作为教育与受教育的人是一切社会关系的总和，而不是单纯的生物体。他们站在哲学的高度，从人与外部世界的关系来看教育，认为教育是人与外部世界发生关系的桥梁和纽带，人通过受教育逐步认识外部世界。但是，人不是环境和教育的消极产物，而是可以能动地改造世界、改造环境，并在改造环境中改造自己的社会成员。马克思强调教育对社会的发展和人的发展都有着积极的推动作用。

《共产党宣言》深刻地揭露了资本主义的教育本质，即"资产者唯

---

① 　马克思，恩格斯 . 马克思恩格斯选集：第 1 卷 . 北京：人民出版社，1995：294.

② 　同①78.

恐失去的那种教育，对绝大多数人来说是把人训练成机器"①。简单地说，资本主义教育就是把人训练成会说话的工具，这种教育充其量只能叫训练，其最终将导致人的异化。马克思认为，教育的本质在于实现一切人的全面发展，实现人的本质的全面复归。教育必须促进人的发展，人的发展也必须经由教育，但仅仅依赖教育实现不了人的全面发展，只有在社会实践活动中，充分发挥人的主观能动性，才能充分发挥教育对人发展的作用。

马克思强调，教育是配合政治斗争的重要方面，是社会革命的重要组成部分，但它不能代替和取消政治斗争、社会革命。由此可见，我们在看到教育的社会作用的同时，也不能过分夸大教育的作用，不能纯粹用经济规律、政治规律来办教育，中国"文化大革命"中的教育失败便是惨痛的教训。因此，我们在考虑教育的社会制约性的同时，必须考虑到教育的相对独立性。

四、关于发展社会主义教育的根本主张

在《共产党宣言》中，马克思恩格斯提出了工人阶级夺取政权后的十项措施，第十项措施就是有关教育的，即"对所有儿童实行公共的和免费的教育。取消现在这种形式的儿童的工厂劳动。把教育同物质生产结合起来，等等"②。这一措施主要包括以下三个方面的内容：

首先，普及义务教育。无产阶级夺取政权后，应用法律的形式规定，对一定年龄的儿童实施确定年限的学校教育，并且是免费的。因为系统的教育对儿童的影响非常大，同时，教育对生产力的发展也有着巨大的促进作用。任何统治者都不会忽视这一点。无产阶级夺取政权后，亦当如此。

其次，废除童工。在资本主义生产中，资本家为了最大限度地追逐利润降低成本而大量使用廉价的女工和童工，使劳动人民的子女在幼小的时候就走进了工厂，遭受残酷的剥削和压迫，其基本人权包括受教育权都被无情地剥夺了。因此，马克思强调严禁 9～17 岁（包括 17 岁在

---

① 马克思，恩格斯．马克思恩格斯选集：第 1 卷．北京：人民出版社，1995：289．
② 同①294．

内）的人在夜间和一切有害健康的生产部门劳动。

最后，将教育同生产劳动相结合。这一观点在马克思的其他著作中反复出现过，说明此观点是马克思的一条重要教育思想。将教育同生产劳动相结合不仅是培养和造就全面发展的新人的一种方法和途径，而且是一种思想境界。马克思认为，在合理的社会制度下，每个一定年龄的儿童都应成为"生产工作者"，他们都"必须劳动，不仅用脑劳动，而且用双手劳动"①。马克思还认为，"把有报酬的生产劳动、智育、体育和综合技术教育结合起来，就会把工人阶级提高到比贵族和资产阶级高得多的水平"②，"未来教育对所有已满一定年龄的儿童来说，就是生产劳动同智育和体育相结合，它不仅是提高社会生产的一种方法，而且是造就全面发展的人的唯一方法"③。可见，马克思主义关于教育与生产劳动相结合的思想，不仅是为工人阶级争取教育权，也是为改变资本主义教育所造成的人的发展的片面性，为实现未来人的自由和全面的发展创造有利条件。

---

① 马克思，恩格斯. 马克思恩格斯全集：第 16 卷. 北京：人民出版社，1964：217.
② 同①218.
③ 马克思，恩格斯. 马克思恩格斯选集：第 2 卷. 北京：人民出版社，1995：212.

第三章　马克思恩格斯
论社会主义就业

　　马克思恩格斯虽然没有对就业问题进行系统的专门的论述，但是在揭示资本主义经济的运行规律和对未来社会的大致构想中，多处论及就业问题。马克思恩格斯在着重研究资本主义生产关系、揭示资本主义经济运行规律的基础上，形成了对未来社会主义社会的大致设想，科学地勾画了他们心目中理想社会的经济关系的蓝图。从马克思恩格斯对社会主义生产关系和分配关系的丰富思想阐述中，我们能够概括出他们关于社会主义就业思想的基本内容。

一、关于就业的基本概念

　　探讨马克思恩格斯关于劳动就业的思想，首先必须了解马克思恩格斯关于劳动、劳动力、就业基本概念的论述。

　　关于劳动，马克思认为："劳动首先是人和自然之间的过程，是人以自身的活动来引起、调整和控制人和自然之间的物质变换的过程。"[①]他还认为：劳动在任何时候，在任何条件下都具有社会性质，人们"只

---

　　① 马克思，恩格斯．马克思恩格斯全集：第 23 卷. 北京：人民出版社，1972：201 -
202.

有以一定的方式共同活动和互相交换其活动，才能进行生产"①。也就是说，从生理学上看，劳动有着自然属性，即劳动是人类劳动力（体力和脑力）的耗费过程；从经济学、社会学上看，劳动有着社会属性，即劳动是在一定生产资料所有制形式下，相互发生一定社会关系的人们从事有目的的物质生产。

关于劳动力，马克思认为："我们把劳动力或劳动能力，理解为人的身体即活的人体中存在的、每当人生产某种使用价值时就运用的体力和智力的总和。"② 也就是说，劳动力是指存在于活的人体之间的，包括体力（肌肉力量、灵敏程度、五官感觉等）和智力（思维能力、文化知识、职业知识、劳动技能等）总和的，并能参与社会生产的人的劳动能力。劳动力的形成不是单纯的生理现象，而是错综复杂又相互关联的社会现象。目前，人们习惯把具有劳动能力的人说成劳动力。

就业，实际上就是有劳动能力的人（劳动力）参与某种有一定报酬的社会劳动。马克思透彻地分析了就业的基本性质，即"不论生产的社会形式如何，劳动者和生产资料始终是生产的因素。但是，二者在彼此分离的情况下只在可能性上是生产因素。凡要进行生产，就必须使它们结合起来。实行这种结合的特殊方式和方法，使社会结构区分为各个不同的经济时期"③。也就是说，一定社会形态的就业，实际上就是该社会形态下劳动力与生产资料的特殊"结合"。

马克思的上述基本概念，为我们探究特定社会形态下就业的基本性质、基本特征指明了方向。在资本家占有一切生产资料的资本主义社会，所谓社会劳动，就是雇佣工人为资本家创造剩余价值的劳动，所谓社会劳动力，就是没有生产资料但又能把自身劳动能力出卖给资本家的雇佣工人。因此，资本主义制度下就业的基本性质，就是没有生产资料的雇佣工人与完全由资本家占有的生产资料的"结合"，就是一种为着资本家利益的，体现着剥削关系的"结合"。雇佣工人在这种"结合"中，只能成为资本家的资本，成为机器的奴隶。雇佣工人的就业选择，实际上就是在选择把自身劳动力出卖给哪个资本家。正如马克思所说："原来的货币占有者作为资本家，昂首前行；劳动力占有者作为他的工

①　马克思，恩格斯.马克思恩格斯选集：第1卷.北京：人民出版社，1995：344.
②　马克思，恩格斯.马克思恩格斯全集：第23卷.北京：人民出版社，1972：190.
③　马克思，恩格斯.马克思恩格斯全集：第24卷.北京：人民出版社，1972：44.

人，尾随于后。一个笑容满面，雄心勃勃；一个战战兢兢，畏缩不前，像在市场上出卖了自己的皮一样，只有一个前途——让人家来鞣。"①

基于这一基本性质，资本主义制度下的就业显露出三个基本特征：一是就业的不平等性和不普遍性。在资本主义社会，既然就业只是雇佣工人与资本家所占有的生产资料的"结合"，那么，就业这把沉重的枷锁只会套在雇佣工人的脖子上，而不会碰到资本家的一根毫毛。资本家可以不劳而获，无所顾忌地过着剥削别人的生活，这是何等的不平等啊！同时，由于直接生产者和生产资料是相分离的，劳动力和生产资料的结合是通过劳动力市场以雇佣方式来实现的，因此，每个劳动者便没有当然的劳动权利。甚至，随着资本有机构成的提高和经济危机的爆发，雇佣工人也受到被解雇、被开除的威胁，而失业现象将作为社会瘤疾而滋长蔓延。二是就业的强制性。雇佣工人的就业，意味着雇佣工人把自身劳动力卖给了资本家，劳动力的使用权归资本家所有，而资本家为了获得尽可能多的剩余价值，便对雇佣工人挥舞着克扣工资、罚款、开除的大棒，实行强制性的监督。雇佣工人除了遭受着资本家的经济强制，还遭受着维护资本家利益的资产阶级国家机器的政治强制。三是就业的非直接社会性。按理说，社会化大生产有计划进行的本性，要求全社会合理而有计划地组织就业，即就业应有直接社会性。但在资本主义社会，由于生产资料的私人占有，个别资本家企业内雇佣工人的劳动则表现为私人劳动，而这种私人劳动无法在生产过程中直接实现劳动的社会性，只能通过市场间接实现劳动的社会性。因此，资本主义的生产违背社会化大生产那种有计划进行的本性，呈现出无政府状态。这样，就业也必然出现非直接社会性，社会也必然面临严重的失业危机。

显然，在资本主义制度下，在具有上述基本性质和特征的就业环境下，劳动者既不具有普遍的劳动权利，也不具有主人翁的劳动义务。这种就业本身潜伏着不可调和的阶级和社会对抗。劳动者在生产力与生产关系、经济基础与上层建筑的矛盾运动中，最终必将凭借自身的力量去摆脱、推翻这种可憎的"结合"，迎接、开创另一种美好的"结合"。这种美好的"结合"，随着无产阶级政权的夺取和社会主义制度的建立而产生了。在生产资料由劳动者共同占有的社会主义社会，社会劳动不再

---

① 马克思，恩格斯. 马克思恩格斯选集：第 2 卷. 北京：人民出版社，1995：176.

是为资本家的劳动，而是为包括劳动者自身的整个社会的劳动。社会劳动力是全社会有劳动能力的成员，他们是社会的主人，不再是买卖的商品。就业的基本性质发生了根本变化，成为一种共同占有生产资料的劳动者与劳动者共同占有的生产资料的"结合"，这是一种为整个社会利益的、体现平等互助合作关系的"结合"。而且，这种"结合"不是一种单纯的职业安置，而是对人的精心培育，是让人们在劳动大熔炉中锻炼成为具有工人阶级品质和建设新社会本领的全面发展的人才。

　　基于这一基本性质，社会主义制度下的就业具有四个基本特征：一是就业的平等性和普遍性。社会主义社会确立了"不劳动者不得食"这条不同于任何私有社会的基本原则。面对这一原则，人人是平等的，谁也不能再像资本家那样不劳而获，正如我国《宪法》所规定的："劳动是一切有劳动能力的公民的光荣职责。"就业的平等性是与普遍性相得益彰的。身为主人的每个社会成员，都能从事有报酬的劳动，都能各尽所能地为社会做贡献。这种全民的劳动权利正是社会主义优越性的一种标志，中华人民共和国成立后，我国就已把劳动权利列为公民的基本权利之一。二是就业的自觉性。社会主义制度从根本上消除了人压迫人的现象，在社会主义社会，劳动者是为包括自身在内的整个社会而劳动，就业不再是令人厌恶的社会强制。社会主义社会对劳动十分尊重，人人以劳动为荣，以不劳动为耻，这就在总体上形成了自觉劳动的社会风尚。在社会主义社会，每个劳动者在劳动中可以毫无拘束地施展自己的聪明才智，这促使劳动者怀着高度的责任感而投入劳动。三是就业的直接社会性。社会主义生产资料公有制建立以后，国民经济实行了计划管理。社会化大生产恢复了有计划进行的本性，劳动者的劳动不再是私人劳动，而是直接的社会劳动，因此就业也具有了直接社会性，表现为有计划有步骤地合理安排。四是就业的义务性。与共产主义社会相比，社会主义社会的劳动尚未变成人们普遍的自觉要求，还不是人们生活的第一需要，旧的劳动分工还未消灭，各种劳动之间的差别依然存在。因此，社会主义就业的义务是人们在社会的共同行为规范下无法推卸的社会职责。从某种意义上讲，当前强调劳动的义务性十分重要。当然，这里应注意的是，这种义务是与上述三个基本特征环环相扣的，是一种平等的、普遍的、自觉的、直接为社会的义务，是一种主人翁的义务。

　　显然，在社会主义制度下，在具有上述基本性质和特征的就业环境下，劳动者既具有普遍的劳动权利，又具有主人翁的劳动义务。而马克思的"普遍劳动义务制"原则，也正是强调"普遍""义务"这两点，即未来社会每个有劳动能力的成员都是社会的主人，都有劳动的权利，有劳动能力的全体成员共同担负着建设社会的神圣使命，都有接受劳动职业训练及从事社会所需要的具体劳动的义务。在此，权利和义务是相辅相成、不可偏废的。所以，我们可以从理论上看到，社会主义就业的基本性质和基本特征与马克思"普遍劳动义务制"原则是完全吻合的。社会主义就业的发展规律，有力地证明了马克思"普遍劳动义务制"原则的历史必然性。

二、对社会主义就业问题的探索

就业问题是随着资本主义雇佣劳动制度的产生而出现的，但它作为一个重大问题较晚受到经济学界的重视。马克思是较早注重就业问题的经济学家，他在《经济学手稿（1857—1858 年）》和《资本论》中都有相关的论述，涉及劳动力商品、工资、劳动分工、相对过剩人口等内容。但马克思不是只分析就业问题，而是将就业问题纳入资本主义经济发展的整体框架，将它与剩余价值生产、资本有机构成提高、利润率下降以及经济危机紧密地联系起来，这样就能从深层次把握资本主义经济中就业问题的实质，并对其长期变动和发展趋势做出准确的判断。在分析资本主义就业问题的过程中，马克思不断探索并逐渐形成了社会主义普遍就业的思想。

马克思在《共产党宣言》中庄严宣告旧世界必然灭亡、新世界必然胜利的同时，为未来将上升为统治阶级的无产阶级提出了著名的十大政纲。在十大政纲中，马克思对就业投入了极大的关注，在第八条政纲中明确提出"实行普遍劳动义务制"①，并认为"在运动进程中它们会越出本身，而且作为变革全部生产方式的手段是必不可少的"②。

按照马克思的设想，一旦无产阶级取得了政权，建立了社会主义制度，无政府状态的竞争和周期性的经济危机就会消失，而对劳动力的使

① 马克思，恩格斯．马克思恩格斯选集：第 1 卷．北京：人民出版社，1995：294.
② 同①293.

用是有计划的，因此失业最终也会消失。

社会主义经济是建立在社会化大生产基础上的，社会化大生产是一种机器生产，它通过机器、化学过程及其他方法使社会内部分工发生革命，不断地使工人从一个部门、行业、企业转向另一个部门、行业、企业，造成劳动力的流动，社会主义劳动力的流动是有计划的，它要求劳动者与生产资料不仅在数量和质量上，而且在空间和时间上都相互适应，保持一定比例。"一定量的已经物化在生产资料中的劳动，必须有一定量的活劳动与之相适应。这个比率在不同的生产部门是极不相同的，甚至在同一个产业的不同部门，也往往是极不相同的"①。只有实现劳动力资源的有计划配置，消除了资本主义社会的无序竞争，才能使经营者根据社会需求和技术进步的变化来调整自己的生产规模、产品结构以及技术结构。

在马克思看来，社会主义条件下劳动力资源的有计划配置，消除了资本主义社会生产对人力、物力、财力的巨大浪费；公有制的建立使生产和消费变得很容易估计，按需求调节生产也不再困难；在社会主义制度下，生产力有了极大提高，只要合理组合起来，就能迅速生产出人们所需要的各种生活资料。所以，马克思断言，社会主义制度的建立消除了失业存在的条件。

马克思恩格斯还就社会主义劳动力获得全面发展的理论做了详细论述。他们认为，公有制使社会的每一个人都成为国家的主人，劳动不再是令人厌恶的、外在强制的劳动，而是真正的自由的劳动，是为自己、为社会的劳动。社会主义生产劳动给每个人提供了全面发展和表现自己聪明才智的机会，"这样，生产劳动就不再是奴役人的手段，而成了解放人的手段，因此，生产劳动就从一种负担变成一种快乐"②。这表现在三个方面：首先，劳动者享有平等的受教育权利。这使得他们在生产过程中不断完善自己，更好地利用生产资料进行生产。劳动者突破了在资本主义制度下依附于机器生产的局部人的地位，以通晓整个生产系统并具有流动性的崭新面貌出现。知识水平和自身素质的提高，不但使劳动者随着机器的不断更新而摆脱了沉重的体力劳动，而且促进了新发明、新改良的出现，从而进一步推动了生产力的发展。其次，劳动者能

---

① 马克思，恩格斯．马克思恩格斯全集：第25卷．北京：人民出版社，1974：162.

② 马克思，恩格斯．马克思恩格斯选集：第3卷．北京：人民出版社，1995：644.

够获得更多的闲暇时间来享受生活。社会财富随着整个社会生产效率的提高而增加，这也是一系列社会保障制度建立的物质基础，对改进社会公共福利、提高福利水平具有重要作用。最后，职业发展的局限性及其对分工的依赖现象到了共产主义社会将会消失。在共产主义社会，每个人都可以在任何部门发展。社会调节着整个生产，人们可以按照自己的心愿做事。也就是说，在共产主义制度下劳动将成为生活的第一需要。

三、马克思恩格斯社会主义就业思想的基本内容

马克思恩格斯没有对就业问题进行系统的专门的论述，但在揭示资本主义经济的运行规律和对未来社会的大致构想中，曾多处论及就业问题。马克思恩格斯在着重研究资本主义生产关系、揭示资本主义经济运行规律的基础上，形成了对未来社会就业的大致设想，科学地勾画了他们心目中理想社会的经济关系的蓝图。

第一，关于劳动力资源的配置。按照一定比例分配劳动力资源，不是社会主义特有的经济规律，而是一切社会形态所共有的普遍规律。马克思认为，在资本主义生产方式下，这一规律只能在价值规律的支配下自发地发生作用，随着以公有制为基础的社会主义生产关系的建立，生产的社会化和生产资料资本主义私人占有之间的矛盾消除，使国家运用多种调节机制，按照社会经济发展规律的客观要求，在国民经济各部门有计划按比例地合理分配劳动力，就成为一个不以人们意志为转移的客观规律。马克思指出，"如果共同生产已成为前提……正像在单个人的场合一样，社会发展、社会享用和社会活动的全面性，都取决于时间的节省。一切节约归根到底都归结为时间的节约。正像单个人必须正确地分配自己的时间，才能以适当的比例获得知识或满足对他的活动所提出的各种要求一样，社会必须合乎目的地分配自己的时间，才能实现符合社会全部需要的生产。因此，时间的节约，以及劳动时间在不同的生产部门之间有计划的分配，在共同生产的基础上仍然是首要的经济规律。这甚至在更加高得多的程度上成为规律"①。马克思之所以将有计划地

---

① 马克思，恩格斯．马克思恩格斯全集：第 30 卷．北京：人民出版社，1995：123.

合理分配劳动时间提高到社会主义"首要的经济规律"的地位，其原因有二：一是只有在比资本主义更高级的社会形态中，节省劳动时间和在各个生产部门有计划地分配劳动时间的规律才有实现的可能性。而"资本主义生产方式迫使单个企业实行节约，但是它的无政府状态的竞争制度却造成社会生产资料和劳动力的最大的浪费"①。二是只有在社会主义社会中，劳动者这个生产力的首要的、决定性要素，才能真正成为社会生产力发展的出发点和归宿点。"当社会成为全部生产资料的主人，可以在社会范围内有计划地利用这些生产资料的时候，社会就消灭了迄今为止的人自己的生产资料对人的奴役。"②"人们第一次成为自然界的自觉的和真正的主人"③。这就是说，只有建立以生产资料公有制为基础的社会主义制度以后，过去被颠倒了的人与物的关系才能得以纠正，劳动者才能既以生产资料所有者的身份成为生产过程的主体，又以劳动者的身份享有按劳分配的劳动产品，即真正成为生产过程的出发点和归宿点。只有在这样的社会条件下，为节省劳动时间而在全社会范围内有计划地分配劳动时间才能被提高到"首要的经济规律"的地位。

　　第二，关于劳动者的就业权。马克思设想，"在一个集体的、以生产资料公有为基础的社会中，生产者不交换自己的产品；用在产品上的劳动，在这里也不表现为这些产品的**价值**，不表现为这些产品所具有的某种物的属性，因为这时，同资本主义社会相反，个人的劳动不再经过迂回曲折的道路，而是直接作为总劳动的组成部分存在着"④。在这样一个完全排除了商品、货币和价值的生产资料公有制社会里，是不存在劳动者的失业问题的，因为从上述马克思对未来社会经济的基本规定性中必然演绎出全体劳动者在该社会里享有"天然就业权"。公有制经济的第一个基本规定性，就是全部生产资料归全体社会成员共同所有，每个劳动者都拥有公有权，因此他法定地拥有与生产资料相结合进行生产活动并取得劳动收入的权利即就业权。公有制经济的第二个基本规定性是"这个联合体的总产品是社会的产品"⑤。除供个人消费的生活资料

---

① 马克思，恩格斯. 马克思恩格斯全集：第 23 卷. 北京：人民出版社，1972：579.
② 马克思，恩格斯. 马克思恩格斯选集：第 3 卷. 北京：人民出版社，1995：644.
③ 同②758.
④ 同②303.
⑤ 同①95.

外，剩余劳动产品由社会直接占有和统一支配，从而完全排除了劳动者通过个人积累建立个体或私人经济的可能性，劳动者天然具有在公有制企业中就业的权利。公有制经济的第三个基本规定性是私人劳动直接表现为社会劳动，消除了私有制社会私人劳动与社会劳动的矛盾。这就从理论上排除了某些社会成员的就业活动或劳动成果不为社会所承认，从而无法转化为社会劳动的可能。这一点是存在失业常态的商品经济社会所无法企及的。

第三，关于失业问题。在《资本论》中，马克思设想，在以公有制为基础的自由人联合体中，"劳动时间的社会的有计划的分配，调节着各种劳动职能同各种需要的适当的比例"①。这就不会出现劳动力供求的长期失衡（或供大于求，或求大于供），而长期失业亦不可能。在《反杜林论》中，恩格斯进一步阐述了这一思想。他指出，在社会主义公有制和计划条件下，"社会可以简单地计算出：在一台蒸汽机中，在100公升的最近收获的小麦中，在100平方米的一定质量的棉布中，包含着多少劳动小时"，因此，社会"必须按照生产资料来安排生产计划，这里特别是劳动力也要考虑在内"②。由此逻辑得出的结论必然是：社会主义经济的计划性决定了全社会劳动力资源供求的均衡性，完全可以避免资本主义社会中那种由经济组织和运行的无政府状态所导致的长期的大规模失业现象。因为，既然社会劳动时间由计划统一分配，既然计划中心既可准确掌握全社会劳动力的供给资料又可简单明了地计算出生产各种社会产品需要多少劳动时间，那么社会劳动力的供求配置必然是科学合理的，自然也就不存在因供求失衡而出现的失业问题。

第四，关于就业的性质。从经济学角度讲，就业是指具有劳动能力的人从事一定的社会劳动并由此获取劳动报酬或经营收入的经济活动，其实质是劳动者为谋取生活资料而与生产资料的结合。在这一结合过程中，无论不同社会形态采取的结合方式有何不同，但就业活动的谋生性构成了包括共产主义初级阶段在内的各社会形态的共同特征。只有到了共产主义高级阶段，谋生性质的劳动才能转化为自由劳动。

马克思从劳动的社会形态的角度把自由劳动看成共产主义高级阶段的劳动，即人类为了全面发展自身的能力在物质生产（谋生劳动）之余

---

① 马克思，恩格斯. 马克思恩格斯全集：第23卷. 北京：人民出版社，1972：96.

② 马克思，恩格斯. 马克思恩格斯选集：第3卷. 北京：人民出版社，1995：660.

利用自由时间来从事的各种创造性劳动。在《政治经济学批判》中，马克思系统阐述了自由劳动的科学含义，他认为，"（1）劳动具有社会性；（2）这种劳动具有科学性，同时又是一般的劳动，这种劳动不是作为用一定方式刻板训练出来的自然力的人的紧张活动，而是作为一个主体的人的紧张活动，这个主体不是以单纯自然的，自然形成的形式出现在生产过程中，而是作为支配一切自然力的活动出现在生产过程中"①。从这里不难看出，劳动的社会性、科学性和主体性是自由劳动的三大本质规定和基本点。

就业的谋生性质，是受劳动社会化和科学化程度制约的。随着生产过程的高度社会化、科学化、自动化，社会产品极大丰富，个人消费品按需分配，个人的劳动与生活消费的满足之间已无因果关系，劳动者不再置于谋生的生存必然性所引起的外在压力之下，劳动由谋生手段转变为生活目的本身。直到这时，人类劳动终于实现了从必然王国到自由王国的过渡，摆脱了劳动谋生性的自由劳动成为共产主义劳动的基本形态。用马克思的话说，共产主义社会的劳动使"外在目的失掉了单纯外在自然必然性的外观，被看作个人自己提出的目的，因而被看作自我实现，主体的对象化，也就是实在的自由"②。按照这一思路的逻辑推演，就业已经失去了其原有的经济内涵，甚至"就业"这一经济范畴在"劳动成为生活第一需要"的未来社会生活中也将不复存在。

---

①　马克思，恩格斯．马克思恩格斯全集：第30卷．北京：人民出版社，1995：616.
②　同①615.

第四章　马克思恩格斯
论社会主义分配

分配问题是马克思恩格斯所关注的一个重要问题。经过多年的研究，马克思恩格斯在继承空想社会主义学者关于未来社会收入分配理论的基础上，通过对资产阶级经济学家关于资本主义收入分配理论的批判，对未来社会的分配原则提出了设想，建立起了自己的社会主义分配理论。马克思恩格斯的社会主义分配理论内容丰富，它既有对生产与分配一般关系的阐述，又有对社会主义按劳分配原则的设想，还有对社会主义初期多种分配方式并存的有关设想。

一、马克思恩格斯对生产与分配一般关系的阐述

（一）必须联系生产方式、联系生产资料占有关系来研究分配关系

马克思恩格斯坚决反对就收入分配本身研究分配，认为必须联系生产方式、联系生产资料占有关系来研究分配关系。马克思指出："所谓的分配关系，是同生产过程的历史地规定的特殊社会形式，以及人们在他们的人类生活的再生产过程中相互所处的关系相适应的，并且是由这些形式和关系产生的。这些分配关系的历史性质就是生产关系的历史性

质,分配关系不过表现生产关系的一个方面。"① 也就是说,生产与分配都存在于生产总过程中,是由生产关系决定分配关系,而不是由分配关系决定生产关系。这是马克思恩格斯研究分配关系的基本出发点。

在《〈政治经济学批判〉导言》中,马克思在研究和论述社会再生产过程中生产与分配的关系时,比较系统地论述了社会分配原理。马克思认为,社会再生产实际上表现为社会生产、分配、交换和消费四个环节相互联系、相互制约、辩证统一的整体。在社会再生产过程中,生产是起点,消费是终点。由于社会分工的存在和人们在生产资料占有上的不平等,生产与消费的关系变得复杂,产品的生产者并不是直接的消费者。马克思说:"在社会中,产品一经完成,生产者对产品的关系就是一种外在的关系,产品回到主体,取决于主体对其他个人的关系。"②因而,在社会生产与消费之间插入了分配和交换。在商品经济条件下,分配的功能是解决社会产品价值量在不同集团及其成员之间,以及在不同用途之间的分割、占有和支配的问题;交换则是各社会集团及其成员将属于他们支配的价值份额,通过商品交换获得他们具体所需的产品。分配和交换构成了连接社会再生产过程中生产与消费的中介环节。在社会再生产诸环节的相互关系中,生产是主导环节,它居于首要地位,"我们得到的结论并不是说,生产、分配、交换、消费是同一的东西,而是说,它们构成一个总体的各个环节,一个统一体内部的差别。生产既支配着与其他要素相对而言的生产自身,也支配着其他要素。过程总是从生产重新开始。交换和消费不能是起支配作用的东西,这是不言而喻的。分配,作为产品的分配,也是这样。而作为生产要素的分配,它本身就是生产的一个要素。因此,一定的生产决定一定的消费、分配、**交换和这些不同要素相互间的一定关系。当然,生产就其单方面形式来说**也决定于其他要素"③。

在《资本论》中,马克思进一步分析了生产关系对分配关系的决定作用。马克思明确指出:"在整个社会范围内同时进行经营的一切生产部门,不论它们属于第Ⅰ部类还是第Ⅱ部类,可变资本都必须以货币形

---

① 马克思,恩格斯. 马克思恩格斯文集:第7卷. 北京:人民出版社,2009:999 - 1000.

② 马克思,恩格斯. 马克思恩格斯选集:第2卷. 北京:人民出版社,1995:12.

③ 同②17.

式来预付。资本家购买劳动力，是在劳动力进入生产过程之前，但是支付劳动力的报酬，却是在约定的期限，在劳动力已经在使用价值的生产上消耗掉之后。就像产品价值的其余部分一样，产品价值中仅仅作为在劳动力报酬上支出的货币的等价物的那部分价值，即产品价值中代表可变资本价值的那部分价值，也是属于资本家的。在这部分价值中，工人已经把他的工资的等价物提供给资本家了。"① **"因为可变资本总是以某种形式保留在资本家手中，所以无论如何也不能说，它会转化为某人的收入。"**② 所以，每一个生产过程结束后，社会总产品全部都是属于生产资料所有者——资本家所有，工人得到的只是来自资本家购买劳动力时所预付的货币，而社会总产品中代表可变资本价值的那部分价值是工人提供给资本家的等价物，它的所有权是属于资本家的。所以，在社会再生产过程中，分配是由生产决定的，生产关系决定分配关系，这是人类社会经济过程中的一种客观必然性。"因此，这些一定的分配形式是以生产条件的一定的社会性质和生产当事人之间的一定的社会关系为前提的。因此，一定的分配关系只是历史地规定的生产关系的表现。"③ "分配关系本质上和这些生产关系是同一的，是生产关系的反面"④。分配过程，在形式上表现为物与物交换的过程，实质上则是通过物与物之间的交换关系反映人与人之间的社会关系，这种社会关系不是由分配关系本身决定的，而是由生产关系决定的。分配所反映出来的这种人与人之间的社会关系是生产关系在分配过程中反映的人与人之间的关系的同一性表现。

在《哥达纲领批判》中，马克思提出了指导研究分配问题一个根本的方法论原则，即不能从抽象的公平、平等出发，而要从生产方式、从所有制出发来研究分配问题。生产方式决定分配方式。马克思在批判资产阶级经济学家将生产与分配割裂开来的观点的基础上，提出生产关系直接决定着分配关系。马克思指出："消费资料的任何一种分配，都不过是生产条件本身分配的结果；而生产条件的分配，则表现生产方式本

---

① 马克思，恩格斯．马克思恩格斯文集：第 6 卷．北京：人民出版社，2009：442 - 443.

② 同①500.

③ 马克思，恩格斯．马克思恩格斯文集：第 7 卷．北京：人民出版社，2009：998.

④ 同③994.

身的性质。例如，资本主义生产方式的基础是：生产的物质条件以资本和地产的形式掌握在非劳动者手中，而人民大众所有的只是生产的人身条件，即劳动力。既然生产的要素是这样分配的，那么自然就产生现在这样的消费资料的分配。如果生产的物质条件是劳动者自己的集体财产，那么同样要产生一种和现在不同的消费资料的分配。"① 马克思明确表述了自己的观点：生产方式对分配方式起决定性作用。在马克思看来，无论分配关系如何变化，它们都是由生产关系尤其是生产资料所有制决定的。

（二）资本主义的分配形式是以生产条件的一定的社会性质和生产当事人之间的关系为前提的

马克思认为，构成资本主义社会骨架的是"三个并存的而又互相对立的阶级——雇佣工人、产业资本家、土地所有者"②。而资本主义的分配，说到底就是产业资本家和土地所有者共同瓜分雇佣工人创造的剩余价值。马克思在分析资本主义分配关系时曾经指出，在资本主义分配关系中，工资以雇佣劳动为前提，利润以资本为前提，地租以土地私有权为前提。这表明，在生产领域和分配领域，资本家阶级与雇佣劳动者阶级之间是剥削与被剥削的关系。

在资本主义社会里，物质的生产条件以资本和地产的形式掌握在非劳动者手中，劳动者则失去了物质生产条件的所有权，只拥有生产的主观条件——劳动力。资本主义社会生产要素的这种分配使得拥有主观生产要素的劳动者不得不把自己体内的劳动力当作商品卖给资本家。这样，在资本主义经济的运行中，主观生产要素就以雇佣劳动的形式参与生产过程，客观生产要素就以资本和地产的形式参与生产过程。于是，资本的所有者——资本家就成了资本主义生产过程的主人，进入生产过程的主观生产要素——劳动力就成为资本的一种存在形式，即成为可变资本。劳动者不仅在形式上而且在实际上都隶属于资本，从而生产过程的结果也属于资本家所有。马克思在《资本论》中考察资本主义生产关系与分配关系时指出："最初，在我们看来，所有权似乎是以自己的劳

---

① 马克思，恩格斯．马克思恩格斯选集：第3卷．北京：人民出版社，1995：306.

② 马克思，恩格斯．马克思恩格斯文集：第7卷．北京：人民出版社，2009：698.

动为基础的。……现在，所有权对于资本家来说，表现为占有他人无酬劳动或它的产品的权利，而对于工人来说，则表现为不能占有自己的产品。"① "如果说预付在工资上的价值额不仅在产品中简单地再现出来，而且还增加了一个剩余价值，那么，这也并不是由于卖者被欺诈，——他已获得了自己商品的价值，——而只是由于买者消费了这种商品。"② 在资本主义社会生产要素分配的基础上，马克思通过对主客观生产要素参与生产的形式——雇佣劳动和资本的分析，科学地说明了新创造的价值如何分为工资、利润（企业主收入、利息）和地租的过程。生产过程中劳动者新创造的价值在资本家的主持下进行分配。在资本主义市场经济条件下，价值的分配采取工资、利润和地租这三种形式，但是，更进一步分析就可以看到，工资以雇佣劳动为前提，利润以资本为前提，地租以土地所有权为前提。而雇佣劳动、资本和土地所有权本身又是以"劳动者被剥夺了劳动条件，这些条件集中在少数个人手中，另外一些个人对土地拥有排他的所有权"③ 这样一种生产要素的分配为条件的。因此，马克思指出，资本主义"这些一定的分配形式是以生产条件的一定的社会性质和生产当事人之间的一定的社会关系为前提的"④。

资产阶级经济学家把资本主义的分配关系看成人类社会自然的、永恒的、适用于一切社会的一般的分配关系。这实际上是否认由生产关系决定的分配关系的历史性。马克思指出："每一种分配形式，都会随着它由以产生并且与之相适应的一定的生产形式的消失而消失。"⑤ 资本主义生产方式是一定历史阶段的特殊生产方式，它和其他任何生产方式一样，都是建立在社会生产力发展的一定基础上；同这种生产方式相适应的是具有独特性和历史暂时性的资本主义生产关系；分配关系和生产关系本质上是同一的，资本主义分配关系和生产关系同样具有历史的暂时性。在每一个历史阶段上，都存在着与当时的生产力状况所要求的生产关系和分配关系的历史形式。随着生产力的进一步发展，"这个一定的历史形式达到一定的成熟阶段就会被抛弃，并让位给较高级的形式。

---

① 马克思，恩格斯．马克思恩格斯文集：第 5 卷．北京：人民出版社，2009：673 - 674.

② 同①675.

③ 马克思，恩格斯．马克思恩格斯文集：第 7 卷．北京：人民出版社，2009：995.

④ 同③998.

⑤ 同③1000.

分配关系，从而与之相适应的生产关系的一定的历史形式，同生产力，即生产能力及其要素的发展这两个方面之间的矛盾和对立一旦有了广度和深度，就表明这样的危机时刻已经到来。这时，在生产的物质发展和它的社会形式之间就发生冲突"①。这就是马克思分析资本主义生产方式得出的科学的革命的结论，表明资本主义的收入分配关系必将被更高级的收入分配关系所代替。

（三）社会主义的分配原则应该到社会主义社会的生产结构中去寻找

马克思在 1857 年《〈政治经济学批判〉导言》中指出："分配的结构完全决定于生产的结构。分配本身是生产的产物，不仅就对象说是如此，而且就形式说也是如此。就对象说，能分配的只是生产的成果，就形式说，参与生产的一定方式决定分配的特殊形式，决定参与分配的形式。"② 生产的结构，主要有两个方面的内容：一是体现一定历史发展水平的生产工具及其劳动对象即生产资料的所属；二是社会成员在各类生产活动（包括流通部门）中的配置亦即分工、交换结构。换言之，在马克思恩格斯看来，生产资料所有制和分工、交换关系是决定分配形式的两大历史因素。社会主义社会的分配原则应该到社会主义社会的生产结构中去寻找，而不应该到哪个人的头脑中去寻找。具体来说，社会主义之所以实行按劳分配，是由社会主义的生产结构，即社会主义的生产资料所有制和分工、交换关系决定的。

（1）生产资料的社会所有制是实行按劳分配的所有制基础与根本条件。在《哥达纲领批判》中，马克思阐述了生产要素的分配决定消费资料的分配的原理。他不但强调了生产要素和生产条件的分配决定生产的方式，从而决定了产品的一部分——消费资料的分配，还以资本主义为例推断出共产主义社会消费资料的分配。在资本主义社会，物质生产条件即生产资料是私有的，物质生产条件和人身的生产条件是分离的。掌握物质生产条件资本和地产的是非劳动者，他们凭借对这些要素的所有权获得收益，而拥有人身的生产条件即劳动力的劳动者则只能依靠劳动力这一生产要素获得收益。在"物质的生产条件是劳动者自己的集体财

---

①　马克思，恩格斯．马克思恩格斯文集：第 7 卷．北京：人民出版社，2009：1000.

②　马克思，恩格斯．马克思恩格斯文集：第 8 卷．北京：人民出版社，2009：19.

产"，即生产资料社会所有的共产主义社会里，会产生与资本主义社会不同的消费资料的分配方式。马克思在这里将生产条件划分为物质的生产条件和人身的生产条件，并且强调了物质生产条件所有方式不同，即生产资料所有制性质不同，对人身生产条件即劳动力性质及消费资料分配的不同影响。这也正如恩格斯所说的那样："分配就其决定性的特点而言，总是某一个社会的生产关系和交换关系以及这个社会的历史前提的必然结果，只要我们知道了这些关系和前提，我们就可以确实地推断出这个社会中占支配地位的分配方式。"① 在生产资料社会共同占有的条件下，劳动者进行平等的劳动、平等的交换，任何人不能凭借对公共所有的生产资料的特权来占取别人的剩余劳动成果。所以，在个人消费品分配上必须实行按劳分配。

（2）社会主义劳动的特点决定了必须实行按劳分配。一方面，在社会主义生产条件下，劳动还只是谋生的手段，并未成为人们生存的第一需要。在社会主义社会，劳动者还不可能将劳动看成人生的第一需要，而是谋生的必要手段。只有实行按劳分配，才能消除各种懒惰现象，才能促使一切有劳动能力的人都努力去为社会劳动，并逐步养成自觉劳动的习惯，为使劳动成为人生的第一需要创造条件。另一方面，旧的社会分工依然存在。劳动的谋生性与差别性的存在要求必须实行按劳分配，而不能实行平均分配。社会主义社会，不可避免地带有旧社会的痕迹；旧的社会分工依然存在；脑力劳动和体力劳动在不同的劳动者个体之间的差别依然存在；劳动复杂程度不仅表现在不同的社会分工和不同的工作岗位上，而且表现在不同的劳动者个体身上。此外，不同的劳动者之间还存在着劳动态度上的差异。而社会主义社会还必须承认这些差别，并且必须在个人消费品的分配上体现出来。因此，这只有实行按劳分配才能实现，才能真正调动起劳动者的积极性。

（3）社会主义按照计划进行分配。在这种条件下，不仅个人消费品不作为商品进行交换，而且包括劳动力在内的一切生产要素都不能作为商品进行交换，这就决定了社会主义只能实行按劳分配。按马克思的构想："在一个集体的、以生产资料公有为基础的社会中，生产者不交换自己的产品；用在产品上的劳动，在这里也不表现为这些产品的**价值**……

---

① 马克思，恩格斯．马克思恩格斯选集：第 3 卷．北京：人民出版社，1995：496.

个人的劳动不再经过迂回曲折的道路，而是直接作为总劳动的组成部分存在着。"① 这就是说，要实行按劳分配就要消除商品经济，每个生产者不再需要交换自己的产品。

（4）社会主义社会实行按劳分配，归根到底是由社会主义的生产力水平决定的。也就是说，生产创造的财富有多少可供分配决定分配的方式。恩格斯说："在《人民论坛》上也发生了关于未来社会中的产品分配问题的辩论：是按照劳动量分配呢，还是用其他方式。人们对于这个问题，是一反某些关于公平原则的唯心主义空话而处理得非常'唯物主义'的。但奇怪的是谁也没有想到，分配方式本质上毕竟要取决于**有多少产品可供分配**，而这当然随着生产和社会组织的进步而改变，从而分配方式也应当改变。"② 马克思提出的按劳分配基于的社会形态"是刚刚从资本主义社会中**产生出来的**"共产主义社会第一阶段，因此，按劳分配也就必须以这个社会所具有的生产力水平作为实施的前提条件。由于生产力发展的继承性，刚刚从资本主义社会产生的共产主义社会第一阶段的生产力水平必高于资本主义社会的生产力水平，但又还没有达到"集体财富的一切源泉都充分涌流"的共产主义社会高级阶段的生产力水平。因此，高于资本主义社会、低于共产主义社会高级阶段的生产力水平是马克思提出的按劳分配得以实行的生产力前提。

二、马克思恩格斯关于社会主义的按劳分配理论

（一）马克思恩格斯按劳分配理论的形成

19世纪初三大空想社会主义者——圣西门、傅立叶和欧文在反对和批判剥削制度，以及在平均主义和禁欲主义的分配思想中都不同程度地包含了按劳分配的思想萌芽。马克思恩格斯的按劳分配理论是在批判继承空想社会主义者研究成果的基础上，通过历史唯物主义方法论构建起来的。它的建立是对人类社会旧有分配观念的革命性变革，是收入分配思想史上的一次伟大的飞跃。马克思恩格斯按劳分配理论同他的其他

---

① 马克思，恩格斯．马克思恩格斯选集：第3卷．北京：人民出版社，1995：303.
② 马克思，恩格斯．马克思恩格斯选集：第4卷．北京：人民出版社，1995：691.

关于社会生活、社会结构和社会发展的理论一样，经历了一个由形成到发展和成熟的过程。

19世纪40年代至50年代，马克思恩格斯对一切分配理论均持否定和批判的态度。这一时期马克思恩格斯正处在由激进的革命民主主义者向共产主义者转变的过程中。研究重点集中于未来社会的分配形式应该是"按劳分配"还是"按需分配"问题的争论上。最初，马克思恩格斯对按劳分配持否定态度。在《德意志意识形态》和《神圣家族》等早期著作里，他们对未来社会的设想是以共产主义社会的按需分配为基础的。在这个时期，由于马克思恩格斯尚未区分共产主义的发展阶段，也没有明确生产资料所有制与消费品所有制的区别，因此他们提出的"财产共有"这一未来社会的所有制原则，既包括生产资料的共有也包括个人消费品的共有，且用理想的共产主义标准来衡量和设计分配制度，倾向于按需分配。1843年，恩格斯在《大陆上社会改革运动的进展》一文中，第一次对圣西门按能力计报酬的按劳分配思想表示了否定态度[1]。1845年，马克思恩格斯在其合著的《德意志意识形态》一书中，不仅批评了圣西门主义者**"按能力计报酬，按工效定能力"**的主张，而且明确提出了**"按需分配"**的思想[2]。他指出，"圣西门主义的最重要的组成部分"是"对现存制度的批判"，认为**"按能力计报酬，按工效定能力"**的分配原则，实际上是"要求通常的社会阶级划分"，"必然导致对教阶制及其最上层的承认"[3]。在同一著作中，他们还指出："共产主义的最重要的不同于一切反动的社会主义的原则之一就是下面这个以研究人的本性为基础的实际信念，即人们的**头脑**和智力的差别，根本不应引起胃和肉体**需要**的差别；由此可见，'按能力计报酬'这个以我们目前的制度为基础的不正确的原理应当——因为这个原理是仅就狭义的消费而言——变为'**按需分配**'这样一个原理，换句话说：活动上，劳动上的**差别**不会引起在占有和消费方面的任何**不平等**，任何**特权**。"[4]在这里，马克思恩格斯是从"活动""劳动"的意义上理解"能力"一词的，他们明确主张"按需分配"，而反对"按劳分配"。直到《共产主

---

① 马克思，恩格斯. 马克思恩格斯全集：第1卷. 北京：人民出版社，1956：577.

② 马克思，恩格斯. 马克思恩格斯全集：第3卷. 北京：人民出版社，1960：598，638.

③ 同②597-598.

④ 同②637-638.

义原理》一文，他们仍然不赞成"按劳分配"，而主张"按共同协议来分配产品"①。从以上所引可以看出，马克思恩格斯对19世纪40年代形形色色的分配理论是持否定态度的。

19世纪50年代至70年代，是马克思按劳分配思想形成的重要时期。19世纪50年代以后，伴随着马克思对《资本论》的写作和经济研究的深入，他的关于按劳分配的思想也逐渐成熟了。1850年，马克思在《1848年至1850年的法兰西阶级斗争》一文中首次明确提出了在未来社会里要实行生产资料的公有制②，在此基础上，马克思恩格斯重新思考按劳分配原则。在《经济学手稿（1857—1858年）》中，马克思在批判空想社会主义者幻想用发行劳动券来消灭商品生产一般矛盾的错误时，开始表达出按劳分配思想。到19世纪60年代，马克思在《资本论》中明确而具体地阐述了他的按劳分配思想。在《资本论》第1卷中，他明确论述了自由人联合体的分配原则，提出了自由人联合体按劳分配的前提——生产资料公有制、按劳分配的尺度——劳动时间以及按劳分配的具体形式——劳动券。他指出，劳动时间作为劳动计量的尺度，因而是计量生产者个人在共同产品的个人消费部分中所占份额的尺度。马克思设想了一个没有商品生产和商品交换的"自由人联合体"，"他们用公共的生产资料进行劳动……这个联合体的总产品是一个社会产品。这个产品的一部分重新用做生产资料。这一部分依旧是社会的。而另一部分则作为生活资料由联合体成员消费。因此，这一部分要在他们之间进行分配。这种分配的方式会随着社会生产有机体本身的特殊方式和随着生产者的相应的历史发展程度而改变。仅仅为了同商品生产进行对比，我们假定，每个生产者在生活资料中得到的份额是由他的劳动时间决定的。这样，劳动时间就会起双重作用。劳动时间的社会的有计划的分配，调节着各种劳动职能同各种需要的适当的比例。另一方面，劳动时间又是计量生产者在共同劳动中个人所占份额的尺度，因而也是计量生产者在共同产品的个人可消费部分中所占份额的尺度"③。

19世纪70年代以后，是马克思科学的按劳分配理论最终形成的时期。按劳分配的科学理论是在马克思1875年写的《哥达纲领批判》中

---

①　马克思，恩格斯. 马克思恩格斯全集：第4卷. 北京：人民出版社，1958：365.

②　马克思，恩格斯. 马克思恩格斯全集：第7卷. 北京：人民出版社，1959：47.

③　马克思，恩格斯. 马克思恩格斯文集：第5卷. 北京：人民出版社，2009：96.

得以确立的，《哥达纲领批判》是马克思按劳分配理论最终形成的标志。而直到此时，马克思才最终创立了共产主义社会有两个发展阶段，社会主义社会是其中一个发展阶段，是共产主义社会第一阶段的学说。因此，对马克思按劳分配理论的研究应以他在《哥达纲领批判》中的有关论述为依据。在《哥达纲领批判》中他指出，"每一个生产者，在作了各项扣除以后，从社会领回的，正好是他给予社会的。……他以一种形式给予社会的劳动量，又以另一种形式领回来"，"生产者的权利是同他们提供的劳动**成比例的**；平等就在于以**同一尺度**——劳动——来计量"①。马克思认为"在共产主义社会第一阶段，在它经过长久的阵痛刚刚从资本主义社会里产生出来的形态中"只能采取这种分配方式，因为"权利永远不能超出社会的经济结构以及由经济结构所制约的社会的文化发展"。可见，马克思依据他们当时的历史条件，设想按劳分配是以全社会统一标准、统一管理和给劳动者个人直接分配的、以简单计时为主、借助一种不流通的纸的凭证来进行的实物分配。可以说，这时马克思关于按劳分配的基本思想已经提出来了，他对未来社会分配问题在这里得到了集中的论证和说明，为以后的社会主义者研究这个问题提供了一个基本的前提。

后来恩格斯在《论住宅问题》和《反杜林论》等著作中对按劳分配问题做了进一步探讨。恩格斯在1872年写的《论住宅问题》中，说明在生产资料社会化的基础上由劳动者组成的社会，是"劳动的总产品的所有者，由这个社会把总产品的一部分分配给自己的成员去消费，一部分用以补偿和增加自己的生产资料，一部分积累起来作为生产和消费的后备基金"②。恩格斯在《反杜林论》中认为，"只要分配为纯粹经济的考虑所支配，它就将由生产的利益来调节，而最能促进生产的是能使**一切**社会成员尽可能全面地发展、保持和施展自己能力的那种分配方式"③。在马克思逝世以后，恩格斯就《柏林人民论坛》报上关于未来社会产品分配问题的辩论，提出了自己的看法。他在1890年8月5日致康拉德·施米特的信中，指出探讨这一问题所应遵循的正确的方法论原则。他说："在《人民论坛》上也发生了关于未来社会中的产品分配

---

① 马克思，恩格斯．马克思恩格斯选集：第3卷．北京：人民出版社，1995：304．
② 马克思，恩格斯．马克思恩格斯全集：第18卷．北京：人民出版社，1964：247．
③ 同①544－545．

问题的辩论：是按照劳动量分配呢，还是按照其他方式分配。人们对于这个问题，是一反某些关于公平原则的唯心主义空话而处理得非常‘唯物主义’的。但奇怪的是谁也没有想到，分配方式本质上毕竟要取决于可分配的产品的**数量**，而这个数量当然随着生产和社会组织的进步而改变，从而分配方式也应当改变。但是，在所有参加辩论的人看来，‘社会主义社会’并不是不断改变、不断进步的东西，而是稳定的、一成不变的东西，所以它应当也有个一成不变的分配方式。但是，合理的辩论只能是：（1）设法发现将来由以**开始的**分配方式，（2）尽力找出进一步的发展将循以进行的**总方向**。可是，在整个辩论中，我没有发现一句话是关于这方面的。"①恩格斯在这里强调的是：社会主义社会是一个不断变化、不断进步的社会，因此，它不可能有一个一成不变的分配方式。在恩格斯看来，在共产主义社会的第一阶段，唯一可能和必要的分配方式，是"按照劳动量分配"。历史的发展证实了恩格斯的这一创见。应该特别指出的是，恩格斯在《卡·马克思"雇佣劳动与资本"1891年单行本导言》中对劳动者生活资料的科学区分及其归属问题进行了论述。他既在《反杜林论》中把劳动者的生活资料区分为生活资料和享乐资料，又在《卡·马克思"雇佣劳动与资本"1891年单行本导言》中进一步将其区分为生活资料、享受资料和发展资料，并认为，在新的社会制度下，现代的阶级差别要消失，"在人人都必须劳动的条件下，生活资料、享受资料、发展和表现一切体力和智力所需的资料，都将同等地、愈益充分地交归社会全体成员支配"②。

（二）马克思恩格斯按劳分配理论的主要内容

（1）按劳分配的主体。马克思在《哥达纲领批判》中并没有明确指出按劳分配的主体。他所使用的是"社会""社会方面""社会储存"等词语。按照马克思在《哥达纲领批判》中的论述，这里的"社会"应是指"刚刚从资本主义社会里产生出来的"共产主义社会第一阶段即社会主义社会。但在这个社会里，谁来承担发放劳动证书的工作？谁来承担社会储存中的消费资料的发放工作？分配的主体是机构形式还是个人形

---

①　马克思，恩格斯．马克思恩格斯全集：第37卷．北京：人民出版社，1971：432.

②　马克思，恩格斯．马克思恩格斯全集：第22卷．北京：人民出版社，1965：243.

式？若是机构形式，是联合体的形式还是国家的形式？是否还有国家？假如有，国家的职能发生了怎样的变化？这些方面马克思都没有做出明确而具体的设想。马克思只是说，"在共产主义社会中国家制度会发生怎样的变化呢？换句话说，那时有哪些同现在的国家职能相类似的社会职能保留下来呢？这个问题只能科学地回答"①。

（2）按劳分配的客体。在《哥达纲领批判》中，马克思明确指出所进行的分配是社会总产品做了六项扣除之后的消费资料。这六项扣除是：第一，用来补偿消耗掉的生产资料的部分；第二，用来扩大生产的追加部分；第三，用来应付不幸事故、自然灾害等的后备基金或保险基金；第四，和生产没有直接关系的一般管理费用；第五，用来满足共同需要的部分，如学校、保健设施等；第六，为丧失劳动能力的人等设立的基金。"只有现在……才谈得上在集体中的各个生产者之间进行分配的那部分消费资料。"②

（3）按劳分配的接受者。在《哥达纲领批判》中，马克思明确指出按劳分配的接受者是每个生产者或称为劳动者。在这样一个"刚刚从资本主义社会中**产生出来的**，因此它在各方面，在经济、道德和精神方面都还带着它脱胎出来的那个旧社会的痕迹"的社会里，其生产者劳动者具有怎样的规定性呢？首先，他们还不是真正的自由人。所谓真正的自由人是指共产主义社会高级阶段具有很高的思想境界、没有利益差别、能力全面发展的人。他们之所以还不是自由人，是因为无论在经济、道德还是精神方面，"旧社会的痕迹"都不可避免地要影响他们，使他们不可能具备与共产主义社会高级阶段的自由人一样的道德水准和精神境界。其次，他们也不是雇佣劳动者。最后，他们之间还有因工作能力和家庭负担的不同所形成的贫富差别。因此，按劳分配的接受者应是与资本主义社会的雇佣劳动者有着本质区别但又还远远没有达到共产主义社会高级阶段自由人的程度的、有着自己利益的劳动者。

（4）按劳分配的尺度。在《哥达纲领批判》中马克思明确指出消费资料是按生产者向社会提供的劳动量来分配的。因此，马克思按劳分配的"劳"实际上是指劳动的多少即劳动量，按劳分配即按劳动量分配。那么如何计量这个劳动量呢？马克思指出："一个人在体力或智力上胜

---

① 马克思，恩格斯. 马克思恩格斯选集：第 3 卷. 北京：人民出版社，1995：314.

② 同①303.

过另一个人，因此在同一时间内提供较多的劳动，或者能够劳动较长的时间；而劳动，要当作尺度来用，就必须按照它的时间或强度来确定，不然它就不成其为尺度了。"① 由此可见，马克思是"以自然的劳动尺度——时间，即以劳动小时为单位来计算"② 劳动量的。马克思认为："每个生产者在生活资料中得到的份额是由他的劳动时间决定的。这样，劳动时间就会起双重作用。劳动时间的社会的有计划的分配，调节着各种劳动职能同各种需要的适当的比例。另一方面，劳动时间又是计量生产者在共同劳动中个人所占份额的尺度，因而也是计量生产者在共同产品的个人可消费部分中所占份额的尺度。"③ "每一个生产者，在作了各项扣除以后，从社会领回的，正好是他给予社会的。他给予社会的，就是他个人的劳动量。例如，社会劳动日是由全部个人劳动小时构成的；各个生产者的个人劳动时间就是社会劳动日中他所提供的部分，就是社会劳动日中他的一份。他从社会领得一张凭证，证明他提供了多少劳动（扣除他为公共基金而进行的劳动），他根据这张凭证从社会储存中领得一份耗费同等劳动量的消费资料。他以一种形式给予社会的劳动量，又以另一种形式领回来。"④

（5）按劳分配的形式。马克思在不同的地方分别使用了不同的词语来说明按劳分配得以实现的具体形式。在《资本论》第 1 卷中，马克思使用的是"劳动券"一词。在《资本论》第 2 卷中，马克思把"劳动券"又表达成"纸的凭证"。在《哥达纲领批判》中，马克思又把"纸的凭证"简化表达成"凭证"。无论是"劳动券""纸的凭证"还是劳动的"凭证"，其实质都是表达生产者向社会提供了多少劳动及应领得到多少消费资料的符号。"劳动券"（"纸的凭证""凭证"）直接代表劳动时间，其作用是：一方面，它是生产者向社会提供劳动的证明；另一方面，它是从社会储存中领取消费资料的凭证。它与货币的区别在于：它存在于产品经济社会中，而货币存在于商品经济社会中；它是不流通的，而货币则是交换的媒介，是流通的；它直接代表劳动时间，是生产

---

① 马克思，恩格斯．马克思恩格斯选集：第 3 卷．北京：人民出版社，1995：304 - 305.

② 同①654.

③ 马克思，恩格斯．马克思恩格斯文集：第 5 卷．北京：人民出版社，2009：96.

④ 同①304.

者劳动量的符号化，其本身就相当于生产者向社会提供的劳动量，也相当于生产者从社会储存中应得的消费资料。"劳动券"（"纸的凭证""凭证"）所代表的是直接成为社会总劳动一部分的个人劳动，其本身就相当于产品。

（6）按劳分配的结果。马克思的按劳分配的结果是以平等的尺度——劳动来分配，带来的却是劳动者富裕程度不同这一不平等的结果，即按劳分配仍然存在资产阶级法权。但这种不平等不是像资本主义社会那样是由生产资料占有不平等带来的，而是由劳动者身体状况、天赋、家庭状况等方面的差异带来的。也就是说，在共产主义社会第一阶段，**"只能消灭私人占有生产资料这一'不公平'现象，却不能**立即消灭另一不公平现象：'按劳动'（而不是按需要）分配消费品"[1]。

（三）科学理解马克思恩格斯按劳分配理论

马克思恩格斯的按劳分配理论具有重大的理论价值和进步意义，这主要体现在以下几个方面：

（1）体现按贡献分配的原则。按劳分配是社会主义社会个人消费品的分配原则，它通常被表述为：在社会主义经济中，社会按照劳动者提供给社会的劳动数量和质量分配个人消费品。多劳多得、少劳少得，有劳动能力而不参加社会劳动的人没有权利向社会领取报酬。从这个简单的定义可以看出，按劳分配既否定了不劳而获的特权主义，也否定了按人头分配的平均主义。它只以劳动作为分配的唯一依据和单一尺度，只有劳动才能参加个人消费品的分配，劳动投入多就会多得，投入少就将少得。所以，按劳分配其实也就是按劳动者对生产的贡献进行分配。

（2）承认劳动力要素的个人所有权。在马克思所设想的经典社会主义模式中，由于实行生产资料的社会所有制，每个人"除了自己的劳动，谁都不能提供其他任何东西，另一方面，除了个人的消费资料，没有任何东西可以转为个人的财产"[2]。但是，按劳分配是一种承认劳动

---

① 列宁. 列宁选集：第3卷. 北京：人民出版社，1995：195.

② 马克思，恩格斯. 马克思恩格斯选集：第3卷. 北京：人民出版社，1995：304.

者劳动能力差别的分配方式，它承认劳动力这一重要生产要素的个人所有权。当然它不是公开承认的，而是"默认"的，即按劳分配默认劳动者不同等的个人天赋，因而也就默认不同等的劳动能力是每个劳动者的天然特权。按劳分配原则的贯彻，正是以事实上承认劳动力要素的个人所有权为基本前提的。

（3）体现形式上的平等和事实上的不平等。马克思认为，社会主义按劳分配通行的是等量劳动获得等量报酬，这种平等的权利按照原则仍然是资产阶级权利。因为在形式上，按劳分配是采取的同一尺度——劳动来计量的，具有平等性，然而，每个劳动者的个人天赋不同、劳动能力不同，或者劳动者所负担的家庭人口不同，从而导致劳动者分配到消费资料的多寡和劳动者的实际生活水平最终是不平等的，即具有内容上的不平等。因此，按劳分配所体现的平等，是形式上的平等而事实上的不平等。

（4）按劳分配是公平与效率的统一。按照马克思的设想，社会主义社会消费资料的按劳分配关系首先体现了劳动者的平等关系。这种平等的经济关系包括三个方面：一是生产资料所有权的平等关系。生产资料归全社会成员共同所有，劳动者是社会生产资料的共同主人。每个人都和其他人一样只是劳动者，任何个人不得对公共财产享有特权，更不能侵吞公共财产。二是劳动权利方面的平等关系。这是生产资料所有权平等关系的直接体现。每个有劳动能力的人都有参加劳动的权利和义务，都以生产主体的身份进入生产过程，都有权自主选择职业与工作岗位，充分发挥其劳动能力。三是劳动交换方面的平等关系。按劳分配实行等量劳动获取等量产品的原则，劳动报酬的唯一尺度是劳动量，劳动收入的多少取决于劳动量的多少。在马克思的按劳分配理论中，事实上还暗含了一种对效率的推定。因为，在未来社会，个人消费品的分配原则是等量劳动换取等量产品，劳动报酬的唯一尺度是劳动者提供的劳动量，这就意味着劳动者的收入水平和生活水平是与自己的劳动数量和质量联系在一起的，劳动者占取的收入与他们投入社会生产的劳动量成正比。这样的权利设定自然会引起个人收入上的不同，从而产生竞争，进而在客观上促使劳动者不断提高劳动能力，向社会生产投入更多的劳动量。

三、马克思恩格斯关于社会主义初期多种分配方式并存的理论

马克思恩格斯认为，在社会主义社会初期建立起来的不仅仅是全民所有制形式，还包括集体所有制和其他非公有制经济形式，与之相适应的分配形式也不仅仅是按劳分配，还包括其他同时并存的分配方式，这是生产关系决定分配关系、所有制结构决定分配结构的反映，发展了他们提出的社会主义阶段单一的公有制理论和单一的按劳分配理论。

马克思恩格斯关于公有制和按劳分配模式的构想，是以当时最发达的资本主义国家——英国作为考察对象而提出的，附有极其严格的条件。恩格斯曾说："这种占有只有在实现它的物质条件已经具备的时候，才能成为可能，才能成为历史的必然性。"① 这些条件是：生产力水平高；资本主义生产方式在全社会占主导地位；阶级关系比较单一，主要表现为工人阶级、资产阶级和大土地所有者的阶级关系。在这种情况下，无产阶级取得革命胜利后，就可以在整个社会建立起全民所有制，实行按劳分配，废除商品生产和商品交换。

后来，马克思恩格斯在考察了落后国家无产阶级革命运动的状况和前景，特别是全面考察了法国、德国等国家农民运动的状况后，发现以上条件是不可能完全同时具备的，他们提出了在社会主义过渡时期按劳分配和非按劳分配方式并存的设想，并对此做了初步的阐述。马克思晚年在指导西欧大陆国家的无产阶级革命时就说过，凡是在农民作为私有者大量存在的地方，无产阶级取得革命胜利后从"一开始就应当促进土地的私有制向集体所有制过渡"②。不仅农村要搞集体所有制，城市也要发展集体所有制。在巴黎公社革命时期，马克思就提出，把那些被工厂主关闭的工厂交给工人，按合作社方式经营。这是城市集体所有制的最初构想。无论是集体所有制还是全民所有制，都是公有制，因而都实行按劳分配。马克思恩格斯同时认为，落后的国家革命胜利后，在社会主义社会初期，除公有制经济外，还存在个体所有制等非公有制经济，

---

① 马克思，恩格斯. 马克思恩格斯选集：第 3 卷. 北京：人民出版社，1995：631.

② 同①287.

还存在多种经营方式。因而，除按劳分配外，还必然存在非按劳分配方式。恩格斯晚年在指导德、法等国的无产阶级革命运动时曾指出，"在向完全的共产主义经济过渡时，我们必须大规模地采用合作生产作为中间环节"①。"我们一旦掌握政权，我们自己就一定要付诸实施：把大地产转交给（先是租给）在国家领导下独立经营的合作社，这样，国家仍然是土地的所有者。"② 在《论住宅问题》中他还指出，当劳动人民成为全部房屋、工厂和劳动工具的总所有者的时候，"这些房屋、工厂和劳动工具的用益权，至少在过渡时期难以无偿地转让给个人或团体。同样，消灭地产并不是消灭地租，而是把地租——虽然形式发生变化——转交给社会。所以，由劳动人民实际占有全部劳动工具，决不排除保存租赁关系"③。在《法德农民问题》中，恩格斯指出，"我们对于小农的任务，首先是把他们的私人生产和私人占有变为合作社的生产和占有"④。恩格斯认为，创办合作社，虽然尚属初步阶段，却起着向共产主义经济过渡的作用，不经过这个中间环节，要想把农民从小私有者直接引导到共产主义道路上去，是不可能的。恩格斯在 1872 年写给丹麦社会主义者路易·皮奥的信中指出：在丹麦那样一个农村人口占大多数的国家里，通过合作社组织农业生产，是实现小土地私有制转变为社会主义所有制的正确道路。

既然存在社会主义过渡时期在生产要素的分配上没有实现全社会所有制，而是既有国家所有制，又有合作社所有制，还有个人所有制，那么生产要素以什么形式参与分配呢？首先看国家所有的生产要素如何参与获取报酬。恩格斯指出，国家所有的土地、房屋和工厂是以出租的形式参与生产，个人或协作社是承租者。国家凭借对土地、房屋和工厂的所有权获得租金（虽然是用改变过的形式）。其次看个人所有的生产要素是如何获得报酬的。关于这点恩格斯虽然没有系统的论述，但有关于个体农民的非常好的设想。按照恩格斯的设想，由个体农民组成合作社，起初类似丹麦社会党人提出的计划，即一个村庄的农民，"把自己的土地结合为一个大田庄，共同出力耕种，并按入股土地、预付资金和

①② 马克思，恩格斯. 马克思恩格斯选集：第 4 卷. 北京：人民出版社，1995：675.
③ 马克思，恩格斯. 马克思恩格斯选集：第 3 卷. 北京：人民出版社，1995：217.
④ 同①498.

所出劳力的比例分配收入"①，即把合作社成员消费资料的分配分成三大块：一块是合作社成员按入股土地比例得到的消费品，一块是合作社成员按预付资金比例得到的消费品，一块是合作社成员按劳动贡献所得到的消费品。恩格斯的这个设想实际上承认个体农民对土地、资金和劳动力的所有权，承认农民凭借对这些生产要素的所有权参与收益分配。这表明，在社会主义过渡时期，国家出租房屋、工厂和一部分土地给个人或协作社使用，并凭借对这些生产要素的所有权获取报酬；个体农民将自己所有的生产要素组织成合作社进行生产，并凭借投入的生产要素按比例地分配合作社的产品。

迄今为止，所有的社会主义革命都是在经济文化相对落后的国家取得胜利的。但是在社会主义实践过程中，这些国家都曾忽视了马克思恩格斯关于落后国家革命胜利后，在社会主义初期实行多种分配方式并存的设想，而直接实行了单一的按劳分配方式。由于脱离生产力的发展水平，单一的公有制形式决定的单一的收入分配方式，导致社会主义建设缺乏物质动因，这是社会主义国家乃至国际共产主义运动遭受挫折的原因之一。我国改革开放以来，经过不断的探索，建立起以按劳分配为主体、多种分配方式并存的分配模式，才开始实现马克思恩格斯关于社会主义初期多种分配方式并存的设想。当然按照马克思恩格斯的本意，多种分配方式并存的分配模式，也只是共产主义"由以**开始的**分配方式"②。它必将随着生产力水平的提高、所有制结构与生产关系的变革而向前发展。

---

① 马克思，恩格斯. 马克思恩格斯选集：第4卷. 北京：人民出版社，1995：499.

② 马克思，恩格斯. 马克思恩格斯全集：第37卷. 北京：人民出版社，1971：432.

第五章　马克思恩格斯论社会主义社会保障

　　纵观人类社会的发展进程，社会保障是社会生产发展的必然结果，是社会文明的重要标志。自古以来，总有一部分社会成员因为各种原因陷入生活困境。然而，在原始社会，由于物质匮乏、技术落后，社会无力救助个体的危难。只有当社会生产有了剩余，国家形成后有了积蓄时，社会才有了为个体提供保障的可能性。历史和现实反复证明，阶级社会为了维护社会稳定、缓和阶层矛盾与阶级对抗，都必须制定和实施社会保障措施。马克思恩格斯思想发展史告诉我们，现实的资本主义生产方式及其历史发展进程是马克思恩格斯设想社会主义社会保障的现实依据。马克思恩格斯站在无产阶级的立场上，运用科学的方法，在批判资本主义生产方式给社会带来贫困、伤残、失业的同时，又对社会主义社会保障做出了科学的展望。这些论述包含着丰富而深刻的社会建设思想，值得结合当今我国社会建设的实际，进行深入挖掘与研究。

一、马克思恩格斯对资本主义社会保障制度的批判

　　马克思恩格斯通过革命实践活动和孜孜不倦的科学研究，根据当时的社会生产力发展状况，对资本主义的社会保障制度进行了客观的具体的历史的分析。正如马克思所言："新思潮的优点就恰恰在于我们不想

教条式地预料未来，而只是希望在批判旧世界中发现新世界。"值得注意的是，马克思恩格斯关于社会保障的思想，是在科学地批判和解剖资本主义社会的过程中提出的。

（一）揭露资本主义社会保障的实质

马克思恩格斯通过对资本主义社会保障制度的深度分析，指出其实质是资产阶级缓和资本主义社会矛盾的基本方法。马克思恩格斯在充分肯定了资本主义在发展社会生产力、创造社会物质财富方面的积极作用的同时，也尖锐地指出："资产阶级的生产关系和交换关系，资产阶级的所有制关系，这个曾经仿佛用法术创造了如此庞大的生产资料和交换手段的现代资产阶级社会，现在像一个魔法师一样不能再支配自己用法术呼唤出来的魔鬼了。"[1] 显而易见，资本主义社会具有自身的历史局限性，包含着一系列无法摆脱的内在矛盾。因为在这一阶段，生产的社会化与生产资料资本主义私人占有之间的矛盾表现为个别企业的有组织性同社会生产的无政府状态的对立，表现为生产无限扩大的趋势同劳动人民购买力相对狭小之间的矛盾日益激化，从而最终导致周期性的经济危机。经济危机的爆发使得资本主义整个社会经济处于极度的震荡和混乱之中，生产力遭到极大的破坏，而资产阶级的统治却无法抑制这一破坏性行为。"在一极是财富的积累，同时在另一极，即在把自己的产品作为资本来生产的阶级方面，是贫困、劳动折磨、受奴役、无知、粗野和道德堕落的积累。"[2] 在这种情况下，整个社会日益分裂为两大对立的阶级，即资产阶级与无产阶级。这两大对立阶级随着资本主义自由竞争的发展，斗争日趋尖锐化，无产阶级也由一个"自在的阶级"发展成为"自为的阶级"，与资产阶级进行着有组织的斗争。这就暴露出了资本主义制度的内在矛盾，不能不使人们对资本主义制度的"合理性"产生怀疑。尽管当时资本主义还处在上升时期，但是，资本主义生产关系却已经开始从生产力发展的推动力量转变为生产力发展的桎梏。

在考察资本主义生产关系以及无产阶级状况时，马克思恩格斯深刻

---

[1] 马克思，恩格斯. 马克思恩格斯选集：第 1 卷. 北京：人民出版社，1995：277 - 278.

[2] 马克思，恩格斯. 马克思恩格斯全集：第 23 卷. 北京：人民出版社，1972：708.

地认识到，资产阶级为了缓和资本主义的社会矛盾，维持劳动力的生产与再生产，维护资产阶级的统治地位，必须采取一些必要的社会保障措施以降低造成社会冲突的风险，对处于赤贫的社会阶层进行救济。马克思恩格斯明确指出："相对过剩人口的最底层陷于需要救济的赤贫的境地。撇开流浪者、罪犯和妓女，一句话，撇开真正的流氓无产阶级不说，这个社会阶层由三类人组成。第一类是有劳动能力的人。只要粗略地浏览一下英格兰需要救济的贫民的统计数字，就会发现，他们的人数每当危机发生时就增大，每当营业复苏时就减少。第二类是孤儿和需要救济的贫民的子女。他们是产业后备军的候补者，在高度繁荣时期，如在 1860 年，他们迅速地大量地被卷入现役劳动军的队伍。第三类是衰败的、流落街头的、没有劳动能力的人。属于这一类的，主要是因分工而失去灵活性以致被淘汰的人，还有超过工人正常年令的人，最后还有随着带有危险性的机器、采矿业、化学工厂等等的发展而人数日益增多的工业牺牲者，如残废者、病人、寡妇等等。需要救济的赤贫形成现役劳动军的残废院，形成产业后备军的死荷重。……最后，工人阶级中贫苦阶层和产业后备军越大，官方认为需要救济的贫民也就越多。**这就是资本主义积累的绝对的、一般的规律。**"[①] 在这里，马克思恩格斯不仅指明了资产阶级救济社会赤贫阶层以及采取必要的社会保障是缓和社会矛盾和社会冲突的必要手段，同时更深刻地揭示出资本主义社会保障制度的形成是资本主义经济规律作用的结果。

在马克思恩格斯看来，资本主义社会保障是无产阶级经过长期艰苦斗争的产物，它在客观上也对改善工人阶级的生活状况起到了一定的积极作用。马克思恩格斯正是在揭露资本主义生产方式弊端的同时，肯定了无产阶级能够从资产阶级"官方济贫事业"制度中获得好处。既然资产阶级认为过剩人口对于资本主义生产是必要的，那么他们也必然会为这个劳动力的蓄水池提供生存条件，"建立国家工厂。国家保证所有的工人都有生活资料，并且负责照管丧失劳动力的人"[②]，"实行普遍的免费的国民教育"[③]。所以说，资本主义社会保障的实质是为资本主义的

---

①　马克思，恩格斯 . 马克思恩格斯全集：第 23 卷 . 北京：人民出版社，1972：706 - 707.

②　马克思，恩格斯 . 马克思恩格斯全集：第 5 卷 . 北京：人民出版社，1958：4.

③　同②5.

生存与发展创造条件，是资本主义社会矛盾的客观要求。

（二）揭露资本主义社会保障资金的真实来源

从表面上看，资本主义社会的社会保障项目是资产阶级政府通过采取一定的途径和手段来筹集资金，然后再通过一定的方式将所筹集的资金分配给受保障者。那么，资本主义社会保障的资金究竟出自哪里呢？是不是资本家自掏腰包呢？马克思恩格斯运用唯物史观剖析了资本主义社会，发现了资本主义社会保障资金来源的真正秘密。值得注意的是，在资本主义制度下，用于社会保障的资金从表面上看是资本家无偿提供的，但是，通过对资本主义生产过程的深入分析，我们可以清楚地发现，资本家绝不会自己掏腰包。在马克思恩格斯看来，资本主义社会保障的费用"是资本主义生产的一项非生产费用，但是，资本知道怎样把这项费用的大部分从自己的肩上转嫁到工人阶级和下层中产阶级的肩上"①。也就是说，资本主义社会保障的资金只能来源于工人阶级自身，归根到底来源于雇佣工人的剩余劳动创造的并为资本家所无偿占有的那部分新价值，也就是我们通常所说的剩余价值。

在发现了资本主义剩余价值的秘密后，马克思恩格斯进一步对剩余价值的补偿和保险功能进行了深入分析。对于资本主义社会保障的资金来源，马克思恩格斯明确指出："对于由异常的自然现象，火灾、水灾等等引起的破坏所作的**保险**，和损耗的补偿及维修劳动完全不同。保险必须由剩余价值补偿，是剩余价值的一种扣除。或者，从整个社会的观点来看，必须不断地有超额生产，也就是说，生产必须按大于单纯补偿和再生产现有财富所必要的规模进行，——完全撇开人口的增长不说，——以便掌握一批生产资料，来消除偶然事件和自然力所造成的异乎寻常的破坏。"②也就是说，"利润的一部分，即剩余价值的一部分，从而只体现新追加劳动的剩余产品（从价值方面来看）的一部分，必须充当保险基金"③。在此基础上，"为了对偶然事故提供保险，为了保证必要的、同需要的发展以及人口的增长相适应的累进的扩大再生产（从

---

① 马克思，恩格斯．马克思恩格斯全集：第 23 卷．北京：人民出版社，1972：706.
② 马克思，恩格斯．马克思恩格斯全集：第 24 卷．北京：人民出版社，1972：198.
③ 马克思，恩格斯．马克思恩格斯全集：第 25 卷．北京：人民出版社，1974：958.

资本主义观点来说叫作积累），就需要一定量的剩余劳动"①。由此可见，剩余价值和资本主义的社会保障资金是相互制约的，剩余价值可以为社会保障提供资金来源，社会保障可以为剩余价值的生产提供源源不断的劳动力。

毋庸置疑，用一定量的剩余劳动建立社会保障后备基金，形成社会生产过程中行之有效的补偿制度，是资产阶级对社会统治过程中一种缓和矛盾的必然选择。资本主义社会经过野蛮的原始积累之后，选择了一种使社会更加平稳发展的治理方式。但是，马克思运用唯物辩证法的科学方法深刻地指出了剩余价值生产为工人阶级提供社会保障资金的两重性，更强调了剩余价值生产对工人阶级身心发展的危害性。马克思认为："资本主义生产——实质上就是剩余价值的生产，就是剩余劳动的吮吸——通过延长工作日，不仅使人的劳动力由于被夺去了道德上和身体上正常的发展和活动的条件而处于萎缩状态，而且使劳动力本身未老先衰和过早死亡。它靠缩短工人的寿命，在一定期限内延长工人的生产时间。"② 在这种情况下，资本家尽可能利用工人的劳动力，而不关心工人的需要。

综上所述，工人阶级所得到的部分保障并不是资产阶级的无偿恩赐，而是自己的剩余劳动的一部分。资产阶级采取社会保障措施并非为了从根本上改变工人阶级的生活、工作状况，而仅仅是为了缓和阶级矛盾。对此，马克思恩格斯在《共产党宣言》中明确指出："花在工人身上的费用，几乎只限于维持工人生活和延续工人后代所必需的生活资料。"③ 所以，尽管资本主义的社会保障在客观上起到了一定作用，但从根本上来讲是为了个人的利益，为了更多地剥削工人阶级的剩余价值。正如恩格斯所指出的那样："资本主义生产方式使我们的工人每夜都被圈在里边的这些传染病发源地、极恶劣的洞穴和地窟，并不是在被消灭，而只是在……被迁移！同一个经济必然性在一个地方产生了这些东西，在另一个地方也会再产生它们。"④ 当然，在剩余价值的生产中，

---

① 马克思，恩格斯．马克思恩格斯全集：第25卷．北京：人民出版社，1974：925.
② 马克思，恩格斯．马克思恩格斯选集：第2卷．北京：人民出版社，1995：198.
③ 马克思，恩格斯．马克思恩格斯选集：第1卷．北京：人民出版社，1995：279.
④ 马克思，恩格斯．马克思恩格斯选集：第3卷．北京：人民出版社，1995：196 - 197.

包含着资本主义生产方式的根本矛盾。它的展开、发展、激化，规定、影响着资本主义社会的其他矛盾，从而必然导致资本主义制度的灭亡。

（三）揭露资本主义社会保障制度的欺骗性和虚伪性

如上所述，资本主义的社会保障只是工人阶级剩余劳动的一部分，而不是来源于资产阶级的无偿提供。在马克思恩格斯看来，虽然资本主义的社会保障措施在一定程度上起到了积极作用，但实际上具有很大的欺骗性和虚伪性。从一定意义上讲，资本主义社会保障主要基于维护资产阶级的统治秩序的需要，从而客观上充当着资产阶级控制社会并维系统治秩序的工具，对劳动者来说意味着新的压迫和新的剥削。

众所周知，资本主义国家劳动人民的社会保障始终是马克思恩格斯关心的中心问题之一。马克思恩格斯指出，在资本主义社会，造成无产阶级和劳动人民贫困的根源是资本家对工人的残酷剥削。为维持资本主义生产的正常进行，特别是为防止社会矛盾的激化，资产阶级不得不拿出一小部分工人阶级创造的剩余价值用于社会保障，但资产阶级却装出一副慷慨大方的模样，好像是对工人阶级进行的施舍，企图以此来收买工人阶级的人心，达到维持其对工人阶级统治和剥削的目的。马克思恩格斯深刻揭露了资本主义社会保障制度的欺骗性和虚伪性，指出，"资产阶级也装出一副大慈大悲的样子，——但也只是在他们自己的利益需要这样做的时候才如此"①。"他们不会白白地施舍，他们……对穷人说：我为慈善事业花了这么多钱，**我就买得了**不再受你们搅扰的**权利**……至于这些慈善行为的效果……穷人从他们的穷弟兄那里得到的帮助，比从资产阶级那里得到的要多得多。"② 究其实质，资本主义社会保障的目的不是为了从根本上改变工人阶级的生活、工作状况，仅仅是为了缓和阶级矛盾，并不能改变工人阶级的命运。工人阶级的阶级地位决定了他们在劳动消耗大大增加的情况下，即使"吃穿好一些，待遇高一些，特有财产多一些……不会消除雇佣工人的从属关系和对他们的剥削"③。从阶级地位来看，工人阶级永远是贫穷的。"如果说工人阶级仍然

---

① 马克思，恩格斯．马克思恩格斯全集：第2卷．北京：人民出版社，1957：568.

② 同①567－568.

③ 马克思，恩格斯．马克思恩格斯全集：第23卷．北京：人民出版社，1972：678.

'穷'，只是随着他们给有产阶级创造的'财富和实力的令人陶醉的增长'而变得'不那么穷'了，那也就是说，工人阶级相对地还是象原来一样穷。如果说穷的极端程度没有缩小，那末，穷的极端程度就增大了，因为富的极端程度已经增大。"① 毫无疑问，"在无产阶级的生活条件中，旧社会的生活条件已经被消灭了。无产者是没有财产的；他们和妻子儿女的关系同资产阶级的家庭关系再没有任何共同之处了；现代的工业劳动，现代的资本压迫，无论在英国或法国，无论在美国或德国，都是一样的，都使无产者失去了任何民族性"②。

按照马克思恩格斯的论述，"挤在工厂里的工人群众就像士兵一样被组织起来。他们是产业军的普通士兵，受着各级军士和军官的层层监视。他们不仅仅是资产阶级的、资产阶级国家的奴隶，他们每日每时都受机器、受监工、首先是受各个经营工厂的资产者本人的奴役"③。工人阶级的贫困化是由其在资本主义经济中的实际地位决定的，是资本主义制度不可避免的客观结果。工人之所以只能获得勉强维持生活的必需品，就是因为他们拿到的只是"为了保持车轮运转而加的润滑油"一样的最低工资。工人变成了被迫出卖自己而靠竞争维持生活的商品，"生产不仅把人当作**商品**、当作**商品人**、当作具有**商品**的规定的人生产出来；它依照这个规定把人当作**精神上**和肉体上**非人化的**存在物生产出来。——工人和资本家的不道德、退化、愚钝。——这种生产的产品是**自我意识的**和**自我活动的商品**……**商品人**……"④。显而易见，工人阶级贫困化的实质，就在于它们始终不能摆脱生活无保障、生活水平随资本的"逞性"而急剧变动的现实。"经验向有理解力的观察者表明：虽然从历史的观点看，资本主义生产几乎是昨天才诞生的，但是它已经多么迅速多么深刻地摧残了人民的生命根源；工业人口的衰退只是由于不断从农村吸收自然生长的生命要素，才得以缓慢下来；甚至农业工人，尽管他们可以吸到新鲜空气，尽管在他们中间自然选择的规律（按照这个规律，只有最强壮的人才能生存）起着无限的作用，也已经开始衰退了。有如此'好理由'来否认自己周围一代工人的苦难的资本，在自己

---

① 马克思，恩格斯．马克思恩格斯全集：第23卷．北京：人民出版社，1972：715.
② 马克思，恩格斯．马克思恩格斯选集：第1卷．北京：人民出版社，1995：283.
③ 同②279.
④ 马克思，恩格斯．马克思恩格斯全集：第42卷．北京：人民出版社，1979：105.

的实际活动中不理会人类将退化并将不免终于灭种的前途，就象它不理会地球可能和太阳相撞一样。……因此，资本是根本不关心工人的健康和寿命的，除非社会迫使它去关心。人们为体力和智力的衰退、夭折、过度劳动的折磨而愤愤不平，资本却回答说：既然这种痛苦会增加我们的快乐（利润），我们又何必为此苦恼呢？"①

二、马克思恩格斯对社会主义社会保障制度的设想

恩格斯在《反杜林论》中明确指出："劳动产品超出维持劳动的费用而形成剩余，以及社会生产基金和后备基金靠这种剩余而形成和积累，过去和现在都是一切社会的、政治的和智力的发展的基础。"② 也就是说，社会保障作为人类社会的福利制度安排，是一切社会生产方式所共有的基础。马克思恩格斯对社会主义社会保障的建构，是在科学地批判和剖析资本主义社会的过程中做出的科学预见。正如恩格斯所说的那样："我们的目的是要建立社会主义制度，这种制度将给所有的人提供健康而有益的工作，给所有的人提供充裕的物质生活和闲暇时间，给所有的人提供真正的充分的自由。"③

（一）社会主义社会保障的根本价值目标是实现人的自由而全面的发展

纵观人类文明的历史踪迹，我们可以清楚地看到，人类文明的发展，不仅是社会不断地从较低阶段走向较高阶段的过程，而且是人实现从片面、畸形的发展到自由全面发展的过程。实现人的自由而全面的发展，是马克思恩格斯始终关注的一个重要问题，也是马克思恩格斯社会主义社会保障思想的核心和终极目标。按照马克思恩格斯的论述，人是社会关系的总和，人的发展是社会发展的中心，社会发展依赖于每一个社会成员的发展，每一个社会成员的发展又必须在社会这个环境中实

---

① 马克思，恩格斯．马克思恩格斯全集：第 23 卷．北京：人民出版社，1972：299 - 300.

② 马克思，恩格斯．马克思恩格斯选集：第 3 卷．北京：人民出版社，1995：538.

③ 马克思，恩格斯．马克思恩格斯全集：第 21 卷．北京：人民出版社，1965：570.

现，社会主义社会保障为人的发展提供了可靠的保障机制。

按照马克思恩格斯的论述，要实现人的自由而全面发展首先要摆脱私有制的束缚，获得解放；其次，随着社会化大生产的发展和生产力的高度发达，人类要摆脱旧式分工造成的人的能力发展的局限性，使每个人都可能多方面发展自己的能力。由于消灭了人剥削人的经济基础，社会主义社会是实现人的自由而全面发展的基础阶段。事实表明，影响、制约人的自由而全面发展的实际条件是很多的。在社会主义社会，要从各个方面来为实现人的自由而全面发展努力。值得注意的是，健全的社会保障是实现人的自由而全面发展的必要条件。在马克思恩格斯看来，在资本主义造就的生产力的基础上，在实现生活资料归社会占有之后，"大工业及其所引起的生产无限扩大的可能性，使人们能够建立这样一种社会制度，在这种社会制度下，一切生活必需品都将生产得很多，使每一个社会成员都能够完全自由地发展和发挥他的全部力量和才能"①。更重要的是，"通过社会生产，不仅可能保证一切社会成员有富足的和一天比一天充裕的物质生活，而且还可能保证他们的体力和智力获得充分的自由的发展和运用"②。也就是说，随着生产力和生产方式的发展，社会财富能够完全满足社会成员的需要，这样一来，人们的生活方式发生了根本的改变，整个社会需要一种全新的人，也就是各方面都有能力的人，从而实现人的自由而全面的发展。这些目标的实现最终是人们通过"社会生产"来实现的，这里的"社会生产"是需要社会保障为其服务的。与之相适应，马克思恩格斯还指出，教育是传递知识和经验的一种手段，是培养人、"生产"人的素质的一种社会活动。"它不仅是提高社会生产的一种方法，而且是造就全面发展的人的唯一方法。"③总而言之，要建立真正公平、合理、高效、全面的社会保障，解除劳动者的外在压力和精神负担，使劳动者在轻松愉快、和谐有序的社会环境中提高劳动技能、发展个性，实现人性的自由与解放，从而达到人的全面发展。

（二）社会主义社会保障的资金来源及构成部分

与资本主义的社会保障相类似，社会主义的社会保障同样要从剩余

---

① 马克思，恩格斯．马克思恩格斯全集：第4卷．北京：人民出版社，1958：364.
② 马克思，恩格斯．马克思恩格斯选集：第3卷．北京：人民出版社，1995：633.
③ 马克思，恩格斯．马克思恩格斯选集：第2卷．北京：人民出版社，1995：212.

劳动中积累保障资金，按马克思恩格斯的设想，这一资金是通过社会总产品进入分配之前的扣除来实现的。一般来说，社会总产品经过分配和再分配，最终将会形成补偿基金、消费基金和积累基金，这是社会保障得以确立并能够解决特定社会问题的物质基础。

1875年，马克思在《哥达纲领批判》中批判拉萨尔的所谓"劳动所得应当不折不扣和按照平等的权利属于社会一切成员"的观点时，阐明了社会主义社会总产品分配的原理。在马克思看来，社会总产品不是如拉萨尔主义者所鼓吹的"不折不扣"，而是通过一些"在经济上是必要的"扣除，"有折有扣"地进入分配领域。具体说来就是："**第一，用来补偿消耗掉的生产资料的部分。第二，用来扩大生产的追加部分。第三，用来应付不幸事故、自然灾害等的后备基金或保险基金。**"[①] 这些基金要做多大比例的扣除，则应当根据"现有的物资和力量来确定，部分地应当根据概率计算来确定"[②]，即根据生产规模、生产力水平、社会需要和可能来确定。所不同的是，这种通过扣除而成的社会保障基金在资本主义社会是"官方济贫事业的部分"，是特权阶级——资产阶级的财产，资产阶级政治上对人民的统治是和这一财产联系在一起的。而"即将到来的社会变革将把这种社会的生产基金和后备基金……从特权阶级的支配中夺过来，把它们转交给全社会作为公有财产，这样就第一次真正把它们变成了社会的基金"[③]，在生产者身上扣除的一切，又会直接或间接地用来为处于社会成员地位的生产者谋福利。这说明，任何社会形态的发展都要有相应的由剩余劳动构成的保障基金，无非是社会主义的社会保障基金与资本主义的社会保障基金的性质不一样罢了。在这里，马克思主要说明社会保障基金在不同生产方式条件下都是存在的，而且这部分基金具有专门的用途。马克思的这一论述从社会产品分配的高度概括了社会保障制度的性质和内容，提出了广义的社会保障学说，成为社会保障实践的重要理论依据，提出了建立社会保障基金的必要性及其基金来源。

---

① 马克思，恩格斯．马克思恩格斯选集：第3卷．北京：人民出版社，1995：302.
② 同①303.
③ 同①538.

（三）社会主义社会保障的根本目的是实现社会的公平正义

实现社会的公平正义，是人类自古至今孜孜以求的社会理想。马克思恩格斯的论著中包含着十分丰富的社会公平正义的思想。其中，在对资本主义社会保障的批判以及对社会主义社会保障的设想之中，都渗透着马克思恩格斯的社会公平正义的思想。

马克思恩格斯认为，在阶级社会里，生产资料私有制是造成社会不公正的根源。资产阶级是打着公平正义的旗号走上历史舞台的，资产阶级思想家千方百计地鼓吹公平正义，资本主义社会也竭力标榜公平正义，然而由于生产资料私有制和少数人对多数人的剥削、压迫，因此对于广大的受剥削、受压迫的劳动者来说，是毫无公平正义可言的。马克思恩格斯认为，社会主义之所以必然代替资本主义，其中的一个重要原因就是资本主义社会是一个不公平正义的社会。在此基础上，马克思恩格斯以唯物史观为指导，以对资本主义社会形态的分析为依据，阐明了维护社会公平正义是社会主义社会保障的根本目的，失去了公平正义的特性就不再是社会主义的社会保障。

显然，缩小社会贫富差距、创造并维护社会公平正义，是社会主义社会保障的基本出发点，也是社会保障政策实践的目的和归宿。（1）社会主义社会保障的分配标准是公正的。马克思恩格斯指出，实现社会主义社会保障公正性的关键，除了实现权利上的平等外，关键要看社会财富怎样进行分配，即按照什么原则来实现分配。社会主义社会实现了"各尽所能，按劳分配"的原则，第一次以人的劳动而不是以特权或资本作为分配的标准，这是社会保障发展历程中的一个巨大的历史进步。（2）社会主义社会保障的机遇和环境是公正的。在社会主义社会中，只要有劳动能力的人，社会都会为他们发挥才干提供平等的条件，也就是马克思讲的"各尽所能"。在马克思恩格斯看来，社会主义社会保障通常不会有对受保障对象的性别、职业、民族、地位等方面的限制。（3）社会主义社会保障实行社会的普遍调剂。也就是说，社会主义社会在社会成员分配之前必须做必要的扣除（马克思论述了要做六项扣除）。扣除下来的劳动产品用于再分配。社会保障属于再分配领域，更加注重分配公平，在劳动权利公平的基础上，对具有过渡性特征的社会主义社会保障制度来说，通过必要扣除所得来的资金是用于补偿和分担社会劳动者和无劳动能力及贫困者的意外风险，体现收入的分隔与转移，缓减或消除社会不平等，维护和实现社会公平正义。

（四）实施社会保障是社会主义国家和政府的责任和义务

在马克思恩格斯看来，在实现共产主义社会之前，必然要经历一个无产阶级专政的过渡阶段，无产阶级专政本质上就是无产阶级的国家政权。因此，社会主义社会保障的实施者只能是无产阶级的国家和政府。通过建立社会保障制度，保障公民基本生活，促进社会公正，维持社会经济生活的正常运行，是社会主义国家、政府义不容辞的责任和义务。

在马克思恩格斯看来，资产阶级国家机器被打碎之后，整个社会经济管理的任务便落到无产阶级国家身上，必须在未来社会"建立国家工厂。国家保证所有的工人都有生活资料，并且负责照管丧失劳动力的人"①。显而易见，无产阶级在推翻资本主义统治之后建立起来的国家权力会对国民经济进行有计划的管理，并使国民经济有计划地发展。而且，在社会化大生产条件下，社会经济生活中各种共同职能的执行者只能是国家。恩格斯强调，在以公有制为基础的新社会里，"要求对工人的保险事业实行完全国家化"②。这就意味着社会主义国家能够运用社会保障手段来有效地管理整个社会经济的协调发展。正如马克思在《哥达纲领批判》一书里谈到未来社会中社会总产品的分配时强调的，主张国家拿出一部分社会产品来满足共同需要的部分，如学校、保健设施等，还主张拿出一部分为丧失劳动能力的人等设立基金。在马克思恩格斯看来，这样一种高度集中的经济管理体制，是人类历史上最先进、最科学、效率最高的管理体制。

总的来看，只有在社会主义及共产主义制度下，通过使国家从属于社会，才能使总体性的社会组织对公共事务的管理成为可能。由此，马克思认识到建立高度发达的社会组织的重要性和必要性。他指出，只有使资本主义国家变成为社会提供管理和服务的"实干的""负责任的"普选机构，才能消除其阶级属性和异化本质，而社会主义国家应当"由

---

① 马克思，恩格斯．马克思恩格斯全集：第5卷．北京：人民出版社，1958：4.
② 马克思，恩格斯．马克思恩格斯全集：第22卷．北京：人民出版社，1965：277.

一个高踞社会之上的机关变成完全服从这个社会的机关"①。以前被政治国家所压制的社会组织及社会事业亟待发展壮大，其中，教育和医疗事业的发展尤为重要，在社会主义社会中，这两类组织"就会显著地增加，并随着新社会的发展而日益增长"②。马克思恩格斯的论述说明，国家在社会保障的实施与组织管理中承担着主要责任，社会保障的社会性与广泛性决定着必须由国家出面以立法形式将其固定下来，并通过强制措施来实施，从而为公民营造一个安全网络。这实质是说，举办社会保障是一项政府行为，是国家义不容辞的责任，任何个人或团体都无法替代。从一定意义上讲，社会保障越健全、水平越高、规模越大，国家在维护社会公平正义方面的强制力越强；反之，社会保障越不完善、水平越低、规模越小，国家在维护社会公平正义方面的强制力越弱。

（五）社会主义社会保障有利于促进社会成员的就业

就业和社会保障是社会主义社会的两个基本问题，两者之间相互联系、相互影响甚至相互制约。其中，社会保障作为社会的安全阀，对于促进社会成员的就业有着不可替代的作用。

在马克思恩格斯看来，正是社会主义条件下劳动力资源的有计划配置，消除了资本主义社会生产对人力、物力、财力的巨大浪费；公有制的建立使生产和消费变得很容易估计，按需求调节生产也不再困难；在社会主义制度下，生产力有了极大提高，只要合理组合起来，就能迅速生产出人们所需要的各种生活资料。所以，马克思恩格斯断言，社会主义制度的建立消除了失业存在的条件。此外，马克思恩格斯还就社会主义劳动力获得全面发展的理论做了详细论述。他们认为，公有制使社会的每一个人都成为国家的主人，劳动不再是令人厌恶的、外在的强制劳动，而是真正的自由劳动，是为自己、为社会的劳动。毫无疑问，劳动力的质量对劳动力的发挥、劳动者的就业有着重大影响，而社会主义生产劳动给每个人提供了全面发展和表现自己聪明才智的机会，"这样，生产劳动就不再是奴役人的手段，而成了解放人的手段，因此，生产劳

---

① 马克思，恩格斯．马克思恩格斯选集：第3卷．北京：人民出版社，1995：313.
② 同①303.

动就从一种负担变成一种快乐"①。这表现在两个方面：

第一，劳动者享有平等的受教育权利。教育是传递知识和经验的一种手段，是培养人、"生产"人的素质的一种社会活动。马克思说："要改变一般的人的本性，使它获得一定劳动部门的技能和技巧，成为发达的和专门的劳动力，就要有一定的教育或训练。"② 恩格斯也指出："由整个社会共同地和有计划地来经营的工业，更加需要才能得到全面发展、能够通晓整个生产系统的人。……教育将使年轻人能够很快熟悉整个生产系统，将使他们能够根据社会需要或者他们自己的爱好，轮流从一个生产部门转到另一个生产部门。因此，教育将使他们摆脱现在这种分工给每个人造成的片面性。"③ 通过专门训练或教育，获得专门的劳动技能、技巧的劳动力，是熟练劳动力或复杂劳动力。这使得他们在生产过程中不断完善自己，更好地利用生产资料进行生产。劳动者突破了在资本主义制度下依附于机器生产的局部人的地位，以通晓整个生产系统并具有流动性的崭新面貌出现。知识水平和自身素质的提高，不但使劳动者随着机器的不断更新而摆脱了沉重的体力劳动，而且促进了新发明、新改良的出现，从而进一步推动了生产力的发展。此外，马克思十分重视对未来劳动力即儿童的教育。他明确指出：正如我们在罗伯特·欧文那里可以详细看到的那样，"从工厂制度中萌发出了未来教育的幼芽，未来教育对所有已满一定年龄的儿童来说，就是生产劳动同智育和体育相结合，它不仅是提高社会生产的一种方法，而且是造就全面发展的人的唯一方法"④。这里无疑是发展了《共产党宣言》中的思想，在《共产党宣言》中，生产劳动技术仍然是教育的内容，这里则是直接要求教育和生产劳动结合。

第二，劳动者能够获得更多的闲暇来享受生活。马克思恩格斯强调自由时间对于人的发展的重要性，"时间是人类发展的空间"⑤。按照马克思恩格斯的论述，在社会主义里，财富的尺度不是劳动时间，而是可以自由支配的时间。社会主义社会保障为人的自由时间提供了可能，人

---

① 马克思，恩格斯. 马克思恩格斯选集：第3卷. 北京：人民出版社，1995：644.
② 马克思，恩格斯. 马克思恩格斯全集：第23卷. 北京：人民出版社，1972：195.
③ 马克思，恩格斯. 马克思恩格斯选集：第1卷. 北京：人民出版社，1995：243.
④ 马克思，恩格斯. 马克思恩格斯选集：第2卷. 北京：人民出版社，1995：212.
⑤ 马克思，恩格斯. 马克思恩格斯全集：第16卷. 北京：人民出版社，1964：161.

的自由度和社会化的提高与完善程度又是人的自由全面发展的衡量标准。至于一般劳动者，马克思要求保证他们享有发展的自由时间，"所有的人都会有 6 小时'可以自由支配的时间'，也就是有真正的财富，这种时间不被直接生产劳动所吸收，而是用于娱乐和休息，从而为自由活动和发展开辟广阔天地。时间是发展才能等等的**广阔天地**"[①]。众所周知，社会财富随着整个社会生产效率的提高而增加，这也是一系列社会保障制度建立的物质基础。在改进社会公共福利的同时，又方便了社会每一个成员，提高了他们相应的福利水平。正如马克思所指出的那样，"我有可能随自己的兴趣今天干这事，明天干那事，上午打猎，下午捕鱼，傍晚从事畜牧，晚饭后从事批判，这样就不会使我老是一个猎人、渔夫、牧人或批判者"[②]。

按照马克思恩格斯的论述，社会主义社会保障能够为陷入生活困境或暂时失去收入来源的社会成员提供经济援助，保障他们的体面生活，使他们能够尽快渡过难关，以更加积极的姿态融入社会，重新进入劳动力市场，从而促进他们积极就业。

（六）社会主义社会保障的发展水平要受生产力水平的制约

社会保障不是一种孤立的制度安排，它在实践中很自然地与本国的社会与经济基础、政治及行政架构、社会进步和社会成员的综合发展有着密切的联系，并与其他社会经济政策相互关联、相互影响。从总体上看，尽管影响与制约社会保障的因素是多方面的，但是生产力水平始终是社会保障产生与发展的基础性影响因素。社会主义社会保障的发展水平和人们需要的满足程度受社会财富积累程度和生产力发展水平的制约，这是马克思恩格斯社会保障思想最基本的观点。在马克思恩格斯看来，作为最活跃、最革命的力量，生产力是人类社会生活和全部历史的基础，生产力水平制约着社会主义社会保障的发展水平。如果生产力不发展，社会保障会因为缺少物质基础的支持而难以发展。只有生产力发展了，物质财富增加了，才能让更多的社会成员得到实惠，才能从根本

---

①　马克思，恩格斯．马克思恩格斯全集：第 26 卷（Ⅲ）．北京：人民出版社，1974：281.

②　马克思，恩格斯．马克思恩格斯文集：第 1 卷．北京：人民出版社，2009：537.

上提高社会保障的发展水平。

基于对未来社会发展阶段的认识，马克思恩格斯明确指出共产主义的初级阶段或第一阶段"不是在它自身基础上已经**发展了的**，恰好相反，是刚刚从资本主义社会中**产生出来的**，因此它在各方面，在经济、道德和精神方面都还带着它脱胎出来的那个旧社会的痕迹"①。在马克思恩格斯看来，社会主义社会作为向更高阶段发展的阶段，由于生产力发展水平的限制，集体财富还没有达到极大丰富，迫使人们奴隶般地服从分工的情形以及脑力劳动和体力劳动的差别还没有消失，劳动还没有成为人们生活的需要，因而带有某种强制性。在这种条件下，社会保障的发展水平必然会受到社会生产力发展程度的制约和影响。

正如马克思在《哥达纲领批判》中所指出的，平等在共产主义社会的第一阶段只能是形式上的平等，而实质上"虽然有这种进步，但这个**平等的权利**总还是被限制在一个资产阶级的框框里"②。尤其是社会生产力还不够发达，所以只能采取按劳分配这一资产阶级的法权。马克思恩格斯认为，共产主义社会第一阶段的公平分配就是按劳分配，但这种分配形式也存在事实上的不公平。马克思认为，共产主义社会第一阶段消灭了剥削，劳动成为分配的标准与尺度，这是分配方式上的伟大变革，是无产阶级认同的公平分配形式。马克思对按劳分配原则的设想和描述是这样的："每一个生产者，在作了各项扣除以后，从社会领回的，正好是他给予社会的。他给予社会的，就是他个人的劳动量。例如，社会劳动日是由全部个人劳动小时构成的；各个生产者的个人劳动时间就是社会劳动日中他所提供的部分，就是社会劳动日中他的一份。他从社会领得一张凭证，证明他提供了多少劳动（扣除他为公共基金而进行的劳动），他根据这张凭证从社会储存中领得一份耗费同等劳动量的消费资料。他以一种形式给予社会的劳动量，又以另一种形式领回来。"③与资本主义社会的按要素分配相比，按劳分配肯定了劳动是创造价值的唯一源泉，否定了私有制和阶级剥削的分配观，因而无疑是历史的进步，是无产阶级认同的公平分配原则。但马克思同时又表明，共产主义社会第一阶段的按劳分配并不是最理想的公平分配模式，这主要表现在两个方面：（1）这种公平分配的权利仍然体现的是资产阶级的权利，还带有资本主义公平分配观的烙印，因为"至于消费资料在各个生产者中

---

①②③　马克思，恩格斯．马克思恩格斯选集：第3卷．北京：人民出版社，1995：304．

间的分配，那么这里通行的是商品等价物的交换中通行的同一原则，即一种形式的一定量劳动同另一种形式的同量劳动相交换。所以，在这里**平等的权利**按照原则仍然是**资产阶级权利**，虽然原则和实践在这里已不再互相矛盾，而在商品交换中，等价物的交换只是**平均来说**才存在，不是存在于每个个别场合。虽然有这种进步，但这个**平等的权利**总还是被限制在一个资产阶级的框框里"①。（2）按劳分配虽然在原则上是公平的，但是存在着事实上的不平等。因为"这种**平等的**权利，对不同等的劳动来说是不平等的权利。它不承认任何阶级差别，因为每个人都像其他人一样只是劳动者；但是它默认，劳动者的不同等的个人天赋，从而不同等的工作能力，是天然特权。**所以就它的内容来讲，它像一切权利一样是一种不平等的权利**"②。不仅如此，按劳分配原则还不能顾及劳动者个人情况的差异。"一个劳动者已经结婚，另一个则没有；一个劳动者的子女较多，另一个的子女较少，如此等等。因此，在提供的劳动相同、从而由社会消费基金中分得的份额相同的条件下，某一个人事实上所得到的比另一个人多些，也就比另一个人富些，如此等等。要避免所有这些弊病，权利就不应当是平等的，而应当是不平等的。"③ 因而，在社会主义社会，公平分配也只是在同一尺度——劳动面前的公平，而事实上的不公平依然存在。

值得注意的是，要消除这种现象，只有"在迫使个人奴隶般地服从分工的情形已经消失，从而脑力劳动和体力劳动的对立也随之消失之后；在劳动已经不仅仅是谋生的手段，而且本身成了生活的第一需要之后；在随着个人的全面发展，他们的生产力也增长起来，而集体财富的一切源泉都充分涌流之后，——只有在那个时候，才能完全超出资产阶级权利的狭隘眼界，社会才能在自己的旗帜上写上：各尽所能，按需分配！"④ 马克思虽然表达了对理想分配形式的追求，不过在他看来，理想的公平分配形式只有达到物质财富极大丰富的共产主义高级阶段才能实现，换言之，社会主义社会的公平分配就是按劳分配。正如马克思所言："消费资料的任何一种分配，都不过是生产条件本身分配的结果；而生产条件的分配，则表现生产方式本身的性质。"⑤

---

① 马克思，恩格斯．马克思恩格斯选集：第 3 卷．北京：人民出版社，1995：304．

②③ 同①305．

④ 同①305 - 306．

⑤ 同①306．

第六章　马克思恩格斯论社会主义社会管理

在马克思恩格斯的理论体系中，社会管理思想是人们很少关注的一个方面。挖掘和梳理马克思恩格斯社会管理思想的理论基础以及社会不同发展阶段丰富的社会管理思想，有助于更好地研究社会主义社会管理问题和推动社会主义社会建设。

一、国家学说是马克思恩格斯社会管理思想的基础

社会管理是在形成社会共同体之后必然出现的一种管理行为。原始的低级的共同体所需要的是初级的社会管理，所以社会管理无论是其管理范围、管理规模还是其管理程度都非常有限。只有到了国家这种"虚幻的"共同体诞生之后，社会管理的实践才可能逐渐正规和成熟起来。

马克思恩格斯的社会管理思想是在他们对国家理论研究和探索的基础上逐步形成的。马克思恩格斯认为，社会管理是国家的伴生物，伴随着公共政治机构的产生而产生。公共政治机构的出现首先源于城市和乡村的分离，"随着城市的出现，必然要有行政机关、警察、赋税等等，一句话，必然要有公共的政治机构，从而也就必然要有一般政治"①。

---

① 马克思，恩格斯. 马克思恩格斯选集：第1卷. 北京：人民出版社，1995：104.

随着公共政治机构的发展和城市的发展壮大，国家的产生具有了必然性和必要性。真正国家的出现发生在阶级分裂之后。马克思恩格斯指出，国家是对氏族制度的代替，氏族社会内部不可调和的对立是建立在阶级产生和阶级对立的基础上的，"在经济发展到一定阶段而必然使社会分裂为阶级时，国家就由于这种分裂而成为必要了"①。当人类社会发展到这样一种状况，"它由于自己的全部经济生活条件而必然分裂为自由民和奴隶，进行剥削的富人和被剥削的穷人，而这个社会不仅再也不能调和这种对立，反而必然使这些对立日益尖锐化。一个这样的社会，只能或者存在于这些阶级相互间连续不断的公开斗争中，或者存在于第三种力量的统治下，这第三种力量似乎站在相互斗争着的各阶级之上，压制它们的公开的冲突，顶多容许阶级斗争在经济领域内以所谓合法形式决出结果来。氏族制度已经过时了。它被分工及其后果即社会之分裂为阶级所炸毁。它被**国家**代替了"②。恩格斯在分析了国家的起源，特别是考察了国家在氏族制度的废墟上兴起的三种主要形式——雅典式、罗马式、德意志式后，得出如下结论："国家决不是从外部强加于社会的一种力量。国家也不像黑格尔所断言的是'伦理观念的现实'，'理性的形象和现实'。确切说，国家是社会在一定发展阶段上的产物；国家是承认：这个社会陷入了不可解决的自我矛盾，分裂为不可调和的对立面而又无力摆脱这些对立面。而为了使这些对立面，这些经济利益互相冲突的阶级，不致在无谓的斗争中把自己和社会消灭，就需要有一种表面上凌驾于社会之上的力量，这种力量应当缓和冲突，把冲突保持在'秩序'的范围以内；这种从社会中产生但又自居于社会之上并且日益同社会相异化的力量，就是国家。"③ 这里已经很明白，"家庭和市民社会是国家的前提"④，"政治国家没有家庭的天然基础和市民社会的人为基础就不可能存在"⑤。"家庭和市民社会**本身**把**自己**变成国家。它们才是原动力。"⑥ 也就是说，一方面，国家是阶级矛盾不可调和的产物，具有在一定范围和一定限度内保持社会秩序稳定的功能。另一方面，国家作

---

① 马克思，恩格斯．马克思恩格斯选集：第4卷．北京：人民出版社，1995：174.

② 同①169.

③ 同①170.

④ 马克思，恩格斯．马克思恩格斯全集：第1卷．北京：人民出版社，1956：250-251.

⑤ 同④252.

⑥ 同④251.

为私有制的产物，是一定社会力量作用的结果，它产生于社会之中又凌驾于社会之上。换句话说，国家服从和依赖于市民社会，同时还要服务于市民社会。国家既然是阶级社会的产物，那么，国家也必将随着阶级的消亡而消亡。

社会管理职能是国家政治统治存在的必要条件。国家职能具有双重性：一种是政治统治职能，一种是公共职能或公共事务管理职能。国家政治统治和公共事务管理的双重职能中天然包含了社会管理的职能，公共事务管理职能所反映和体现的实质就是社会管理的职能。在马克思恩格斯的思想中，社会管理职能和国家政府的职能具有很高的一致性，而且高一级社会形态对于相对低一级社会形态比较合理的社会管理职能具有继承性。马克思在总结巴黎公社经验时就指出，"旧政权的纯属压迫性质的机关予以铲除，而旧政权的合理职能则从僭越和凌驾于社会之上的当局那里夺取过来"①，"政府的压迫力量和统治社会的权威就随着它的纯粹压迫性机构的废除而被摧毁，而政府应执行的合理职能，则不是由凌驾于社会之上的机构，而是由社会本身的负责任的勤务员来执行"②。这里所说的"旧政权的纯属压迫性质"指的是国家的阶级统治的职能，而"合理职能"就是指国家的社会公共事务管理职能。恩格斯以波斯和印度历代政府都要经营或管理河谷灌溉为例说明了有效的社会管理是政治统治的基础，他指出："政治统治到处都是以执行某种社会职能为基础，而且政治统治只有在它执行了它的这种社会职能时才能持续下去。"③ 而且"一切政治权力起先都是以某种经济的、社会的职能为基础的，随着社会成员由于原始公社的瓦解而变为私人生产者，因而和社会公共职能的执行者更加疏远，这种权力不断得到加强"④。从这里可以明确，不管政治统治是强是弱，执行社会公共事务的管理职能都是政治统治得以存在的必要条件。

---

① 马克思，恩格斯 . 马克思恩格斯选集：第 3 卷. 北京：人民出版社，1995：57.
② 同①122.
③ 同①523.
④ 同①526.

二、资产阶级国家社会管理职能的性质及其有限性

国家的本质与社会管理职能的性质紧密相关。国家有资产阶级专政国家和无产阶级专政国家的区分，国家的类型和性质不同，决定了它们社会管理职能的性质及其运行状况也有很大差别。

马克思恩格斯从国家的产生和国家的含义出发阐明了国家特别是资产阶级国家的性质。"由于国家是从控制阶级对立的需要中产生的，由于它同时又是在这些阶级的冲突中产生的，所以，它照例是最强大的、在经济上占统治地位的阶级的国家，这个阶级借助于国家而在政治上也成为占统治地位的阶级，因而获得了镇压和剥削被压迫阶级的新手段。"① "国家是文明社会的概括，它在一切典型的时期毫无例外地都是统治阶级的国家，并且在一切场合在本质上都是镇压被压迫被剥削阶级的机器。"② 国家为缓和阶级对立和阶级冲突而产生，是镇压被压迫阶级的机器。同时，资产阶级建立自己的国家权力，也是为了保卫自己的私有财产关系。"国家只是为了私有制才存在的"。"由于私有制摆脱了共同体，国家获得了和市民社会并列并且在市民社会之外的独立存在；实际上国家不外是资产者为了在国内外相互保障各自的财产和利益所必然要采取的一种组织形式。"③ 马克思恩格斯在《共产党宣言》中更加明确地指出了资本主义国家的虚伪性，即表面上和形式上代表普遍利益，实质上和内容上反映的却是特殊利益。"现代的国家政权不过是管理整个资产阶级的共同事务的委员会罢了。"④ 现代资本主义国家"因为资产阶级已经是一个**阶级**……所以它必须在全国范围内而不再是在一个地域内组织起来，并且必须使自己通常的利益具有一种普遍的形式"⑤。恩格斯在《英国工人阶级状况》1982 年德文第二版序言中说得更直接，"霍乱，伤寒，天花以及其他流行病的一再发生，使英国资产者懂得了，

---

① 马克思，恩格斯 . 马克思恩格斯选集：第 4 卷 . 北京：人民出版社，1995：172.
② 同①176.
③ 马克思，恩格斯 . 马克思恩格斯选集：第 1 卷 . 北京：人民出版社，1995：132.
④ 同③274.
⑤ 同③131 - 132.

如果他想使自己以及自己的家人不致成为这些流行病的牺牲品，就必须立即着手改善自己城市的卫生状况"①。

在资本主义社会，由社会性质产生的各种公共事务是为与人民大众对立的特殊职能服务的，"政府的监督劳动和全面干涉包括两方面：既包括执行由一切社会的性质产生的各种公共事务，又包括由政府同人民大众相对立而产生的各种特殊职能"②。资产阶级国家运用公共权力进行社会管理时，通过政治形式以普遍利益代表者的身份出现，实则维护的是少数统治阶级的利益。也就是说，资产阶级国家的社会管理职能是有限度的，其限度由政治统治的职能特性来决定。

由于资产阶级国家同人民大众的利益是对立的，所以资产阶级国家维护的只能是资产阶级的利益，而资产阶级的利益就表现为资本对雇佣劳动的剥削和压迫，那么资产阶级国家政权对劳动人民来说就具有压迫性。马克思恩格斯具体分析了资产阶级国家政权的压迫性及其表现。一方面，日益增强的压迫性以一副公正的面目出现。国家政权"一直是一种维护秩序、即维护现存社会秩序从而也就是维护占有者阶级对生产者阶级的压迫和剥削的权力。但是，只要这种秩序还被人当作不容异议、无可争辩的必然现象，国家政权就能够摆出一副不偏不倚的样子。这个政权把群众现在所处的屈从地位作为不容变更的常规，作为群众默默忍受而他们的'天然尊长'则放心加以利用的社会事实维持下去。随着社会本身进入一个新阶段，即阶级斗争阶段，它的有组织的社会力量的性质，即国家政权的性质，也不能不跟着改变（也经历一次显著的改变），并且它作为阶级专制工具的性质，作为用暴力长久保持财富占有者对财富生产者的社会奴役、资本对劳动的经济统治的政治机器的性质也越来越发展起来。每一次新的人民革命总是使国家机器管理权从一些统治阶级手中转到另一些统治阶级手中，在每次这样的革命之后，国家政权的压迫性质就更充分地表现出来，并且更无情地被运用"③。资本主义自由、平等外观下的不自由、不平等本质表现得淋漓尽致。另一方面，资产阶级国家政权对劳动人民的压迫性具体体现为它迫使劳动者服从资本

---

① 马克思，恩格斯．马克思恩格斯选集：第4卷．北京：人民出版社，1995：421．
② 马克思，恩格斯．马克思恩格斯全集：第25卷．北京：人民出版社，1974：432．
③ 马克思，恩格斯．马克思恩格斯选集：第3卷．北京：人民出版社，1995：118 - 119．

的统治与奴役。恩格斯指出："资产阶级的力量全部取决于金钱，所以他们要取得政权就只有使金钱成为人在立法上的行为能力的唯一标准。他们一定得把历代的一切封建特权和政治垄断权合成一个**金钱**的大特权和大垄断权。资产阶级的政治统治之所以具有**自由主义**的外貌，原因就在于此。"① 资产阶级政治统治的自由主义外表由于资本主义社会的所有权、自由与平等的三位一体性，很自然地就表现为资本对雇佣劳动的自由和平等的剥削。这是因为，劳动力买卖的自由与平等只是形式，其内容则是，"资本家用他总是不付等价物而占有的别人的已经物化的劳动的一部分，来不断再换取更大量的别人的活劳动"②。商品生产所有权规律向资本主义占有规律转化，所有者和雇佣工人之间的压迫与剥削的强制关系，结果就是资产者与劳动者之间的在财富上的两极分化。

资本主义国家的行政部门在执行社会公共事务职能时，有被动和无能的一面。这是因为，资产阶级"国家是建筑在**社会生活和私人生活**之间的矛盾上，建筑在**普遍利益和私人利益**之间的矛盾上的。因此，**行政管理机构**不得不局限于**形式上的**和**消极的**活动，因为市民生活和市民活动在哪里开始，行政管理机构的权力也就在哪里告终。的确，面对着由这种市民生活、这种私有制、这种商业、这种工业、各个市民集团间这种相互掠夺的非社会本性所引起的后果，行政管理机构的**无能**成了一个**自然规律**。因为这种割裂状态、这种卑鄙行为、这种**市民社会的奴隶制是现代**国家赖以存在的天然基础，正如**奴隶占有制的市民社会是古典古代**国家赖以存在的天然基础一样"③。资本主义国家的性质，决定了其社会管理也就成为占人口极少数的统治阶级的特权。其实现方式主要通过统治阶级的内部分工，使社会管理成为一种专门的职业，被统治阶级中的职业技术官僚所垄断，建立符合本阶级利益的管理模式，以维持他们的阶级统治。而广大劳动人民处于被剥削被压迫的地位，不是社会的主人，自然谈不上参与和自身利益息息相关的社会公共事务。

资本主义不可避免的局限性，使得它必将被共产主义这一更高的社会形态所代替。马克思恩格斯将资本主义社会以后出现的未来理想社会具体划分为三个阶段：第一个阶段是"由资本主义向社会主义"转变的

---

①　马克思，恩格斯. 马克思恩格斯全集：第 2 卷. 北京：人民出版社，1957：647.

②　马克思，恩格斯. 马克思恩格斯全集：第 23 卷. 北京：人民出版社，1972：640.

③　马克思，恩格斯. 马克思恩格斯全集：第 3 卷. 北京：人民出版社，2002：386.

"过渡时期"，这个时期的国家只能是无产阶级的革命专政，它将持续到阶级存在的经济基础被消灭的时候为止；第二个阶段是社会主义阶段，即"共产主义社会第一阶段"或"低级阶段"；第三个阶段是共产主义阶段，即共产主义社会的"高级阶段"。这三个阶段的社会管理既有共同之处，亦有差别。

三、无产阶级专政国家的社会管理思想

马克思恩格斯在一些著作中，特别是基于对巴黎公社的性质、模式的思考后得出了关于无产阶级专政国家社会管理思想的基本内容。

无产阶级专政国家与资本主义国家具有本质的区别。无产阶级专政国家进行新型社会管理的前提是必须彻底打碎旧的资产阶级国家的机器，建立新型无产阶级专政国家，即"工人必须打碎的不是旧社会政府权力的一个不太完备的形式，而是具有最后的、最完备的形式的政府权力本身，就是**帝国**"①。无产阶级专政国家对资本主义"帝国"的取代，用巴黎公社的经验来讲，就是要用公社代替帝国，而公社是无产阶级革命的结果，是"工人阶级……执掌政权的形式"②，即无产阶级专政国家。无产阶级革命是建立无产阶级专政国家的必要手段，"是人民为着自己的利益而重新掌握自己的社会生活的行动。它不是为了把国家政权从统治阶级这一集团转给另一集团而进行的革命，它是为了粉碎这个阶级统治的凶恶机器本身而进行的革命。它不是阶级统治的行政权形式和议会形式之间所进行的无谓的斗争，而是同时对这两种形式进行的反抗"③，但是，"由于无产阶级在为摧毁旧社会而斗争的时期还是在旧社会的基础上进行活动，因此自己的运动还采取多少同旧社会相适应的政治形式，——所以，在这一斗争时期，无产阶级还没有建立起自己的最终的组织，为了解放自己，它还要使用一些在它获得解放以后将会放弃的手段"④。无产阶级专政国家的性质在于人民主体性，而无产阶级专

---

① 马克思，恩格斯. 马克思恩格斯选集：第 3 卷. 北京：人民出版社，1995：120.

② 同①116.

③ 同①93 - 94.

④ 同①291.

政政权的过渡性，也决定了无产阶级专政国家进行社会管理时要不断地进行政治的、经济的改造和改革。

人民主体性是无产阶级专政国家社会管理的根本原则。无产阶级专政国家建立后，社会阶级关系也发生了根本的转变，国家政权不再代表少数统治阶级的利益，而是代表无产阶级和广大劳动人民的根本利益。无产阶级专政国家的政权"是国家政权即集权化行政权力的对立物"①。政府社会管理的性质也随国家本质的改变而改变。马克思在总结巴黎公社的经验时就指出，巴黎公社政权就是社会把国家政权重新收回，把国家政权第一次从统治社会、压制社会的力量变成社会本身的生命力，实质就在于要由人民自己当家作主。"公社的伟大社会措施就是它本身的存在和工作。它所采取的各项具体措施，只能显示出走向属于人民、由人民掌权的政府的趋势。"② 也就是说，公社的一切管理措施都要有益于人民，符合人民的利益要求。

人民群众只有参与到社会管理中来，才能体现和反映人民群众的主体地位。首先是参与选举，选出对选民负责的市政委员。"公社必须由各区全民投票选出的市政委员组成（因为巴黎是公社的首倡者和楷模，我们应引为范例），这些市政委员对选民负责，随时可以罢免。其中大多数自然会是工人，或者是公认的工人阶级代表。"③ "政府的压迫力量和统治社会的权威就随着它的纯粹压迫性机构的废除而被摧毁，而政府应执行的合理职能，则不是由凌驾于社会之上的机构，而是由社会本身的负责任的勤务员来执行。"④ "公社一举而把所有的公职——军事、行政、政治的职务变成**真正工人的职务**，使它们不再归一个受过训练的特殊阶层所私有。"⑤ 其次，这些市政委员要承担相应的职责，同时公社是"兼管行政和立法的工作机关"。"社会公职已不再是中央政府走卒们的私有物。不仅城市的管理，而且连先前由国家行使的全部创议权也都转归公社。"⑥ 最后，对行使管理职能的公社勤务员进行监督。"一切社会公职，甚至原应属于中央政府的为数不多的几项职能，都要由公社的

---

① 马克思，恩格斯. 马克思恩格斯选集：第 3 卷. 北京：人民出版社，1995：93.

② 同①64.

③ 同①121.

④ 同①122.

⑤ 同①97.

⑥ 同①55－56.

勤务员执行，从而也就处在公社的监督之下。"① 无产阶级专政的国家"彻底清除了国家等级制，以随时可以罢免的勤务员来代替骑在人民头上作威作福的老爷们，以真正的责任制来代替虚伪的责任制，因为这些勤务员总是在公众监督之下进行工作的"②。通过这种有效的管理模式，工人阶级第一次成为自己的主人，进行自我管理，参与社会管理，逐步走向个人的全面发展，最终推动全人类实现由政治解放向社会解放的转变。正如马克思所说的那样："工人阶级同时也知道，通过公社的政治组织形式，可以立即向前大步迈进，他们知道，为了他们自己和为了人类开始这一运动的时刻已经到来了。"③ 巴黎公社所建立的人民主权既是"使劳动在经济上获得解放的政治形式"④，也是"**社会解放的政治形式**"⑤。"公社的真正秘密就在于：它实质上是工人阶级的政府，是生产者阶级同占有者阶级斗争的产物，是终于发现的可以使劳动在经济上获得解放的政治形式。"⑥ 尽管"无论廉价政府或'真正共和国'，都不是它的终极目标，而只是它的伴生物"⑦，但人民当家作主原则的确立，毕竟从根本上改变了人类政治文明产生以来由少数人对多数人进行统治的政治形式。

无产阶级专政国家政府对社会的管理主要通过计划调控来代替资本主义的无政府状态，"以实行系统分工和等级分工的国家政权的计划调节代替中世纪的互相冲突的势力所造成的错综复杂的（光怪陆离的）无政府状态"⑧。无产阶级专政国家要做好社会管理，既要进行政治改造，也要进行经济改造和经济改革。首先，无产阶级专政国家要进行政治改造，"公社并不取消阶级斗争，工人阶级正是通过阶级斗争致力于消灭一切阶级，从而消灭一切阶级统治（因为公社并不代表一种特殊利益；它代表着'劳动'的解放，而劳动是个人生活和社会生活的基本的、自然的条件，唯有靠僭权、欺骗、权术才能被少数人从自己身上转嫁到多

---

① 马克思，恩格斯. 马克思恩格斯选集：第 3 卷. 北京：人民出版社，1995：121.
② 同①96.
③ 同①99.
④ 同①59.
⑤ 同①97.
⑥ 同①58 - 59.
⑦ 同①58.
⑧ 同①91.

数人身上），但是，公社提供合理的环境，使阶级斗争能够以最合理、最人道的方式经历它的几个不同阶段"①。其次，无产阶级专政国家要进行经济改造，改变有组织的劳动和集中的劳动资料所具有的资本主义性质。当无产阶级革命一胜利，国家为了镇压资产阶级的反抗、为了尽快建立社会主义生产关系的经济基础，就必须将主要生产资料收归国家所有，使自己在社会经济生活的管理中处于主体地位。只有通过国家代理才能实现对劳动者阶级整体利益的管理，也只有通过国家所有制经济才能为每一劳动者个人发展创造社会条件，国家所有制经济成为劳动者个人通过阶级整体的力量实现自己的利益、发展自己的有效制度形式。无产阶级专政国家的最终目的"是想要消灭那种将多数人的劳动变为少数人的财富的阶级所有制。它是想要剥夺剥夺者。它是想要把现在主要用作奴役和剥削劳动的手段的生产资料、土地和资本完全变成自由的和联合的劳动的工具，从而使个人所有制成为现实"②。"无产阶级将利用自己的政治统治，一步一步地夺取资产阶级的全部资本，把一切生产工具集中在国家即组织成为统治阶级的无产阶级手里，并且尽可能快地增加生产力的总量。"③ 可以说，实行国家所有制经济成为变革全部生产方式必不可少的手段。在无产阶级革命刚刚胜利、旧式分工和阶级差别存在的前提下，合作制经济是劳动者个人之间实行局部联合的有效形式。资本主义社会的合作工厂"提供了一个实例，证明资本家作为生产上的执行职能的人员已经成为多余的了，就像资本家自己发展到最成熟时，认为大地主是多余的一样"④。

无产阶级专政的国家将"组织起独立工作的、自治的公社；国民军将代替常备军；国家寄生虫大军将被搬掉；教师将代替各级僧侣；国家法官将换成公社的机构；国民代表的选举将不再是总揽一切大权的政府玩弄手腕的事情，而是组织起来的各公社的意志的自觉表现；国家的职能将只限于几项符合于普遍性、全国性目的的职能"⑤。无产阶级专政国家首先建立的是政治统治，但是政治统治的实现还必然要依靠经济统

---

① 马克思，恩格斯. 马克思恩格斯选集：第 3 卷. 北京：人民出版社，1995：98.

② 同①59.

③ 马克思，恩格斯. 马克思恩格斯选集：第 1 卷. 北京：人民出版社，1995：293.

④ 马克思，恩格斯. 马克思恩格斯文集：第 7 卷. 北京：人民出版社，2009：435.

⑤ 同①97.

治，必须借助一些具体的社会管理措施。马克思恩格斯在不同时期的不同著作中，针对不同的时代背景和条件提出了不同的具体措施，尽管他们后来也指出了这些措施的时代局限性，但这些措施的科学价值还是不容忽视的。恩格斯在《共产主义原理》《共产党宣言》《法兰西内战》《哥达纲领批判》中分别提出了一些具体措施，通过这些措施一个跟着一个的实行，"把全部资本、全部农业、全部工业、全部运输业和全部交换都越来越多地集中在国家手里。……无产阶级的劳动将使国家的生产力大大增长，随着这种增长，这些措施实现的可能性和由此而来的集中化程度也将相应地增长。最后，当全部资本、全部生产和全部交换都集中在国家手里的时候，私有制将自行灭亡，金钱将变成无用之物，生产将大大增加，人将大大改变，以致连旧社会最后的各种交往形式也能够消失"①。这些措施的目的非常明确，无产阶级专政政府的社会管理应该把一般经济管理和需要社会统筹的管理协调好，向成熟的共产主义过渡。尽管马克思恩格斯早在《共产党宣言》1872年德文版序言中就曾指出，"《宣言》中所阐述的一般原理整个说来直到现在还是完全正确的。……这些原理的实际运用，正如《宣言》中所说的，随时随地都要以当时的历史条件为转移，所以第二章末尾提出的那些革命措施根本没有特别的意义。如果是在今天，这一段在许多方面都会有不同的写法了"②，但是今天看来，在特定条件下提出的这些具体措施不是没有一点参考价值。

四、马克思恩格斯的共产主义社会管理思想及其目标

尽管马克思在《哥达纲领批判》中将共产主义划分为第一阶段和高级阶段，但在社会管理思想方面区别论述的并不多。这里主要就马克思恩格斯对未来共产主义社会的社会管理组织、社会管理形式和社会管理目标等进行论述。

马克思恩格斯在批判资本主义虚假共同体基础上对共产主义的社会管理组织——自由人联合体进行了论述。"在过去的种种冒充的共同体

---

① 马克思，恩格斯. 马克思恩格斯选集：第1卷. 北京：人民出版社，1995：241.
② 同①248－249.

中，如在国家等等中，个人自由只是对那些在统治阶级范围内发展的个人来说是存在的，他们之所以有个人自由，只是因为他们是这一阶级的个人。从前各个人联合而成的虚假的共同体，总是相对于各个人而独立的；由于这种共同体是一个阶级反对另一个阶级的联合，因此对于被统治的阶级来说，它不仅是完全虚幻的共同体，而且是新的桎梏。"① 这些个人之所以属于虚幻的共同体，原因在于"这些个人只是作为普通的个人隶属于这种共同体，只是由于他们还处在本阶级的生存条件下才隶属于这种共同体；他们不是作为个人而是作为阶级的成员处于这种共同关系中的"②。所以，对于无论是被统治阶级还是统治阶级来说，其个人的自由和发展都是极其有限的，都是处在阶级的桎梏之中的。"只有在共同体中，个人才能获得全面发展其才能的手段，也就是说，只有在共同体中才可能有个人自由。……在真正的共同体的条件下，各个人在自己的联合中并通过这种联合获得自己的自由。"③ 这种联合不再是为了一个阶级反对另一个阶级，"在这个共同体中各个人都是作为个人参加的。它是各个人的这样一种联合（自然是以当时发达的生产力为前提的），这种联合把个人的自由发展和运动的条件置于他们的控制之下"④。消灭私有制是实现真实共同体内部自由联合的基础，"随着对生产实行共产主义的调节以及这种调节所带来的人们对于自己产品的异己关系的消灭，供求关系的威力也将消失，人们将使交换、生产及他们发生相互关系的方式重新受自己的支配"⑤。马克思恩格斯认为，只有由自由联合起来的个人形成的共同体才是"真实的共同体"。自由人的联合体由于没有阶级、没有政权、没有政党，个人摆脱了外阶级的压迫和本阶级的束缚，摆脱了人对人的一切统治和支配，所以，过去那种只是一部分人得到发展，而另一部分人被排斥于发展之外的现象便不存在了。

马克思恩格斯深刻批判了资本主义的雇佣劳动，"在奴隶劳动、徭役劳动、雇佣劳动这样一些劳动的历史形式下，劳动始终是令人厌恶的

---

① 马克思，恩格斯．马克思恩格斯选集：第1卷．北京：人民出版社，1995：119.

② 同①121.

③ 同①.

④ 同①121.

⑤ 同①87.

事情，始终表现为**外在的强制劳动**"①。这些劳动形式都是异化劳动，雇佣劳动是资本主义社会的异化劳动。马克思恩格斯指出了未来共产主义社会必须实现劳动的真正解放，在实现自主活动、自由联合劳动基础上进行联合自主管理。资本主义的"劳动为富人生产了奇迹般的东西，但是为工人生产了赤贫。劳动生产了宫殿，但是给工人生产了棚舍。劳动生产了美，但是使工人变成畸形。劳动用机器代替了手工劳动，但是使一部分工人回到野蛮的劳动，并使另一部分工人变成机器。劳动生产了智慧，但是给工人生产了愚钝和痴呆"②。资本主义劳动使本来应该属于工人的劳动却外在于工人本身，因为"这种劳动不是他自己的，而是别人的；劳动不属于他；他在劳动中也不属于他自己，而是属于别人"③。资本主义条件下，"他在自己的劳动中不是肯定自己，而是否定自己，不是感到幸福，而是感到不幸，不是自由地发挥自己的体力和智力，而是使自己的肉体受折磨、精神遭摧残。因此，工人只有在劳动之外才感到自在，而在劳动中则感到不自在，他在不劳动时觉得舒畅，而在劳动时就觉得不舒畅。因此，他的劳动不是自愿的劳动，而是被迫的**强制劳动**"④。所以说，这种"强制劳动"，"不是满足劳动需要，而只是满足劳动需要以外的那些需要的**一种手段**"⑤。由于工人的活动属于别人，这种活动导致了"他自身的丧失"⑥。在批判资本主义劳动的不自由、活动的不自主、劳动的非联合性和管理的非自主联合性基础上，马克思恩格斯提出，共产主义自由人联合体的管理模式是自由联合劳动和联合自主管理的结合。

自由劳动应该是在分工出于自愿，而且人本身的活动对人来说是一种非异己的、非对立的力量，人真正驾驭着这种力量时的劳动。无产阶级的自由劳动是在消灭劳动，也就是消灭他们迄今面临的生存条件后的劳动，马克思恩格斯这里消灭的是谋生性质的劳动，并没有消灭将劳动作为个人的自我实现的活动。在共产主义的主观的和客观的条件下，"劳动会成为吸引人的劳动，成为个人的自我实现，但这决不是说，劳

① 马克思，恩格斯．马克思恩格斯文集：第8卷．北京：人民出版社，2009：174.
② 马克思，恩格斯．马克思恩格斯选集：第1卷．北京：人民出版社，1995：43.
③ 同②44.
④ 同②.
⑤ 同②43－44.
⑥ 同②44.

动不过是一种娱乐，一种消遣"①。自由劳动更是一种自主劳动，就是劳动者成为自己劳动的主人，能够按照自己的意志实现劳动力和生产资料的结合，并充分占有和支配自身劳动创造的价值。联合劳动是解决社会化生产和社会化发展的劳动者与资本主义私人占有之间矛盾的主要方法，联合劳动的前提是让社会化发展的劳动者个人联合占有自己创造的生产力总和，即马克思恩格斯所讲的"各个人必须占有现有的生产力总和"②。共产主义联合是劳动者个人之间交往的方式，是劳动者占有生产力总和的方式，是充分发展的劳动者个人对社会生产力总和的占有。只有劳动转化为自主活动，联合劳动才能得到实践的确认，并且只有"现代无产者，才能够实现自己的充分的、不再受限制的自主活动，这种自主活动就是对生产力总和的占有以及由此而来的才能总和的发挥"③。社会化大生产造成的社会物质财富极大丰富，任何一个特殊阶级占有别人剩余劳动的必要性消失了，即"随着联合起来的个人对全部生产力的占有，私有制也就终结了"④。劳动者个人作为自由人在个人与社会的关系上获得了自由，成了社会关系的主人，劳动者阶级也才能够真正充分占有自己的劳动成果。

自由联合劳动表明劳动者是劳动的主体，他们既是生产者又是物质生产资料的共同占有者，劳动是自由联合劳动。自由联合劳动表明生产资料由联合体的劳动者共同占有、使用和支配，是人支配物而不是物支配人。自由联合劳动表明，联合起来的劳动者是平等的关系，劳动者在生产资料面前拥有平等的权利，劳动者创造的全部劳动成果在做了必要的社会扣除之后，实行按劳分配。在自由人联合体中，人与自然的关系也发生了重要变化，"社会化的人，联合起来的生产者，将合理地调节他们和自然之间的物质变换，把它置于他们的共同控制之下，而不让它作为一种盲目的力量来统治自己；靠消耗最小的力量，在最无愧于和最适合于他们的人类本性的条件下来进行这种物质变换"⑤。

在整个自由人联合体的运作过程中，每一劳动者个人在劳动中的社会关系以及对他们的劳动生产出来的有用物品的关系，无论在生产上还

---

① 马克思，恩格斯．马克思恩格斯文集：第8卷．北京：人民出版社，2009：174.

②③ 马克思，恩格斯．马克思恩格斯选集：第1卷．北京：人民出版社，1995：129.

④ 同②130.

⑤ 马克思，恩格斯．马克思恩格斯文集：第7卷．北京：人民出版社，2009：928.

是在分配上，都实现了联合自主管理。在联合占有的基础上，整个社会的计划管理将成为现实，"一旦社会占有了生产资料，商品生产就将被消除，而产品对生产者的统治也将随之消除。社会生产内部的无政府状态将为有计划的自觉的组织所代替"①。"已经积累起来的劳动只是扩大、丰富和提高工人的生活的一种手段"②，"现在支配过去"将成为一种实实在在的可能。共产主义的社会管理，不仅为社会创造巨大财富，还为社会成员自由发展创造了条件。"通过社会生产，不仅可能保证一切社会成员有富足的和一天比一天充裕的物质生活，而且还可能保证他们的体力和智力获得充分的自由的发展和运用。"③

　　每个人的自由全面发展是马克思恩格斯社会管理的终极价值指向和社会目标。自由人联合体为每个人的自由全面发展提供了平台，自由人联合体中的自由联合劳动和联合自主管理为每个人的自由全面发展提供了手段、创造了条件。马克思恩格斯在不同的文章、不同的场合对未来共产主义社会的社会管理目标做了近似的表述，阐述了同样的观点。恩格斯在《共产主义信条草案》中回答什么是共产主义的目的时谈道："把社会组织成这样：使社会的每一个成员都能完全自由地发展和发挥他的全部才能和力量，并且不会因此而危及这个社会的基本条件。"④这里恩格斯非常明确地把每个人的自由发展当作共产主义的目的和本质特征。马克思在《资本论》中更加明确地指出，共产主义社会是比资本主义"更高级的、以每个人的全面而自由的发展为基本原则的社会形式⑤。《共产党宣言》对社会主义的界定提出的是这样一个命题："代替那存在着阶级和阶级对立的资产阶级旧社会的，将是这样一个联合体，在那里，每个人的自由发展是一切人的自由发展的条件。"⑥《共产党宣言》以"每个人的自由发展"来界定社会主义，界定人的解放，深刻表明了共产主义的本质特征，说明了共产主义的终极价值和最高目标。社会主义"本身已经创造出了新的经济制度的要素，它同时给社会

---

① 马克思，恩格斯．马克思恩格斯选集：第3卷．北京：人民出版社，1995：633.
② 马克思，恩格斯．马克思恩格斯选集：第1卷．北京：人民出版社，1995：287.
③ 同①.
④ 马克思，恩格斯．马克思恩格斯全集：第42卷．北京：人民出版社，1979：373.
⑤ 马克思，恩格斯．马克思恩格斯全集：第23卷．北京：人民出版社，1972：649.
⑥ 同②294.

劳动生产力和一切生产者个人的全面发展以极大的推动"①，是"在保证社会劳动生产力极高度发展的同时又保证每个生产者个人最全面的发展的这样一种经济形态"②，劳动者将成为"把不同社会职能当作互相交替的活动方式的全面发展的个人，来代替只是承担一种社会局部职能的局部个人"③。自由联合劳动使劳动者的才能能够得到充分自由的发挥，联合自主管理实现了劳动者在特定社会关系下，充分发挥每个人的主观能动性，自主管理社会事务、自主调节社会运行。在此过程中，每个人都能充分张扬自己的个性，实现自由全面的发展。

马克思恩格斯对资本主义社会管理的考察具有现实性，但当时社会主义和共产主义缺乏实践，因此对社会主义和共产主义的社会管理则更多地集中在理论层面，反映的是原则性的东西。由于马克思恩格斯对于社会规律的研究认识是在科学预测的基础上得出的，所以，他们关于未来社会进行什么样的社会管理、如何进行社会管理的思想，对于加强现实社会主义社会管理、构建社会主义和谐社会仍然具有重要的指导意义。

---

① 马克思，恩格斯.马克思恩格斯选集：第3卷.北京：人民出版社，1995：341.

② 同①342.

③ 马克思，恩格斯.马克思恩格斯全集：第23卷.北京：人民出版社，1972：535.

下 编

列宁论社会主义社会建设

列宁领导苏联人民建立了第一个社会主义国家，并开创了建设社会主义国家的新时代，因此，列宁也是把马克思恩格斯的社会主义社会建设思想付诸实践的第一人。在把马克思恩格斯的社会建设思想运用于俄国社会主义建设的具体实践时，列宁结合俄国具体的社会建设实际，提出了许多在落后国家推进社会主义社会建设的新思想和新观点，丰富和发展了社会主义社会建设理论。

第七章　列宁关于社会主义教育事业发展的思想

　　教育是根据一定社会要求所进行的培养人的社会实践活动，它既具有与人类社会共始终的永恒性，也具有随社会发展而变化的历史性。作为无产阶级革命和社会主义建设事业重要组成部分的社会主义教育事业同样如此。列宁根据马克思恩格斯关于教育的基本原理，结合俄国社会主义革命和建设的实践，提出了一套比较完整的教育学说，创造性地发展了马克思主义的教育理论。列宁的这些思想是极富战斗性的，不仅成为当时反对形形色色资产阶级教育思想谬论的犀利武器，也为探索和解决社会主义教育事业建设和发展中的诸多理论与实践问题指明了前进方向。

一、教育发展与社会建设

　　列宁在一生的革命实践中，十分重视对工农和青年一代的教育问题。因为在他看来："在一个文盲的国家里是不能建成共产主义社会的。"① 要扫除文盲，实现共产主义，就必须高度重视社会主义教育建设，用共产主义思想教育青年一代。对于整个社会主义社会建设事业来

---

　　① 列宁 . 列宁全集：第 39 卷 . 北京：人民出版社，1986：309.

说，社会主义教育的建设与发展具有举足轻重的作用。

在列宁的教育学说中，教育所具有的阶级性、全面性和实践性特点得以充分展现，这也决定了教育在整个无产阶级革命和社会主义建设事业中发挥着无可替代的基础作用。教育在服务社会主义政治建设的同时，也为社会主义经济建设提供着内在支撑，创造并更新着社会主义文化。

（一）教育及其特点

教育作为一项社会事业，是人类社会所特有的现象，是个人社会化的过程。在列宁的教育学说中，教育所具有的永恒性与历史性得以延续，与此同时，教育还具有阶级性、全面性和实践性的特征。

教育具有阶级性。阶级社会的教育具有阶级性，教育受一定社会关系的制约。这是马克思恩格斯在创立马克思主义时揭示的一条重要的教育原理。列宁将这一原理与苏维埃政权建立后的历史条件相结合，进一步阐明了"教育不能脱离政治"的基本理论，彰显了教育所具有的阶级性。列宁认为，在资产阶级社会里，资产阶级为了维护自身的统治，极力宣称"教育'脱离政治'，教育'不问政治'"[①]，"学校可以脱离政治"，并借助教会和整个私有制来影响、愚弄和欺骗群众。对于上述在资本主义社会长期占据统治地位的思想，列宁一贯持批判态度。基于对资本主义国家机构职能的考察，列宁揭示了资本主义条件下教育和资产阶级政治之间的密切关系，并进一步批判了"教育脱离政治"这一提法的虚伪性。为了彻底与资产阶级虚伪言行做斗争，列宁提出社会主义教育者的基本任务就是用无产阶级的真理来反对资产阶级的"真理"，使人们相信"教育同我们的政治联系"[②] 这一客观真理。为此，在整个教育系统的工作中，无产阶级在摒弃"教育脱离政治"这一旧观点的同时，要承认并积极促成教育工作与实际的结合。在革命战争时应如此，在和平建设时也应如此。

教育具有全面性。在列宁的教育思想体系中，教育是包括德育、智

---

① 华东师范大学《列宁教育文集》编辑组．列宁教育文集：下卷．北京：人民教育出版社，1986：164．

② 同①163．

育、体育、美育以及劳动技术教育等方面在内的全面教育。列宁曾经指出："在无产阶级专政时期，即为使共产主义的完全实现成为可能而准备条件的时期，学校不仅应当传播一般共产主义原则，而且应当对劳动群众中的半无产者和非无产者阶层传播无产阶级在思想、组织、教育等方面的影响，以培养能够最终实现共产主义的一代人。"① 与此相适应，苏维埃社会主义国家的学校教育也涵盖了对青年学生进行德育、智育、体育和综合技术教育等全方位的教育。就学校教育的德育而言，列宁认为，无产阶级的道德是完全服从于无产阶级斗争利益的。为了更好地批判资产阶级所标榜的道德的"超人类""超阶级"性，在德育方面，应把培养共产主义道德放在教育的重要地位。学校教育"应该使培养、教育和训练现代青年的全部事业，成为培养青年的共产主义道德的事业"②。在智育方面，列宁认为，共产主义是一种科学，是在人类积累起来的科学基础上创立的，要真正成为一个共产主义者，就必须"了解人类创造的一切财富以丰富自己的头脑"③。为此，列宁倡导必须用系统的、最新的科学知识来武装青年一代，促使他们成为用实际知识武装起来的、具备现代学识的人。就综合技术教育而言，列宁指出，综合技术教育符合大工业生产发展的内在要求，通过它可以帮助学生熟悉大工业生产的知识和技能，及时将书本上学到的知识应用于生产实践，因而应将其视为实现教育与生产劳动相结合的重要途径，在学校教育中加以推广，促使学生成长为全面发展的和受到全面训练的人。

　　教育具有实践性。培养全面发展的共产主义社会的建设者，是共产主义教育的目标。列宁认为，教育正在向着而且也必须向着这个目标前进。在谈及具体的教育途径时，列宁强调："没有青年一代的教育和生产劳动的结合，未来社会的理想是不能想象的，因为无论是脱离生产劳动的教学和教育，或是脱离教学和教育的生产劳动，都不能达到现代技术水平和科学知识现状所要求的高度。"④ 为了早日实现这一目标，就必须将教育与生产劳动结合起来。列宁这一思想的提出得益于他对资本

----

① 列宁．列宁选集：第3卷．北京：人民出版社，1995：725－726.

② 列宁．列宁选集：第4卷．北京：人民出版社，1995：288.

③ 同②285.

④ 华东师范大学《列宁教育文集》编辑组．列宁教育文集：上卷．北京：人民教育出版社，1984：40.

主义社会教育与劳动相脱节现象的深刻反思。列宁认为，在资本主义社会里，资本的运行只需要训练和培养出一些俯首帖耳的工人为自己服务，在这种社会环境下，教育工作的根本缺点之一就在于教育同组织劳动这一主要任务之间的脱节。因此，在资本主义社会里，组织国民劳动的实际任务同教学工作之间没有联系，教学工作死气沉沉，不切实际，形式主义，致使人民深受其害。可以说，理论与实践相脱节的现象是资本主义社会的一个弊端。为了彻底改变这一状况，列宁要求广大无产阶级按照理论联系实际的原则，把教育同工农劳动群众反对剥削者的斗争联系起来，把教育同生产劳动结合起来，积极主动地与青年和工农打成一片。

（二）教育在社会主义建设中的作用

列宁在理论上发展马克思主义关于教育与生产劳动相结合的思想的同时，也将这一思想积极地付诸苏俄的社会主义建设实践。列宁主张把教育和当前政治、经济的斗争任务紧密结合起来，发挥其在社会主义建设中的基础作用。

教育与社会主义经济建设。俄国无产阶级带领广大人民在政治上推翻旧政权并建立苏维埃社会主义政权之后，政府工作的重点便转移到了经济建设方面。在领导社会主义经济建设的过程中，列宁深感在俄国这样一个文化落后国家进行社会主义经济建设的艰辛，认为不借助教育提高社会整体文化水平，就很难在经济方面为社会主义建设提供物质保障。早在 1918 年春，列宁就曾指出，提高劳动生产率的条件之一就在于提高居民群众的文化教育水平。后来在全俄苏维埃第八次代表大会上，当列宁谈及全国的电气化这一经济发展计划时，他曾提醒无产阶级必须清醒地认识到：**"共产主义就是苏维埃政权加全国电气化。"**[①] 而要实现这一电气化，就需要借助教育来消除文盲，提高人民的文化水平。列宁这番话，道出了教育在实现全国电气化这一经济建设目标的重要性。为此，教育必须与经济建设的需要相适应。例如，在全国电气化问题上，列宁就倡导学校教育和社会教育应把电气化计划列入教学内容。

---

① 华东师范大学《列宁教育文集》编辑组．列宁教育文集：下卷．北京：人民教育出版社，1986：199．

全国范围内的"每座电站和每个办得还可以的工厂和国营农场都应当成为介绍电和现代工业的中心，成为宣传电气化计划并且系统地讲解这个计划的中心"①，成为教育的据点，都要对群众进行所谓"电的教育"。随后在新经济政策实施、在合作化的完成过程中，教育的作用再次得以强调。列宁指出，如果不借助识字教育扫除社会的文盲，新经济政策的实施就是笑谈，合作化的计划也无从谈起。可以说，在一定程度上，教育是作为经济建设的前提条件而存在的。在强调教育对于经济建设所起的基础性作用的同时，列宁也看到了经济建设的发展对于教育事业的推动作用。例如，全国范围内推行电气化的教育、无线电通信技术的应用，可以把人的生动的语言、演说、报告和讲课播送到尽可能远的地方去，为教育的传播和发展创造更好的条件，推动教育事业的发展进程。

　　教育与社会主义政治建设。苏维埃政权的建立，使工人阶级和劳动人民第一次成为国家的主人，在原则上实现了无产阶级民主，为全世界做出了实现这种民主的榜样。但是由于工农缺少知识，加之国家整体文化教育水平落后，工农实际参加国家和社会事务管理的权利得不到真正实现，苏维埃政权的作用也受到一定限制，官僚主义也在一定程度上复活。列宁认为："文盲是处在政治之外的，必须先教他们识字。不识字就不可能有政治，不识字只能有流言蜚语、谎话偏见，而没有政治。"②这一席话精辟地阐述了文化教育与政治民主的关系。当工农群众还不识字，文化水平还不高时，党的宣传教育、方针政策就不容易被理解和接受，更谈不上贯彻落实，也就不利于用群众的力量来监督国家机关。这种环境为官僚主义的存在留下了空间，使官僚主义不仅不能根除，而且会蔓延。在苏维埃俄国，教育是无产阶级专政的工具，教育是为无产阶级政治服务的。因此，不应将"教育学"当作一种特殊的口号，使它跟"政治"对立起来，而应在国民教育方面对旧教育进行彻底改造，"把学校由资产阶级的阶级统治工具变为摧毁这种统治和完全消灭社会阶级划分的工具"③，促使学校转变为无产阶级专政的工具，在教育领域内更好地同资产阶级进行斗争。为此，苏维埃俄国专门成立了从事社会教育和群众教育工作的政治教育委员会来配合无产阶级政党的领导。列宁认

---

①　列宁.列宁全集：第40卷.北京：人民出版社，1986：192.
②　列宁.列宁选集：第4卷.北京：人民出版社，1995：590.
③　列宁.列宁选集：第3卷.北京：人民出版社，1995：725.

为，借助这一部门开展工作，可以培养一支同党和党的思想保持紧密联系、贯彻党的精神、以共产主义的精神教育人民的新的教育大军。这样就有利于把工人群众团结在自己的周围，更好地为社会主义政治建设服务。

教育与社会主义文化建设。在列宁的教育学说中，教育自身既是文化建设的重要组成部分，又是文化建设的重要途径。教育在吸收、融合世界先进文化的同时，创造并更新着社会主义文化。列宁认为，社会主义文化建设范围广泛，既包括代表无产阶级利益的社会主义文化建设，又包括解决扫盲教育、识字教育、普及国民教育、提高思想政治水平和道德水平等在内的教育建设问题。换句话说，社会主义文化建设在内容上主要围绕无产阶级文化建设展开，在形式上则是多种教育方式同时发挥作用。但不管在教育内容还是形式上，教育建设都与社会主义文化建设密切相关，并在以无产阶级文化为核心的社会主义文化建设中发挥着重要的作用。

一方面，无产阶级文化的建设离不开对以往人类文明成果的借鉴，而这些文明成果的传承是借助教育来完成的。在谈及无产阶级文化建设的时候，列宁强调，无产阶级文化并不是从天上掉下来的，也不是那些自命为无产阶级文化专家的人杜撰出来的，而是根据马克思主义世界观和无产阶级在其专政时代的生活与斗争条件的观点，发扬现有文化的优秀的典范、传统和成果，是人类在资本主义社会、地主社会和官僚社会压迫下创造出来的全部知识合乎规律的发展。

另一方面，以无产阶级文化为核心的社会主义文化的建立是在同错误思想的斗争中实现的，正确思想的传播离不开教育作用。在进行社会主义文化建设的过程中，以波格丹诺夫为首的"无产阶级文化派"曾一度盛行。他们认为，无产阶级应当抛弃一切以往的文化，创造出自己独特的无产阶级文化。列宁认为，这种文化虚无主义的思想肆意割断无产阶级文化同历史遗产之间批判与继承的关系，在理论上是错误的、在实践上是有害的。为了同这种错误思想做斗争，列宁倡导建立担负社会主义文化建设任务的无产阶级文化协会，并要求这一协会的一切组织都必须无条件地把自己完全看作教育人民委员部机关系统中的辅助机构，在各种教育方式的综合运用中宣传无产阶级文化的正确思想，一步步夺取并扩大无产阶级文化阵地，以保证在与各种错误思想的斗争中不断取得胜利，确保文化建设的社会主义航向不变。

（三）俄罗斯苏维埃联邦社会主义共和国的文化发展与教育状况

列宁教育学说是马克思主义教育基本原理与俄国革命实践相结合的产物。在无产阶级政党的领导下，俄国工农群众经过 1905 年第一次俄国革命和 1917 年的二月革命，于 1917 年 11 月 7 日取得了十月社会主义革命的伟大胜利，成立了世界上第一个社会主义国家——俄罗斯苏维埃联邦社会主义共和国。这一新生政权的文化发展与教育状况就构成了列宁教育学说形成的现实基础。

（1）两种文化与文化革命。基于对俄国文化状况的考察，列宁认为，每一种民族文化中，都存在两种文化：一种是占统治地位的资产阶级文化，即"大俄罗斯神父的和资产阶级的文化"；另一种是劳动群众和被剥削群众的民主主义和社会主义的文化，即"大俄罗斯的民主派和社会民主党的思想"。这两种阶级的文化是激烈地斗争着的。面对资产阶级提出的"民族文化"口号，列宁针锋相对地指出："民族文化的口号是资产阶级的（而且常常是黑帮-教权派的）骗人工具。我们的口号是民主主义的和全世界工人运动的国际文化。"[①]

就资产阶级的"民族文化"而言，在第一次世界大战前工人运动高涨的年代，资产阶级同无产阶级斗争日益尖锐，资产阶级民族主义分子提出了"民族文化"的口号，将以往人类的文化说成一种统一的文化，认为它们没有什么进步的和反动的区别，进而制定了"民族文化"自治纲领。事实证明，"无论在奥地利或俄国，**所有**民族的资产阶级都假借'民族文化'的口号，而**实际上**是在分裂工人，削弱民主派，并且同农奴主进行出卖人民权利和人民自由的买卖"[②]。列宁强调，在阶级社会里是根本不存在超阶级文化的。"民族文化"的实质，就是以资产阶级文化反对民主主义和社会主义文化，力图分裂各民族工人阶级的团结，扼杀蓬勃高涨的无产阶级革命运动，为帝国主义和资产阶级利益服务。对此，列宁旗帜鲜明地倡导："俄国的工人阶级过去曾经并且今后仍将

---

① 华东师范大学《列宁教育文集》编辑组．列宁教育文集：上卷．北京：人民教育出版社，1984：277.

② 同①247.

同反动的、有害的、市侩的、民族主义的'民族文化自治'的思想作斗争。"①

就无产阶级所倡导的"民主主义的和全世界工人运动的各民族共同的文化"而言，列宁明确认为，提出这个口号的目的"**只是**从**每一个**民族的文化中抽出民主主义和社会主义的成分，我们抽出这些成分**只是**并且**绝对**是为了对抗**每个**民族的资产阶级文化、资产阶级民族主义"②。因为在列宁看来，只有教权派或资产者才会谈论共同的民族文化，劳动群众则只会谈论全世界工人运动的国际主义（国际）文化。"只有这样的文化，才标志着各民族之间完全的、真正的、真挚的平等，才标志着民族压迫的消除和民主的实现。"③ 因此，写在无产阶级旗帜上的不是"民族文化"，而是国际文化。只有全世界工人运动的国际主义文化，才是唯一正确地符合无产阶级利益的文化，才能使一切民族在高度的社会主义团结中融合起来。

十月革命胜利后，无产阶级掌握了国家政权。这一政治与社会变革为无产阶级文化的变革提供了革命先导和政治保证，为促使人类一切优秀文化成果成为全民的财富提供了可能。在肯定这些有利的政治环境的同时，列宁也清楚地意识到进行社会主义文化革命的困难。列宁认为，俄国是一个文化十分落后的国家，就当时的国内情况而言，无论纯粹文化方面还是物质方面都是异常困难的，要在这个基础上建立社会主义是不可能的。因此，"现在摆在我们面前的是文化任务，就是深刻领会那个应该而且能够实现的政治尝试"④。

列宁认为，文化革命是整个社会革命的一个组成部分，也是建设社会主义的一个重要条件。早在无产阶级夺取政权并击退国内外反动派的进攻的社会主义建设之初，列宁就提出了文化革命的战斗口号，做出了扫除文盲、普及义务教育、提高群众的政治文化水平、培养和造就共产主义建设的干部等文化革命的指示。列宁主张，只要实现了文化革命，各民族就可以完全平等地享有教育权，就能够用本民族语言进行教学，

---

① 华东师范大学《列宁教育文集》编辑组. 列宁教育文集：上卷. 北京：人民教育出版社，1984：260.

② 列宁. 列宁全集：第24卷. 北京：人民出版社，1990：126.

③ 同①250.

④ 华东师范大学《列宁教育文集》编辑组. 列宁教育文集：下卷. 北京：人民教育出版社，1986：267.

教授本民族的历史，苏维埃俄国就能成为完全社会主义的国家。在指出进行文化革命的必要性的同时，列宁也阐明了进行这种文化革命任务的长期性。为此，我们应该使自己适应这个较长的时期，并据此来规划我们的工作，发扬坚忍不拔、不屈不挠、始终如一的精神。

（2）教育水平的落后及教师物质上的匮乏和精神上的压抑。十月革命前的俄国是一个文化落后的国家。由于长期受俄国农奴制国家机构的奴役和阻碍，社会整体教育水平在世界上较为落后，国民教师在遭受物质匮乏的同时，精神上也备受压抑。

十月革命前，大量文盲的存在是俄国教育水平落后的主要表现。据相关资料统计，俄国当时有将近4/5的儿童和少年被剥夺了受国民教育的权利。在俄国成年居民中有75％以上的人既不能读书，也不能写字。城市工人中40％以上是文盲，农村中文盲比例达80％。究其根源，列宁认为，俄国旧有的农奴制国家机构的存在，注定会使青年一代里有4/5的人成为文盲。在他看来，在旧教育体制下，人类的全部智慧、人类的全部天才所进行的创造，只是为了让一部分人独享技术和文化的一切成果，即便是所谓的初级和中级农业学校的普及，也不会给农民带来好处，只是给大农户提供了职员，而大部分人连最必需的教育和发展的权利也被剥夺了，由此造成俄国的大多数居民不能识字。

俄国教育水平的落后还表现在学校设置、师资力量、教学设施、图书馆的设立、藏书数量及使用等方面的不足。就学校的设置而言，列宁认为，不管是地方学校还是教区学校，学校在数量上都明显不足，学校的师资力量严重不足。在师资方面，在地方学校，受过教育的教师（一般教师）占20％，而在教区学校，受过教育的教师只占2.5％左右。就教学设施而言，学校的教学环境恶劣，拥挤的校舍和暗淡的室内光线致使学校生活无法纳入常规管理，教学活动时断时续。就图书馆的设立、藏书数量及使用而言，列宁指出，世界上没有一个文明国家还存在着用来对付图书馆的特殊规章，还存在着书报检查机关这样丑恶的机构，而在俄国这一切都是事实。沙皇政府在对报刊普遍进行破坏的同时，还采取野蛮措施对付图书馆，不仅毁坏学校图书馆，还颁布了一些百般刁难的规章制度来对付国民图书馆。对于苏维埃的社会主义建设而言，这种落后的文化教育状况无疑是一个巨大的障碍。

十月革命前的俄国教育水平十分落后，造成这一状况的一个重要的原因就在于政府在国民教育方面资金投入不足。资金的缺乏不仅造成了国民教育整体水平的落后，而且导致了教师在物质上的匮乏和精神上的压抑。

列宁指出，十月革命前，在沙皇俄国的长期压制下，国民学校教师在物质上和精神上都是被人瞧不起的。教师物质方面的贫困主要表现在薪金方面。教师们收入微薄，从"平均"数字中可以看出，女教师的年薪（在圣彼得堡地区）是 433 卢布，男教师是 376 卢布。对于大部分在农村的教师而言，薪金更是少得可怜。女教师的"平均"年薪是 347 卢布，男教师是 367 卢布，并且大多数女教师领取的是不足温饱的薪金。国民教师在没有生火的、几乎不能居住的小木屋里受冻挨饿，更有甚者，国民教师同被农民赶进小木房里的牲畜住在一起。沙皇政府宁愿把亿万资金耗费在官员薪俸、警察经费、军事开支等方面，也不屑在国民教育上进行投资。资产阶级声称"同情"国民教育，实际却导致教师比贵族和富翁家里的女仆过得还要差。

至于俄国的国民教师在精神上备受压抑、被人鄙视、受尽压制的情景，那更是一幅幅惨不忍睹的画面。列宁指出，俄国国民教育部在这方面的全部活动只是利用警察的搜查与专横来阻挠一般人民特别是工人受教育，对人民教育素质工作进行破坏。任何一个地方的下级警巡官、农村黑帮分子或甘心做暗探和特务的人都可以陷害国民教师。与此同时，国民教师还得忍受来自上司的各种挑剔和迫害。更有甚者，沙皇政府还像驱赶兔子一样"驱赶"教师。对此，列宁认为，正是沙皇政府阻塞了俄国 9/10 的居民受教育的道路。

总之，在无产阶级刚刚夺取政权的俄罗斯苏维埃联邦社会主义共和国，旧时代遗留的落后的教育状况不能满足社会主义建设的需要，更不用说建设共产主义了。对此，列宁强调，当时最大的任务就是扫除文盲，提高国民文化素质和社会主义建设能力。

二、教育建设的实施

列宁的教育思想作为列宁主义的重要内容，在社会主义革命与建设实践中发挥着重要的理论指导作用。根据当时苏维埃俄国的情况，列宁强调应加强包括社会教育、学校普通教育、企业职业技术教育、政权机构教育以及共产主义教育等在内的诸多领域的教育建设。

（一）社会教育建设

（1）社会教育的必要性和可行性。在无产阶级解决了世界上最伟大的政治变革任务以后，列宁结合新生社会主义国家的具体国情，阐明了进行社会教育的必要性。列宁认为，在这一特殊的历史时代，不做到人人识字，没有足够的见识，没有充分教会居民读书看报，就达不到自己的目的。列宁在俄共（布）第八次代表大会上曾明确指出，目前"摆在我们面前的首先是组织任务、文化任务和教育任务。……在这里，摆在我们面前的任务只有通过长期的教育才能解决"[1]。为此，社会教育工作者就要担负这一项困难的任务。"在党的工作中，我们已经取得了广泛影响群众的经验，但是必须把这种经验和文化教育（其中包括学校教育特别是社会教育）方法结合起来，这是过去往往没有做到的。"[2] 而伟大事业成功的保证就在于群众自己着手建设社会主义新俄国。

社会教育是一个长期的过程，虽说这个任务是极端困难的，但列宁认为，劳动者十分渴求知识，9/10 的劳动群众已经懂得：知识是他们争取解放的武器，他们受到挫折就是因为缺少文化知识，现在要使大家都能真正受到教育全靠他们自己。全党和俄国各个阶层都有求知的渴望，这种学校系统之外教育需求的增长，为社会教育的开展营造了良好的氛围。此外，列宁对社会教育与学校教育进行了比较，揭示了"社会教育工作比学校教育工作具有更好的条件"[3] 这一事实。在他看来，学校里有许多由旧社会培养出来的教师，这就造成了从资本主义制度向社会主义制度过渡的困难。而在社会教育方面，却不太受这种限制。社会上凡是识字的、有识别人的本领的、有实际经验的普通工人和农民都能参与社会教育工作，而这样有才能的人在工人阶级和农民中间是无穷无尽、源源不绝的。与此同时，社会上存在的优秀教师，特别是无产阶级队伍中

---

① 列宁. 列宁选集：第3卷. 北京：人民出版社，1995：770.

② 华东师范大学《列宁教育文集》编辑组. 列宁教育文集：下卷. 北京：人民教育出版社，1986：56-57.

③ 同②56.

的专家、学者和教授们，也会提供帮助。这些因素的存在不仅力证了社会教育开展的可行性，而且为社会主义社会的最后胜利提供了可靠保证。

（2）社会教育的具体实施。针对社会教育文化水平落后的状况，列宁对社会教育的实施做了具体部署。在教育内容上，主要是进行扫盲教育、识字教育，且特别关注对农民的教育。在教育方式上，不仅有政府专门成立的教育人民委员部来对教育进行统一监管，而且注重将社会教育融入群众的日常生活领域，在潜移默化中开展社会教育。

在列宁看来，扫盲斗争比其他任务都更为重要，为此，政府专门成立了对这项工作实施监管的教育人民委员部。列宁强调，教育人民委员部的主要任务应当不是演剧，而是教文化，帮助人们学习和教学。扫盲工作中要做的工作不在于停留在纸上词句的宣讲，而在于必须向人民提出一些有效解决问题的办法，使每一个识字的人都觉得自己有义务、有必要教会几个不识字的人。

在扫盲教育、识字教育中，列宁特别重视对农民的教育。在他看来，农村贫民特别吃没有文化的亏，特别需要受教育。在向农民宣传实际地、切实地和明确地改造整个工业计划的同时，应向农民和工人说明如果不提高教育程度，就不能完成这个任务，不能摆脱肮脏、贫困和各种疾病。与此同时，应结合他们极强烈的求知欲，找到和他们联系的恰当形式；应该极力接近作为宣传机关的党组织，并吸收群众参加教育工作。在扫盲教育、识字教育实施的过程中，列宁还强调要发挥青年团的作用，让青年一代自己把这个工作担负起来。在他看来，在苏维埃政权刚刚建立的情况下，要把俄国从一个愚昧的文盲国家很快变成人人识字的国家是不可能的。但是，如果青年团能担负起这个工作，如果全体青年都能为大家的利益而工作，那么情况就不同了，应努力使青年们能主动积极地从事这个工作，促使他们联合起来到农村去扫除文盲。

在扫盲教育的具体实施过程中，列宁注意到，工厂、农村和连队的日常生活在扫盲教育中很少被关注，现实生活各个方面存在的生动具体的事例和典型事例也很少被用来教育群众。列宁认为，全部宣传工作、教育工作和社会教育工作均不能脱离群众日常生活中最迫切的需要，应与群众的日常生活领域相结合，应当在日常生活领域中把动员识字者来扫除文盲这一简单而迫切的事情开展起来。为此，一方面应借助散发各种报纸、宣传画、讲稿等来加强教育人民委员部的工作；另一方面要求苏维埃政权从各方面帮助工人和劳动人民自学自修（建立图书馆、成人学校、人民大学、讲习所、电影院、艺术工作室等），并利用现有的每一本书来为这项工作服务。

（二）学校普通教育建设

学校教育是教育事业的重要组成部分，这一点对任何国家都适用，只是在不同的社会，学校所服务的统治阶层存有差异，由此决定了学校在办学宗旨、原则、具体的施政方针等方面存有差别。

列宁认为，国民教育事业是无产阶级同资产阶级进行斗争的组成部分。在资本主义社会里，学校浸透了资产阶级的等级思想，完全变成了资产阶级统治的工具。社会主义国家的教育事业旨在帮助工人和贫农，使他们能够彻底粉碎富农、地主和资本家的反抗，为推翻资产阶级而斗争。在这种革命斗争中，俄国的工人和农民能够受到完备的教育，这正是他们所需要的。在与资本主义学校对比的过程中，列宁阐明了社会主义学校教育建设的问题。

（1）教育与宗教分离的原则。在资本主义社会里，宗教与教育是密切相关的。在沙皇统治时期，许多学校教育是由教会来完成的，对群众具有欺骗和麻醉的作用。列宁认为，在新诞生的苏维埃社会主义共和国里，虽说社会主义者宣布宗教是私人的事情，但对于社会主义无产阶级的政党来说，宗教并不是私人的事情，不能够也不应当对信仰宗教置之不理。这一方针在教育方面就表现为俄共宣布"教会同国家分离，学校同教会分离"① 这一原则。为了推动旧教师们前进，吸引他们来执行新的教学任务，就必须使他们注意教育与宗教分离的问题，这样才能在教育中确保劳动群众真正从宗教中解放出来。教育与宗教分离的原则确保了学校教育的社会主义方向，与此同时，在中小学中实行免费义务教育的政策，则为学校教育的实施提供了实质性的物质帮助。

（2）免费义务教育。列宁十分重视对学校教育提供实质性的物质帮助。早在十月革命前，列宁就倡导对未满 16 岁的儿童一律实行免费的普遍义务教育，并由国家供给贫困儿童的膳食、服装、教材和文具。十

---

① 华东师范大学《列宁教育文集》编辑组．列宁教育文集：上卷．北京：人民教育出版社，1984：98.

月革命后，这些规定得以在《俄共（布）纲领草案》中正式提出，并进一步将免费的义务教育划分为普通教育和综合技术教育。在对教育人民委员部工作的指示中，列宁要求教育人民委员部"尽量压缩不必要的开支（中央改善生活委员会的一部分、一部分高等院校、许多上层机构等等），以便增加中小学校和扫盲工作的经费"①。与此同时，还要求学校无条件地从无产阶级和贫困农民中招收学生，并广泛地发给他们助学金。上述政策既有助于保证适龄儿童均有学习的机会，还确保了有产阶级不可能享有任何法律上的和实际上的特权。

（3）高等教育。高等教育作为学校教育的高级阶段，是为统治阶级培养知识分子，因为知识分子能够最有意识、最彻底、最准确地反映和表现整个社会阶级利益的发展和政治派别的发展状况。列宁认为，在资本主义社会里，工人和无产阶级的子弟是不可能在高等学校里接受教育的。十月革命后，这一状况得到一定改观。在苏维埃政权建立初期，政府就对高等院校进行了改造，废除了过去高等学校入校规定中的一切限制，规定了每个年满16岁的人，都有权成为任何一个高等学校的学生，工人和无产阶级的子弟不仅享有了接受义务教育和高等教育的机会，而且享有优先学习的机会，并且享有国家发放的助学金。

（三）企业职业技术教育建设

在进行学校教育的同时，列宁也强调在社会范围内将普通教育和职业教育结合起来进行企业职业技术教育建设的必要性，并对开展企业职业技术教育建设的具体内容、应遵循的原则和具体实施途径等做了探索。

列宁认为，在沙皇统治时期，由于"大臣把工人看成火药，把知识和教育看成火星；大臣确信，火星一旦落到火药上，首先被炸的就是政府"②。因此，国家的大臣们非常害怕工人接受教育，因为其教育的真正目的是为资产阶级培养驯服者和奴才。这就导致了学校教育往往远离贫民和工匠。对此，列宁指出："任何力量都不能阻止工人的觉醒！没

---

① 华东师范大学《列宁教育文集》编辑组. 列宁教育文集：下卷. 北京：人民教育出版社，1986：346.

② 华东师范大学《列宁教育文集》编辑组. 列宁教育文集：上卷. 北京：人民教育出版社，1984：23.

有知识，工人就无法自卫；有了知识，他们就有了力量！"[①] 为此，进行职业教育，让企业的工人学会工作，就成为苏维埃共和国当时最主要的、真正全民的任务。

为了配合职业教育的推广，列宁主张在学校设置上，把第二级学校同职业技术学校合并。在职业教育的内容方面，他强调在所有的学校里，应实施的是"综合技术教育＋着手对工作的全面准备"[②]。为此，列宁主张在教育课程设置上，应在所有的职业学校里增加普通课程，进行"普通综合技术知识"教育，并尽一切可能无条件地、普遍地做到这一点。为了防止职业学校变成纯粹的手工艺学校，列宁还强调应避免过早的专业化，并将接受职业教育的最低年龄限定为15岁。

此外，列宁还具体指出了职业教育的实施途径：一是教育与工厂的生产实践相结合，二是利用工人进行职业教育。列宁相信，借助对年轻人实行的综合技术教育，一定可以培养出大批能根本改变国家面貌的青年来。

（四）政权机构教育建设

在抓好社会教育、学校普通教育和企业职业技术教育建设的同时，列宁也十分注重政权机构教育建设，并且十分强调思想政治教育建设的重要性。早在苏维埃政权建立初期，为了维护和建设新生政权，列宁就指出了与资产阶级进行思想斗争的重要性，认为目前"我们的任务是要战胜资本家的一切反抗，不仅是军事上和政治上的反抗，而且是最深刻、最强烈的思想上的反抗"[③]。为此，就必须抓好思想政治教育建设。

列宁认为，教育不能脱离政治，政权机构的教育尤其如此。列宁所提及的政治教育的含义范围十分广泛，其目的在于"培养真正的共产主义者，使他们有本领战胜谎言和偏见，能够帮助劳动群众战胜旧秩序，建设一个没有资本家、没有剥削者、没有地主的国家"[④]。列宁认为，只有借助这样的教育建设，无产阶级政党才能从思想上同资产阶级旧习

[①]　华东师范大学《列宁教育文集》编辑组．列宁教育文集：上卷．北京：人民教育出版社，1984：24 - 25.

[②]　华东师范大学《列宁教育文集》编辑组．列宁教育文集：下卷．北京：人民教育出版社，1986：193.

[③]　同[②]169.

[④]　同[②]167 - 168.

惯、旧风气、旧思想决裂。

在一些著作与讲话中，列宁不仅论证了进行政治教育的必要性，而且也看到了在政治教育实际开展的过程中所面临的三大敌人。他曾明确指出："现在每一个人，不论他的职务是什么，面前都有三大敌人，每一个政治教育工作者，如果他是共产党员的话（而政治教育工作者大多是党员），面前都摆着这三项任务。他们面前的三大敌人就是：（一）共产党员的狂妄自大，（二）文盲，（三）贪污受贿。"① 就共产党员的狂妄自大而言，列宁认为，对付这个敌人的方式就是学会进行政治教育，但现在我们还没有学会这一点。就作为第二个敌人的文盲而言，列宁将它视为政治的先决条件。没有文化知识，任何政治宣传和教育都无从谈起。就贪污受贿而言，列宁指出："只要有贪污受贿这种现象，只要有贪污受贿的可能，就谈不上政治。"② 换句话说，只要这种贪污受贿之风被容许并盛行，就无法搞政治，甚至连搞政治的门径都没有，或者一切措施都会落空，不会产生任何结果。

为了能向人民更好地说明我们的政治任务，能向人民群众表明"我们必须力求完成的任务"，新生的苏维埃政权专门成立了政治教育委员会。在列宁看来，政治教育委员会的成立有助于无产阶级政党进行反对野蛮行为和反对贪污受贿的宣传，但是政治教育的职责却不会限于这种宣传。列宁认为，政治教育意味着实际的结果，意味着教会人民怎样取得实际结果。这就要求政治教育工作者在政治上要比别人有修养，不是以执行委员会委员的身份而是以普通公民的身份给人们示范，以实际行动来表明怎样克服贪污受贿等弊病。

（五）共产主义教育建设

在领导俄国进行社会主义建设的过程中，列宁非常重视对广大人民进行共产主义教育。列宁认为，共产主义是一种必须掌握的知识，是对青年一代必须进行的革命教育，是建设社会主义并最终实现共产主义的重要条件。因此，每个青年必须懂得，只有接受了现代教育，他才能建立共产主义社会，如果不接受这种教育，共产主义不过是一种愿望

---

① 列宁.列宁选集：第4卷.北京：人民出版社，1995：590.
② 同①591.

而已。

　　列宁十分注重对青年团的共产主义教育。他指出："青年团和所有想走向共产主义的青年都应该学习共产主义。"① 全体青年的任务，尤其是共产主义青年团的任务就是要学习，要促使团员青年在学习、组织、团结和斗争的过程中把他们自己和那些以他们为带头人的人都培养成共产主义者。为此，作为一个青年团员，就要把自己的工作和精力全部贡献给公共事业，这就是共产主义教育。只有在这样的工作中，青年男女才能培养成真正的共产主义者；只有当他们在这种工作中取得实际的成绩时，他们才会成为共产主义者。

　　在对包括青年一代在内的广大群众进行共产主义教育的过程中，列宁始终强调必须坚持理论与实践相结合的原则。列宁认为，不能单靠书本上的东西来领会关于共产主义的论述，这种做法极不正确，也太草率、太不全面。进行共产主义教育，除了发挥学校教育的作用之外，还应倡导在理论学习的同时，贴近群众日常生活来开展共产主义教育。为此，我们应少一些政治空谈，少发一些书生的议论，而应多深入日常生活领域，多注意工农群众怎样在日常工作中实际地创造新事物，看看这些新事物中有多少共产主义成分，这样才能摈弃资本主义社会理论与实践相脱节的特征，把这些受资本主义压迫的、资本主义与我们争夺过的群众引上正路，促使他们在实践中更好地了解、接受共产主义。

　　为了真正贯彻落实理论与实践相结合这一共产主义教育原则，列宁首先要求青年团把自己的团队训练以及培养和教育的每一个步骤都同全体劳动者反对剥削者的总斗争联系起来，并要求在这个斗争中，青年团员应做出有教养和守纪律的榜样，自觉抵制资本主义习气的侵蚀。只有做到这些，才符合共产主义青年团这一称号。此外，列宁还提出："我们应该吸收数十万有用的人材来为共产主义教育服务。"② 列宁是这么倡导的，也是这么做的。例如，1919 年 5 月 10 日，莫斯科—喀山铁路分局的工人为响应党中央"用革命精神从事工作"的号召，参加了第一次群众性的星期六义务劳动，列宁高度评价了这件事，并认为它是非常

---

　　① 华东师范大学《列宁教育文集》编辑组．列宁教育文集：下卷．北京：人民教育出版社，1986：144.

　　② 同①168.

可贵的，是"**共产主义的实际**开端"①。列宁认为，在进行共产主义教育的过程中，对于这种蕴含共产主义萌芽的事物应当大力倡导和扶持。但与此同时，也应注意将宣传教育与现行政策、现行的经济政治制度区分开来。在实际政策方面，不能混淆社会主义社会和共产主义社会。可以说，这是列宁在进行共产主义思想教育的过程中提出的一项重要原则②。列宁坚信，经由这些理论与实践相结合的共产主义教育与培训，无产阶级政党与广大人民群众共同努力的结果必将是建立一个与旧社会完全不同的共产主义社会。

三、处理好教育事业发展中的几对关系

在苏维埃政权建立初期，社会主义教育建设是在旧社会遗留下来的条件下进行的，因此在教育事业建设与发展过程中需要处理和协调多方面的关系。

（一）教育经费的投入与社会主义教育的关系

列宁在反思十月革命前俄国社会文化教育水平落后的原因时曾明确指出："没有国家政权机关，没有物质和财政上的帮助，就不可能把教育工作开展起来。"③ 要搞好社会主义教育建设，就必须加大对教育的扶持力度，既要保证国家在教育方面的财政支持，也要调动社会各界力量在经费上对教育予以支持。

就国家在教育方面的财政支持而言，在苏维埃政权建立初期，由于国家的财政困难，政府在教育方面的经费不足，教育事业发展缓慢。在这种情况下，列宁强调要确保整个国家预算首先满足初级国民教育的需要。在三年国内战争期间，苏维埃国家经济遭受严重破坏，出于恢复国民经济的需要，国家的教育经费一度有些削减，列宁发现后，便要求停

---

① 列宁. 列宁全集：第 37 卷. 北京：人民出版社，1986：19.

② 刘佩弦，郭继严. 20 世纪马克思主义史：从十月革命到中共十四大. 北京：人民出版社，1994：56.

③ 列宁. 列宁全集：第 38 卷. 北京：人民出版社，1986：175.

止削减教育经费。他指出："首先应当削减的不是教育人民委员部的经费，而是其他部门的经费，以便把削减下来的款项转用于教育人民委员部。"① 在记录列宁政治遗嘱的《日记摘录》中，列宁还主张削减不必要的出版费用，精简国家机构，节约更多的经费，用以发展国民识字教育。

就社会各界力量在教育经费上的支持而言，列宁认为发展社会主义教育事业，不仅要靠国家的力量，而且应动员各种社会力量。列宁强调，应运用多种形式来发动群众办学。例如，搞好捐献工作，在地方预算中规定百分之几的拨款，把学校附属于工业企业，实行自愿捐助等。在特定时期，列宁甚至也将农民纳入助学的范围，他在致格·叶·季诺维也夫的信中曾经指出："要让本地居民、特别是农民也分担学校的费用。我认为这是完全正确的、绝对急需的。"② 他指出，必须从农民手中要出更多的东西来作为各地学校的经费。

总之，要搞好社会主义教育建设，就必须确保教育经费的充足。事实证明，经由国家财政拨款与社会各界力量的努力，苏维埃俄国的教育经费在一定程度上得以保障，学校数量、在校师生人数得以增加，社会主义教育事业得到了一定程度的发展。

（二）资本主义发展的文明成果与社会主义教育的关系

马克思曾经指出："人们自己创造自己的历史，但是他们并不是随心所欲地创造，并不是在他们自己选定的条件下创造，而是在直接碰到的、既定的、从过去承继下来的条件下创造。"③ 列宁在领导苏维埃俄国进行社会主义文化建设的过程中，区分了过去文化遗产中的精华与糟粕，提出了要学习和利用资本主义一切有价值的东西为社会主义建设服务的观点，丰富与发展了马克思的上述思想。

在苏维埃社会主义国家建立初期，社会物资匮乏，文化教育水平落后。面对这种状况，列宁意识到，只有了解人类创造的一切知识财富以

---

① 列宁. 列宁选集：第4卷. 北京：人民出版社，1995：763.
② 华东师范大学《列宁教育文集》编辑组. 列宁教育文集：下卷. 北京：人民教育出版社，1986：260.
③ 马克思，恩格斯. 马克思恩格斯选集：第1卷. 北京：人民出版社，1995：585.

丰富自己的头脑，才能真正成为共产主义者。但以往资本主义社会只有包括资本主义专家在内的少数人掌握文化知识，因此，没有别的砖头、材料可以用来建设共产主义，只能借用资本主义所创造出来的东西来建设共产主义。对此，列宁明确指出："我们可以（而且必须）利用资本主义遗留下来的人才，而不是利用虚构的和我们特别造就的人才来着手建设社会主义。"① 为此，"必须取得资本主义遗留下来的全部文化，并且用它来建设社会主义。必须取得全部科学、技术、知识和艺术。否则，我们就不可能建设共产主义社会的生活"②。就目前的状况而言，不仅要对本国的旧文化采取吸收和创新的态度，而且要向外国的先进文化学习，必须处理好资本主义发展的文明成果与社会主义教育的关系，以利于无产阶级政党和群众学会运用资本主义的砖头来建设共产主义。与此同时，还应迫使资产阶级的专家为苏维埃社会主义国家工作，只有走这条道路，才能获得胜利。

根据当时的具体实践，列宁认为，要真正运用资本主义发展的文明成果建设社会主义，首先必须处理好同资产阶级知识分子的关系。列宁强调，"没有各种学术、技术和实际工作领域的专家的指导，向社会主义过渡是不可能的"③。要使那些被资本主义培养出来的人转过来为社会主义服务，就必须注重发挥他们的作用、向他们学习。先进的农民和有觉悟的工人应当向敌人学习，向资产阶级农艺师和工程师等学习。唯有掌握文明的、技术先进的、进步的资本主义的全部经验，使用一切有这种经验的人，新生的无产阶级政权才能坚持住，社会主义建设方能得以顺利开展。

在强调苏维埃政权要善于利用和吸收资本主义的一切积极成果来为社会主义服务的同时，列宁也清醒地认识到坚决抵制资本主义消极影响的必要性。列宁认为，在旧知识分子中，不可避免地存在着阶级偏见，特别是十月革命刚刚胜利后，一些旧知识分子对苏维埃政权持敌对的态度。为此，有必要做好对资产阶级旧知识分子的监督、教育和改造工作。列宁认为，这些任务不能仅靠无产阶级政党，还必须借助群众的力

---

① 华东师范大学《列宁教育文集》编辑组. 列宁教育文集：下卷. 北京：人民教育出版社，1986：106.

② 列宁. 列宁全集：第36卷. 北京：人民出版社，1985：48.

③ 列宁. 列宁全集：第34卷. 北京：人民出版社，1985：160.

量来完成。共产党人应在群众中进行组织工作，扩大无产阶级对其他所有人的影响，营造一种新的群众环境，从而使资产阶级专家看到，回到旧社会已不可能，只有同共产党人一起建设社会主义才是明智的选择，使包括资产阶级科学技术成果在内的人类几千年来文明发展的成果为全体劳动者所普遍享有，为社会主义教育建设及整个社会主义建设服务。

（三）无产阶级政党与社会主义教育的关系

对于新生的俄罗斯苏维埃联邦社会主义共和国来说，无产阶级及其政党不仅是其从半封建、半文明的社会向社会主义社会过渡的阶级基础，也是社会主义社会建设的主力军。列宁十分强调无产阶级政党对国家机构和社会各项事业的领导地位，他在俄共（布）第九次会议上曾明确指出："我们要应用全部国家机构，使学校、社会教育、实际训练，都在共产党员领导之下为无产者、为工人、为劳动农民服务。"① 为此，苏维埃工农共和国的整个教育事业，无论是在一般的政治教育还是专门的艺术教育方面，为了顺利实现无产阶级专政推翻资产阶级、消灭阶级、消灭一切人剥削人的现象这一目的，都必须贯彻无产阶级的阶级斗争精神。无产阶级应当通过它的先锋队——共产党和所有无产阶级组织，积极地作为最主要的成分参与到整个国民教育事业之中。

列宁认为，在社会主义新政权建立初期，在社会主义教育建设中肯定并稳固无产阶级政党的领导地位是十分必要的。他提出："我们所处的历史时期是我们同比我们强大许多倍的世界资产阶级进行斗争的时期。我们应当在这个时期内坚持革命建设，用军事的方法，尤其是用思想的方法、教育的方法同资产阶级进行斗争，以便把工人阶级几十年来在争取政治自由的斗争中形成的习惯、风气和信念，用作教育全体劳动者的手段，至于究竟应如何教育的问题，这就要由无产阶级来解决了。"② 实践证明，苏维埃俄国在刚刚建立的三年间所取得的全部斗争的胜利，都是与党认识到自己的任务（帮助培养和教育劳动群众，使他们克服旧制度遗留下来的旧习惯、旧风气和那些在群众中根深蒂固的私

---

① 华东师范大学《列宁教育文集》编辑组. 列宁教育文集：下卷. 北京：人民教育出版社，1986：98.

② 列宁. 列宁选集：第4卷. 北京：人民出版社，1995：303.

有者的习惯和风气），担负起教育者、组织者和领导者的作用分不开的。

在肯定无产阶级政党在社会主义教育事业中处于领导地位的同时，列宁也指出对无产阶级政党进行社会主义教育的必要性。列宁意识到，在新经济政策实施后，俄国这个无产阶级国家掌握的经济力量完全足以保证其向共产主义过渡，但无产阶级及其政党的文化水平却未得到较大改观。这不仅表现在苏维埃机关中工农干部多、文化水平低，不具备建设这种国家机关所必需的文化修养，也表现在思想方面存在的"左"倾错误思想以及在组织成员构成方面的鱼龙混杂，许多党员干部缺乏领导能力和管理水平，不能适应新形势的发展。列宁强调，对于那些做管理工作的共产党员而言，"我们所缺少的主要的东西是文化，是管理的本领。……**新经济政策**在经济上和政治上都充分保证我们有可能建立起社会主义经济的基础。问题'只'在于无产阶级及其先锋队的文化力量"①。因此，对于那些在俄罗斯苏维埃联邦社会主义共和国和俄国共产党内承担领导工作的共产党员而言，问题在于他们能否认识到自己没有管理的本领，能否认识到他们以为自己在领导，其实是别人在领导。列宁认为，如果他们能够认识到，那他们就会学着去做管理工作，因为这是可以学会的，他们也应该学习。而现实中有些人不但不学习，反而到处发号施令，结果完全事与愿违。为了革新国家机关，列宁提出了一个著名的口号："第一是学习，第二是学习，第三还是学习。"② 可见列宁对加强无产阶级政党教育，提高整体文化水平的决心。

在谈及正确处理无产阶级政党与社会主义教育之间关系的时候，列宁要求广大党员要在提拔教师的过程中提高无产阶级政党自身的素养。他要求广大党员"在从事实践的教师当中为自己**找到许许多多**而且是愈来愈多的助手，**善于帮助他们**进行工作，善于提拔**他们**，善于介绍和参考**他们的**经验"③。对于党员领导者，列宁提出了更高的要求，认为他们应参与教育活动，应该修改实践教师的教学大纲，编写适用的教科书，实际地改善（即使改善很少）十个、百个和千个教育专家的工作内容和工作条件。列宁认为，党员领导者应当这样而且只能这样来表明自

---

① 华东师范大学《列宁教育文集》编辑组. 列宁教育文集：下卷. 北京：人民教育出版社，1986：305.

② 列宁. 列宁选集：第4卷. 北京：人民出版社，1995：786.

③ 同①219.

己有领导权，只有这样的党员领导者才是真正的领导者。

在争取社会各界支持这一任务具体实施的过程中，列宁还强调要培养无产阶级自己的教育大军。他认为，在这一过程中，党的工作人员应该认识到自己是苏维埃政权的代表，应该同教师们建立广泛联系。但与此同时也应考虑到这些教育工作者过去多数受到的是带有资产阶级偏见和习惯的教育，是敌视无产阶级的教育，他们同无产阶级之间没有任何联系。受这些因素的制约，列宁倡导无产阶级应培养出一支新的教育大军。要以共产主义的精神教育他们，使他们关心共产党员所做的事情，确保他们能够同党和党的思想保持紧密联系，积极贯彻党的精神，主动配合党的领导。

（四）工会与社会主义教育的关系

工会作为工人阶级的基层组织机构，是国家政权最亲密的和不可缺少的合作者。列宁认为，工会作为吸引和训练工人阶级的基层教育组织，有其自身的特点和优势。工会虽然是一所学校，但与普通学校不同，这里没有教员和学生。从教学内容上来看，工会是一个非常特殊的结合体，其中有资本主义遗留下来的东西，也有革命的先进部队即无产阶级革命先锋队从自己队伍中创造出来的东西。就教育对象而言，工会是全体工人群众以至全体劳动者学习管理社会主义工业（以后也逐渐管理农业）的学校。因此对于无产阶级政党而言，现阶段除了借助工会同工人阶级政党所开展的协同工作，在世界上任何地方从来没有而且不能有别的发展道路。工会在社会主义建设过程中的作用是不容忽视的，这就要求无产阶级政党应当正视工会的作用，运用新的方法对工会进行教育和引导，促使其逐步发展成比较广泛的、行会色彩比较少的产业工会（包括整个的生产部门，而不仅包括同行、同业和同一手艺），然后通过这种产业工会，彻底消灭人与人之间的分工。

在谈及无产阶级工会与社会主义教育的关系时，列宁指出："工会现在仍然是、将来在一个长时期内也还会是一所必要的'共产主义学校'和无产者实现其专政的预备学校，是促使国家整个经济的管理职能逐渐转到工人阶级（而非个别行业）手中，进而转到全体劳动者手中所必要的工人联合组织。"① 为此，工会应当更加成为对全体劳动群众进行劳动教育和社会主义教育的机关，应增加无产阶级出身的管理人员，开办学校，在全国范围内培养工作干部，以便在工人阶级先锋队的监督下，把参加管理的实际经验普及到比较落后的工人中去，为社会主义建设训练和培养出全面发展的人，即会做一切工作的人。

就工会的教育实践而言，列宁认为，工会作为教育者，担负着一项极其艰巨的任务，就是要经常教育广大劳动群众同专家建立正确的相互关系，邀请专家加入工会，只有这样做才能收到重大的实际效果。但就目前的情况而言，工人们对这个道理还了解得不够，他们在吸收以往的资产阶级专家参加管理方面的经验时还存在缩手缩脚的现象。对此，列宁特别指出，社会主义教育是一件长期而艰难的事情，政府应当耐心地、巧妙地开展工作。应多与专家联系，多引导工会深入实践，掌握经济生活，掌握工业。实践证明，苏维埃俄国之所以在社会主义建设初期获得各种成就，正是因为工人已逐渐学会借助自己的苏维埃政权来管理国家了。

（五）教师与社会主义教育的关系

教师作为教育事业的主要组织者和传播者，其阶级属性和素质的高低直接决定着整个社会教育文化的性质和发展水平。列宁认为："学校的**真正的**性质和方向并不由地方组织的良好愿望决定，并不由学生'委员会'的决议决定，也不由'教学大纲'等等决定，而是由**讲课人员**决定的。"② 由于苏维埃政府是在借助资本主义遗留下来的人才（包括资产阶级教师）进行社会主义教育建设的，因而在现有教师的队伍中，据所持立场的不同可以划分为两个阵营：一种教师至今仍然站在旧制度的立场上，认为可以在这种旧制度的基础上教学；另一种教师则一开始就拥护苏维埃政权，拥护社会主义革命。教师队伍在性质上的差异，决定了他们在社会主义教育中发挥的作用也存有差别。持有旧立场的资产阶

---

① 华东师范大学《列宁教育文集》编辑组．列宁教育文集：下卷．北京：人民教育出版社，1986：107.

② 华东师范大学《列宁教育文集》编辑组．列宁教育文集：上卷．北京：人民教育出版社，1984：186.

级教师总是认为，只有富人才能受到真正的教育，大多数劳动者只需训练成好仆役好工人就够了，不需要将其培养成生活的真正主人。持有此偏见的教师通常会消极怠工，由此导致社会主义宣传教育在各个方面存在分散现象，不利于教育统一机构的建立和社会主义教育建设的开展。与之相反，那些一开始就站在共产国际立场上的教师，深信社会主义革命有它深刻的根源，坚信社会主义革命必然会扩展到全世界。为此，他们积极靠近工人阶级和劳动人民，在社会主义宣传教育中引导无产阶级和广大人民群众为社会主义的胜利而共同斗争。

在对教师及其作用做了上述划分的基础上，为了更好地推进社会主义教育事业，列宁强调应积极做好资产阶级教师的转化工作，"以便使他们从资产阶级制度的支柱（在无一例外的所有资本主义国家里，他们一直是资产阶级制度的支柱）变成苏维埃制度的支柱，以便通过他们去争取农民，使农民脱离同资产阶级的联盟而同无产阶级结成联盟"[1]。在谈及对旧教师的改造转化工作时，列宁特别提出建立教师联合会的任务。旧教师联合会固守资产阶级偏见，曾长期抗拒社会主义革命，从事过直接反对苏维埃政权的活动。为此，现阶段应该建成一个广泛的、包括广大教师在内的、坚决拥护苏维埃、坚决拥护通过无产阶级专政为社会主义斗争的教师联合会与之抗衡。这一教师联合会的"任务就是要把最广大的教师吸收到你们的大家庭中来，教育教师中最落后的阶层，使他们服从整个无产阶级的政治，结成一个共同的组织"[2]，加强教师同俄共宣传鼓动机关之间的密切联系，早日培养出具有共产主义思想的新的教师骨干，确保共产主义的原则（政策）得以认真地贯彻执行。

在做好资产阶级教师的改造转化工作的同时，列宁要求切实提高人民教师的社会地位，改善人民教师的物质待遇和提高人民教师的综合素质。列宁认为，要发展教育事业，就必须提高教师的地位。否则，"就谈不上任何文化，既谈不上无产阶级文化，甚至也谈不上资产阶级文化"[3]。为此，他强调应把教师的地位提高到在资产阶级社会里从来没有也不可能有的高度，不仅应倡导整个社会尊师重道，还强调要把有实

① 列宁 . 列宁选集：第 4 卷 . 北京：人民出版社，1995：764.
② 华东师范大学《列宁教育文集》编辑组 . 列宁教育文集：下卷 . 北京：人民教育出版社，1986：34.
③ 同①763.

践经验的、有才华的教师提拔到领导岗位上去。列宁认为，对于具有理论知识和丰富实践知识的教育家，教育人民委员部必须有计划地吸收他们承担地方的特别是中央的工作。列宁指出："衡量国民教育部门（和机关）党员的工作成绩，首先应当看他吸收专家的这项工作做得如何，是否善于发现他们，善于使用他们，善于实现教育专家和共产党员领导者的合作。"① 反之，"没有这些专家的评审意见，没有他们自始至终的参加，不得实行任何一项重大措施"②。

提高教师的社会地位，必须有物质方面的支持。列宁认为，在影响教师地位的诸因素中，教师的待遇是非常关键的一条。为改善教师的物质待遇，列宁做了不懈的努力，直接参与起草或签署人民委员会多项与教育相关的法令。例如，1921 年签署的《关于农村学校的伙食安排》《关于教育和社会主义文化工作者按其专业归队》《关于文教单位的房舍保证》《关于改善学校和其他文教单位的供应措施》等，以实物保障的形式切实改善了教师的工作与生活条件。在物质上给予保障的同时，列宁还一再强调党和国家要从政治思想和业务上给教师以关心和帮助，以便使他们具有真正符合他们的崇高称号的全面素养。为了提高教师的主动性和责任心，列宁倡导教师应把教学与实践相结合，突破教学活动这一狭小的圈子，同一切战斗着的劳动群众打成一片；应该把自己的教学活动同按社会主义方式组织社会的任务联系起来，充满信心地到群众中去宣传。这些政策的推行不仅有助于教师全面素养的提高，而且有利于引导广大无产阶级民众同教师团结在一起，共同为社会主义事业奋斗。

总之，作为无产阶级的伟大导师，列宁在领导俄国无产阶级和劳动人民进行社会主义建设的过程中，对发展社会主义教育事业做过诸多理论和实践的探索。列宁的社会主义教育思想在坚持马克思主义教育理论的基本观点和方法的基础上，结合苏维埃俄国具体的社会主义革命与建设实践经验予以丰富和创新，是马克思主义教育理论在新的历史条件下的继承与发展，对包括我国在内的社会主义国家教育事业的建设和发展有着重大的指导意义。

---

① 列宁. 列宁全集：第 40 卷. 北京：人民出版社，1986：330.
② 同①326.

第八章　列宁关于社会主义劳动就业制度建设的思想

十月革命胜利后，布尔什维克党的任务必须从"说服俄国""夺取俄国"转向"管理俄国""建设俄国"，这种转变需要将广大劳动者合理地安排到工作岗位中去。因此，劳动就业制度建设就成为社会主义社会建设必须高度重视的工作之一。通过建设社会主义劳动就业制度，将全社会的一切力量充分调动起来进行社会主义建设，为每一个劳动者提供展示其建设社会主义社会聪明才智的广阔舞台，是苏维埃俄国实现革命完全胜利并继续进行社会主义社会建设的重要任务。

一、劳动就业制度建设的基础

（一）社会主义劳动就业观

列宁在其著作中对社会主义劳动就业问题展开了全面论述，指出了社会主义劳动就业的根本性质及其与资本主义、封建主义等旧社会劳动就业的本质区别，系统地提出了社会主义的劳动就业观，为苏维埃的劳动就业制度建设奠定了理论基础。

列宁指出了社会主义劳动就业与资本主义劳动就业的本质区别。由于苏维埃俄国建立了崭新的社会主义制度，实行生产资料社会主义公有制，因此雇佣劳动和剥削制度在苏维埃俄国已不复存在。在资本主义社会中，生产资料为资本家所有，工人若想使用自己的劳动力，就不得不将自己的劳动力出卖给拥有生产资料的资本家。在此过程中，资本家凭借其生产资料而占有工人的劳动力，并对工人进行剥削。在社会主义社会中，由于实现了生产资料的社会主义国家所有制或是合作社集体农庄所有制，全体人民共同占有生产资料，工人只需加入某一社会主义集体，如农场、机关等，就可以自由使用自己的劳动力而免受剥削。"他们千百年来都是为别人劳动，被迫为剥削者做工，现在第一次有可能**为自己工作**，而且可以利用技术和文化的一切最新成就来工作了。用为自己劳动取代被迫劳动，是人类历史上最伟大的更替"①。并且，在生产工具和生产资料社会主义公有制的条件下，一切劳动关系都是同志般的合作关系，这种关系是一种摆脱了剥削的社会主义互助关系。因此，无论是在工厂、农场，还是在机关，所有的劳动者共同组成共产主义建设者的统一劳动战线，共同成为建设社会主义社会的建设者和社会活动家。

由于苏维埃政权消灭了资本主义的雇佣劳动剥削制和封建主义的农奴制，社会主义劳动作为对资本主义劳动的一种否定和超越，成为一种真正自由的、创造性的劳动。剥削制度的消灭为实现劳动自由创造了前提条件，劳动第一次变成了劳动者为自己、为自己所在的社会而进行的自由活动。因此，只有剥夺了资本的工厂和废除了土地私有的农村，才是工人和农民真正自由活动的场所。也只有在这种情况下，劳动者才有可能展现自己的身手、表现自己的才能、施展自己的本领、发挥自己的才干。在这种社会主义制度性保障和社会主义优越性体验的基础之上，工人们的劳动成为一种真正自由的创造性活动。

同时，社会主义劳动就业在本质上是为了每个人的自由全面发展。社会主义劳动就业观首先强调对人的尊严和需求的高度尊重，彻底改变了资本家那种视劳动者为商品而忽视劳动者作为人的应有尊严和需求的状况。在社会主义社会，尤其在将来的共产主义社会，"再不会有人替别人当雇工，所有的劳动者都是为自己工作，工作中的一切改善和全部

---

① 列宁. 列宁全集：第 33 卷. 北京：人民出版社，1985：203.

机器都是为工人自己造福，都是为了减轻他们的劳动，改善他们的生活"①。进一步讲，促进人的自由全面发展是社会主义劳动在价值上所具有的与资本主义乃至人类其他一切旧社会的劳动就业形式完全不同的取向和追求。社会主义的劳动就业一方面为苏维埃俄国的社会主义社会建设服务，为实现共产主义建设的目标服务，另一方面也为人民生活水平的不断提高服务，这一切在根本上都是为了解放人并促进人的自由全面发展，这也是社会主义劳动就业观的最高价值目标。

（二）苏维埃劳动就业状况

失业问题是考察劳动就业状况必须回答的首要问题。资本主义制度是造成失业的真正根源，而社会主义制度的建立为消除失业创造了前提。此外，资本主义科学技术、劳动生产率的提高以及竞争的日益激烈和经济的日趋发展都会促使劳动后备军的不断形成和逐渐扩大，使失业问题永续存在。失业现象不仅增加了在业工人养活失业者的物质负担，也加剧了在业工人的不稳定状态，而资本家利用这种失业现象来压低工资，使工人阶级的一切生活条件都日趋恶化。然而，社会主义制度的建立为消除失业提供了基本前提，"生产社会化不能不导致生产资料转变为社会所有，导致'剥夺者被剥夺'。劳动生产率大大提高，工作日缩短，完善的集体劳动代替残存的原始的分散的小生产，——这就是这种转变"②，即资本主义社会转变为社会主义社会的直接结果。在社会主义社会中，工人阶级夺取政权后，对生产和分配实行监督，可以及时有效地消除失业和饥荒，尤其是工人阶级与农民结成联盟以后，失业问题就会逐步被解决。

苏维埃俄国建立之初，劳动就业状况十分恶劣，其中主要的就是失业问题及伴随其中的饥荒。社会主义政权刚刚建立，苏维埃俄国面对的是封建主义和资本主义遗留下来的烂摊子。罗曼诺夫王朝和克伦斯基遗留给工人阶级的是一个被他们所掠夺的完全破产的国家，是一个被俄国和外国的帝国主义者劫掠一空的国家，尤其留下了失业和饥荒。1918年之后，苏维埃俄国的失业现象逐步加重。这主要是因为大量军人复

---

① 列宁．列宁全集：第7卷．北京：人民出版社，1986：159.

② 列宁．列宁全集：第26卷．北京：人民出版社，1988：74.

员，一系列工业部门缩减或完全停止军事订货的生产，许多企业因原料和燃料不足而关闭，大批工人从德军和其他敌军占领的地区撤退回来。同时，由于国家刚刚摆脱战争，许多工矿企业还没有正式开工。据统计，仅 1918 年经劳动介绍所登记的失业工人就有 80 万左右。大面积的失业和饥荒是由旧社会到新社会过渡的这个过程中不可避免的问题，而这些问题直接影响着苏维埃政权的建设和巩固。

面对日益严重的失业情况，列宁指出："现在俄国的情形正是这样。个人行动，分散作战，决不能战胜饥荒和失业。需要先进工人到幅员广大的全国各地去进行大规模的'十字军讨伐'。需要派出人数多十倍的由觉悟的、无限忠于共产主义的无产阶级所组成的**钢铁般的队伍**。那时我们就能战胜饥荒和失业。那时我们就能使革命发展成为社会主义的真正的前阶。"① 与此同时，列宁带领苏维埃人民积极探索缓解失业危机的种种措施，逐步解决严重的失业问题：（1）大力打击那些破坏劳动人民建设新生活这一艰巨的创造性工作的动摇分子和有害分子。（2）加强劳动纪律和劳动组织建设。（3）反对浪费、反对投机倒把，公平分配，以应对饥荒和失业问题。（4）尽管建立初期的苏维埃政权在财政上相当困难，苏维埃俄国政府仍给予失业工人巨大的帮助，如实行粮食税等，以尽量避免更多的失业，同时加大对失业人员的社会保障支援。（5）集中精力解决造成失业的一系列相关问题，如工业燃料缺乏等。

尽管资本主义社会留给了苏维埃政权一个存在严重失业问题的烂摊子，但是资本主义在其发展过程中也为苏维埃俄国劳动就业制度建设提供了一些积极有益的基础，这是不容忽视的客观现实。最为突出的表现就是，俄国在进入社会主义之前其资本主义在发展过程中所进行的劳动力流转，这是苏维埃俄国进行劳动就业制度建设不可忽视的重要因素。列宁指出："工业人口因农业人口减少而增加，是任何资本主义社会的必然现象。"② 工商业人口的增长一方面加快了农村劳动力的流动，另一方面也加剧了城市的劳动就业问题。这种流动把居民从偏僻的、落后的、被历史遗忘的穷乡僻壤中拉出来，卷入现代社会生活的旋涡。它提高了居民的文化程度及觉悟，使他们养成文明的习惯。更重要的是，这种外出到城市务工的流转，可以提高农民的公民身份，使他们跳出乡村

---

① 列宁．列宁全集：第 34 卷．北京：人民出版社，1985：341.
② 列宁．列宁全集：第 3 卷．北京：人民出版社，1984：512.

根深蒂固的宗法式的人身依附关系及等级关系的深渊，同时也削弱了旧的父权制家庭，使妇女处于比较独立的、与男子平等的地位。列宁将人口在农业与工业之间的这种流转看作一种有利的进步现象。这种进步，也为苏维埃政权进行劳动就业制度建设提供了现实基础，对扩大劳动积累、安置农村劳动力、促进农村劳动力向非农产业和城镇转移、培育劳动力市场等方面都具有意义，是工业化和现代化的必然趋势。

（三）劳动就业与社会建设

劳动及与劳动紧密相关的就业是人类社会实现发展与进步的最为基础的条件，这决定着劳动就业对社会建设所具有的不同寻常的意义。尤其是在苏维埃俄国的社会主义政权刚刚建立时，无论对于苏维埃国家还是对于苏维埃人民，劳动就业都是亟待解决的重大问题。劳动就业与社会主义社会建设有着密切的联系，社会建设以民生为本，而民生又以劳动就业为本，劳动就业体现着社会主义社会建设的基本要求。

劳动就业与社会建设的紧密联系首先体现在经济建设是社会主义社会建设必须始终坚持的中心任务上，而劳动就业制度建设是社会经济建设和发展的最为直接和重要的手段。一方面，经济建设是社会建设的基础与保证，社会建设为经济建设提供强大动力和支撑；另一方面，劳动就业是经济发展的基本要素，劳动就业状况直接影响和决定着经济建设发展的水平和潜力。一般来讲，劳动就业状况与经济发展成正相关，经济发展能够为劳动就业增长创造物质条件，劳动就业能够为经济发展提供原动力。

在列宁看来，苏维埃俄国的社会主义劳动就业制度建设是实现社会主义国家各项职能的最重要的手段之一，而"建设社会主义社会"是社会主义国家职能的重要组成部分。列宁认为："只有比先前多十倍百倍的群众亲自参加建设国家，建设新的经济生活，社会主义才能建立起来。"[①] 列宁指出，新生的苏维埃政权面临着内战和外国武装干涉的双重威胁，在经济遭到严重破坏的形势下进行社会主义社会建设是十分困难的。解决这种困难，首要的任务是普遍吸收劳动者，尤其是具有管理

---

① 列宁．列宁全集：第35卷．北京：人民出版社，1985：416.

新生苏维埃政权的组织能力的人才，加入建设和管理社会主义社会的事业中，将所有的劳动者分配到适合各自能力的岗位上，使他们能够为社会主义社会的建设贡献自己的才干。

劳动就业与社会建设更为直接和重要的关联还在于劳动就业是民生之本，这体现了以关注民生问题为核心的社会建设的基本要求和目标追求。劳动就业是民生之本，就是说，劳动就业是人民群众获得收入、维持生计和进一步改善物质精神生活的基本途径。解决劳动人民的就业问题，就是解决民生的根本问题。只有广大劳动者安居乐业，社会主义政权才能赢得最广大人民群众的支持和拥护，才能实现国家的长治久安。正如列宁所指出的："**在一个经济遭到破坏的国家里，第一个任务就是拯救劳动者。全人类的首要的生产力就是工人，劳动者。如果他们能活下去，我们就能拯救一切，恢复一切。**"[1] 完善的劳动就业制度能够保障劳动力资源的合理分配以及有效扩大劳动就业。促进广大劳动者实现充分就业是解决和改善民生的根本举措，也是进行社会建设的基础性工作。从这个角度来看，劳动就业同时具有经济意义和社会意义，它不仅能使劳动者获得生存和发展所必需的经济收入，还能使劳动者成为社会经济的直接参与者，在参与建设社会主义社会的实践中获得社会承认。

综上所述，劳动就业制度建设首先作为经济建设的措施和途径而促进经济发展，为社会建设提供坚实的物质基础；其次，劳动就业制度建设作为实现社会主义国家职能的手段之一，直接参与到社会主义社会建设之中；最后，劳动就业制度建设作为民生之本是促进民生改善的基本方面，为以改善民生为重点的社会建设提供源源不断的动力和支撑。

二、劳动就业制度建设的实践

十月革命的胜利为俄国建设社会主义新社会提供了历史新契机。1918 年 3 月，列宁在俄共（布）第七次（紧急）代表大会上郑重指出："对我们来说，重要的就是普遍吸收所有的劳动者来管理国家。这是一项艰巨的任务。"[2] 这要求所有的劳动者都能投入建设和管理社会主义

---

① 列宁. 列宁全集：第 36 卷. 北京：人民出版社，1985：346.
② 列宁. 列宁全集：第 34 卷. 北京：人民出版社，1985：49.

国家的事业之中。面对新的历史任务，列宁领导苏维埃俄国开始了建设社会主义劳动就业制度的实践，探索和开辟了一系列旨在发展社会主义劳动、促进社会主义就业的基本形式，这些理论与实践的探索对社会主义社会建设做出了巨大贡献，开创了社会主义社会劳动就业制度建设的先河。

（一）改造旧社会劳动群体，重新安置就业

在社会主义社会建设中，如何改造并吸引农民参加社会主义社会建设，如何吸收和利用资本主义社会培养出来的资产阶级专家为社会主义服务，等等，都是十分重要的问题。对此，列宁认为，"我们用镇压的方法获得了胜利，我们也能够用管理的方法获得胜利"①。这就是说，建立社会主义劳动制度，必须改造旧社会的劳动群体，通过管理来重新安置他们就业，使他们适应新社会劳动的需要，为建设社会主义社会贡献力量。

俄国具有自身特殊的国情，列宁指出："在我国，第一个特点（这个特点我已经谈过，而且在俄国非常突出）就是我国的无产阶级不但是少数，而且是极少数，占大多数的是农民。"② 农村的落后是世界上普遍存在的问题，俄国亦是如此。这种情况决定了苏维埃俄国劳动就业制度建设首先需要考虑的就是改造农民群体，提高他们的文化素质。那么，如何进行这种改造呢？列宁认为，城市工业无产阶级是苏维埃国家组织中最集中、最团结、最觉醒、在社会主义以前的资本主义整个发展阶段的斗争中经受锻炼最多的劳动群众，应当努力使"最落后最散漫的农村无产者和半无产者群众同先进工人更紧密地联合起来，使他们摆脱农村富农和农村资产阶级的影响，组织和教育他们进行共产主义建设"③。这种做法将工人和农民紧密结合起来，为工农联盟奠定了基础，也为实现农村的社会主义改造并吸收农民建设社会主义社会提供了条件。

列宁指出，农村中大量存在的文盲与建设社会主义社会是极不相容

---

① 列宁．列宁全集：第34卷．北京：人民出版社，1985：160．

② 列宁．列宁全集：第41卷．北京：人民出版社，1986：21．

③ 列宁．列宁全集：第36卷．北京：人民出版社，1985：83．

的。要建设社会主义社会，就必须扫除文盲，提高农民的文化水平，开发农村的人才资源。列宁关于改造、管理农民劳动并安置农民就业的思想主要包含两个方面：一是提高农民文化水平，提升其建设社会主义的劳动能力；二是帮助农民克服私有观念，形成社会主义的思想意识。在此基础上，更为重要的任务就是努力发现和提拔农民中那些具有建设社会主义社会本领和才干的人加入社会主义建设的队伍中，让他们担负起社会主义建设的职责。

列宁认为，要建设社会主义新农村，建设现代化的农业，使农民永远摆脱贫困就必须提高农民的文化水平，以便农民能够适应先进的农业机械化。列宁主张使用最好的聚会场所组织农民接受教育，甚至可以将国家电气化过程与扫除文盲结合起来，"在把城乡连接起来的电气化的基础上组织工业生产，就能消除城乡对立，提高农村的文化水平，甚至消除穷乡僻壤那种落后、愚昧、粗野、贫困、疾病丛生的状态"①。在提高农民文化素质的同时，还必须对农民进行社会主义、共产主义教育，使之逐步摆脱愚昧思想和私有观念的束缚。正如列宁所指出的："现时摆在我们面前的第二个任务，就是从精神上影响农民。"② 通过教育改造，使广大农民明白，目前世界上只有苏维埃俄国一个国家的劳动农民是在工人的领导下建设社会主义的，并且坚决不能要资本家的领导。苏维埃俄国的社会主义实践证实了列宁的主张，经过长期的努力和实践，苏维埃俄国的"工人和劳动农民已经在用几千几万几十万双手建设新的社会主义大厦了"③。

在建设社会主义社会的过程中利用资产阶级专家的问题，是以列宁为代表的苏维埃俄国首先提出并实施的。其实，早在苏维埃政权建立红军队伍的时候，列宁就曾谈及利用非无产阶级专家的问题。红军建立之初，由于缺乏管理经验和技术指导，长期难以形成一支能作战的军队，后来利用了沙俄军队留下来的许多军事、技术专家，他们为红军的胜利做出了贡献。列宁认为，这是用血换来的经验，应当把这种经验运用到经济建设和国家管理中去。列宁还指出，专家问题应当提得更广泛些，苏维埃俄国的建设应该在一切建设领域内，尤其是在没有旧的资产阶级

---

① 列宁. 列宁全集：第38卷. 北京：人民出版社，1986：117.
② 同①335.
③ 列宁. 列宁全集：第34卷. 北京：人民出版社，1985：469.

专家的经验和科学素养、自己能力不胜任的那些建设领域内，利用资产阶级专家。在新的特殊情况下，没有各种学术、技术和实际工作领域的专家的指导，向社会主义过渡是不可能的。列宁对此有着清醒的认识，他指出，工人阶级管理国家"是非常困难的事情，因为工人阶级长期以来不但没有可能管理国家，而且没有可能学习文化，我们知道，要他们一下子把什么都学会是很困难的"①。"为了解决社会主义的实际任务，我们就必须吸收大批的资产阶级知识分子，特别是那些曾经从事过资本主义的最大生产的实际组织工作，首先是组织过辛迪加、卡特尔和托拉斯的人来协助苏维埃政权，这是毫不奇怪的。"②

　　无产阶级在吸收和利用资产阶级专家的同时，也要对其进行教育和改造，用同志般的关怀和共产主义的工作精神去影响他们，使他们与工农群众相互了解和接近，共同工作。由于资产阶级专家长期生活在资本主义的社会环境之中，他们大多必然浸透了资产阶级的世界观和习惯。对于几十万这样的资产阶级专家，列宁认为，只能战胜他们，改造他们，教育他们，这是建设社会主义必须要做的工作。但是，吸收和利用资产阶级专家不能靠暴力，而需要使资产阶级自觉地在思想上接受和服从无产阶级，并参加苏维埃国家的建设工作。通过体现新社会之于旧社会的优越性，能使资产阶级专家改变对无产阶级的态度，割断同资产阶级的政治联系，也更容易吸收他们到苏维埃政权的各种机构中建设社会主义。通过教育改造，吸收和利用资产阶级专家从事社会主义建设的工作取得了显著的成绩。

（二）对工人进行职业教育，提升其从事建设社会和管理国家的能力

　　在苏维埃政权建立初期，为了建立劳动就业制度，促进工人阶级的劳动就业和社会主义建设事业的发展，对工人进行职业教育是新生政权必须开展的工作。列宁为工人的职业教育做出了许多富有成效的探索。

　　在苏维埃俄国培养熟练工人方面：一是"几十万熟练工人应当去训练几百万新工人"③。这种情况只有在社会主义条件下才能实现。在社

---

① 列宁．列宁全集：第 35 卷．北京：人民出版社，1985：376.
② 列宁．列宁全集：第 34 卷．北京：人民出版社，1985：128.
③ 索宁．在生产中培养熟练工人．北京：人民出版社，1956：13.

会主义劳动中，人与人之间是同志般的合作关系和互助关系，因此承担训练任务的熟练工人就不会担心年轻力壮的新工人夺去他们的位置而被排挤到失业工人的队伍中去。而在资本主义条件下，迫于失业的压力，每个工人都害怕泄露自己技艺的"秘诀"，这是资本主义社会中工人的特点。二是要在生产实践中培养熟练工人并使之掌握建设社会和管理国家的技能。只有在生产实践中，工人才可以在专业和工种范围内加深对管理知识的理解，提高劳动技巧。

在教育工人阶级方面，主要是提高工人的科学知识水平和使用技术的能力。十月革命胜利后，经过社会主义建设的实践，苏维埃无产阶级已经掌握了非常充分的政治权力，同时也掌握着主要的经济力量，但缺少先进的管理经验和科学技术。列宁认为："我们所缺少的主要的东西是文化，是管理的本领。"如果不提高工人阶级的科学文化水平，新技术就很难被采用和改造。针对工人阶级的职业教育问题，列宁十分重视对泰罗制的研究、传授、教育和普及。他认为，泰罗制既是资产阶级剥削的最巧妙的残酷手段，又包含着一系列最丰富的科学成就，苏维埃共和国要系统地采用和施行这一有价值的科学技术成果。同时，列宁号召工人阶级向资产阶级专家学习，学习其组织托拉斯大生产的本领。"只有那些懂得**不向托拉斯的组织者学习就不能**建立或实施社会主义的人，才配称为共产主义者。因为社会主义并不是臆想出来的，而是要靠夺得政权的无产阶级先锋队去掌握和运用托拉斯所造成的东西。"[1] 在列宁的号召下，俄国优秀的工人开始向资本家组织者学习，向工程师领导者学习，向技师专家学习，在纺织、烟草、制革等领域，工人们也不再害怕"国家资本主义"，而是同资本家坐在一起，向他们学习办托拉斯，办"国家资本主义"。

由于工人阶级中的党员干部普遍缺乏管理和组织的本领，在经济、社会建设等方面尚处于外行，因此他们要胜任领导社会主义建设的事业就必须提高组织能力和管理能力。社会主义革命胜利以后，组织生产和管理经济的工作就成为苏维埃最重要的工作，列宁甚至认为，建设社会主义的关键就在于组织。因此，党员干部要组织和管理国家，就必须由外行变为内行，精通现代生产技术，具有一定的科学管理素养。列宁指

---

[1] 列宁. 列宁全集：第 34 卷. 北京：人民出版社，1985：289 - 290.

出，选拔优秀的管理者和组织者，对国家各个机关、厂矿、企业进行科学有效的管理是十分重要的事情。问题的关键在于，要在这些过去被剥削的无产阶级内部选拔和培养自己的管理人才，夺取政权的工人阶级如果不能真正管理国家并把国家经济管理组织好，那么工人阶级就没有得到解放和自由。经过努力，先进的工人阶层逐步地担负起管理国家、建设新社会的重任。通过不断地深入基层，大胆起用新人，"无产阶级已经选拔了几千也许几万无产者去做管理国家的工作。我们知道，现在，在国家管理的每个部门，在已经社会主义化或正在社会主义化的企业的每个部分，或者说在经济领域，新的阶级即无产阶级都有自己的代表"①。这是列宁对苏维埃俄国在工人职业教育方面所取得成绩的充分肯定。

（三）培养青年劳动者，为社会主义建设储备劳动后备军

建设社会主义，改造、教育已有劳动力是必须的，创造、培养新工人更是必不可少的。新工人主要是从青年中培养出来的，国家劳动后备力量基本上是从青年队伍中选拔的。

对青年人的热爱和对青年劳动者的培养，从根本上说是由无产阶级政党的性质和青年人的特点决定的。列宁十分重视青年培养工作，对青年在建设社会主义社会中的作用抱有极大的期望。无产阶级政党的性质和任务就是革新，而青年人的特点就是善于改革创新。年轻人最富有朝气与活力，最敢想、敢干。可以说，谁抓住培养和造就青年人的机会，谁就拥有未来和希望。作为社会主义建设的开拓者，列宁对此有着更为深刻的认识，他号召人们抛弃一切因循守旧、论等级地位等的旧习气，到青年中去建立数以百计的前进派小组，并鼓励他们竭尽全力地工作。他多次提醒人们，不要害怕青年人缺乏锻炼，不必担心青年人没有经验和不够成熟。如果苏维埃俄国不善于组织并用共产主义精神教育培养青年人，他们就会跟着孟什维克走，那时他们的没有经验将会带来更大的危害。因此，无论是在十月革命前还是在十月革命后，列宁都一如既往地注重培养和造就青年劳动者，并大胆选用提拔青年人才。

---

① 列宁．列宁全集：第35卷．北京：人民出版社，1985：439．

无产阶级的新型青年劳动者不是自然而然出现的，需要党和国家有意识地采取各种措施去培养和造就。在社会主义建设的各个阶段，共产党和苏维埃政府都很重视培养青年干部和吸收青年参加社会主义生产劳动。为了有计划地给国民经济各部门培养熟练的青年工人，苏维埃俄国于 1920 年创立了第一批工厂附设学校（也称工厂徒工学校），对青年进行职业技术教育和生产培训，使之能够独立担任工作。工厂附设学校的学生是企业里有充分权利的工人，学校本身就等于工厂的一个车间，费用也由企业负担。由于这种学校被证明是很好的新型学校，大多数的职业技术学校都被改组成这种学校。工厂附设学校的建立及其培养青年的机制，奠定了工人阶级新一代的职业技术训练的社会主义制度基础。

培育青年劳动者是为了使他们能更好地建设社会主义，促进共产主义的实现。列宁还论述了在未来共产主义社会中青年就业的方向，即促进青年的全面发展以使其成为可以从事各种工作的共产主义新型人才。关于青年劳动者的培养，列宁也十分强调消灭因分工造成的才能差别，要求培养全面发展的劳动者。他认为，在消灭人与人之间的分工之后，"教育、训练和培养出**全面发展的**和受到**全面**训练的人，即**会做一切工作的人**。共产主义正在向这个目标前进，必须向这个目标前进，并且**一定能达到这个目标**"①。这体现了列宁在青年劳动者队伍建设上的深思远虑，将对青年的培育和促进其全面发展看作无产阶级的历史任务，为建设社会主义社会并最终实现共产主义储备了劳动后备军。

（四）实施劳动义务制，建设社会主义社会

从 1918 年开始，列宁着手设计并逐步实行建设社会主义基础的计划，但不久苏维埃俄国就遭到了大规模的外国武装干涉并爆发了国内战争。列宁建设社会主义的计划遭到严重阻碍，苏维埃俄国面临着国内国外战争的双重包围和封锁，大面积国土被侵占，处于生死存亡的紧急关头。在严重的战争威胁面前，列宁提出并实行了"战时共产主义"政策。其中，劳动义务制就是在这样的背景下形成的，并成为"战时共产

---

① 列宁 . 列宁全集：第 39 卷 . 北京：人民出版社，1986：29.

主义"政策的主要内容和重要标志之一。

　　在苏维埃俄国，最初的劳动义务制是为了贯彻"不劳动者不得食"的原则而实行的，通过对富人和有产阶级实行劳动义务制以达到消灭社会上的寄生阶层的目的。在"战时共产主义"政策实施期间，列宁突出地强调了"不劳动者不得食"的原则，认为这是工人代表苏维埃掌握政权后能够实现而且一定要实现的最重要、最主要的根本原则。然而，在苏维埃俄国最危难的时刻，那些富裕的和有产的阶级却在大肆进行着一系列军事的和消极（怠工）的反抗，给医治俄国战争创伤的事业——恢复和发展国家经济——造成了巨大的困难。因此，"对俄国的工人和贫苦农民来说，劳动义务制应当是首先和主要地使富裕的和有产的阶级承担自己的社会勤务。我们应当从富人开始实行劳动义务制"[①]。列宁认为，一旦使用这样的措施来对付资本家和所有富人，一旦由工人来对付这些资本家和富人，劳动义务制就会产生一种空前的力量，使国家机构"运转起来"，以镇压资本家的反抗，使他们服从无产阶级的领导。列宁在《被剥削劳动人民权利宣言》中指出："为了消灭社会上的寄生阶层起见，实行普遍劳动义务制。"[②]

　　随着劳动义务制的顺利实施，列宁进一步将劳动义务制从富人和有产阶级扩展到工人和农民阶级，实行全社会的普遍劳动义务制，以最大限度地节省人民的劳动力。这种劳动义务制规定，凡16岁至55岁的男女公民都必须执行当地工兵农代表苏维埃或其他苏维埃政权机关所指定的工作。因此，在对富人和有产阶级实行劳动义务制后，列宁主张将劳动义务制慎重地逐步推行到不使用雇佣劳动而靠自己的经营维持生活的小农中去。这样一来，苏维埃政权的任务也从直接反对怠工转移到按新的情况有组织地安排工作，利用资产阶级知识分子和资本主义经济的活动家为苏维埃政权服务，通过向托拉斯的领导者学习，来建设社会主义。此时，劳动义务制就有了双重意义：一方面，实行劳动义务制是为了医治战争的创伤；另一方面，通过在全社会范围内普遍实行的劳动义务制，在全社会范围内建立起一种新的劳动组织和自觉纪律。

　　以劳动义务制为主要内容之一的"战时共产主义"政策是在特殊背景下实施的，劳动义务制也是在这个特殊背景下产生的劳动就业形式，

---

①　列宁．列宁全集：第34卷．北京：人民出版社，1985：124-125.

②　列宁．列宁全集：第33卷．北京：人民出版社，1985：227.

为赢得战争和恢复生产做出了巨大贡献。尤其是在国家危难时刻，劳动义务制可以最大限度地聚集全体劳动人民的力量以克服困难，这是社会主义社会的优势，对于社会主义事业的发展有重要意义。但是，劳动义务制的实施，必须注意策略并采取适度的原则。在苏维埃俄国，后期的劳动义务制因各种原因，也曾使其社会建设遭受了严重挫折，这一点在1920年到1921年初的经济政治危机中表现得尤为突出。对此，列宁在后来的总结中也有深刻的认识："我们计划（说我们计划欠周地设想也许较确切）用无产阶级国家直接下命令的办法在一个小农国家里按共产主义原则来调整国家的产品生产和分配。现实生活说明我们错了。"①因此，必须历史地辩证地评价战时的劳动义务制，在吸收其一定的积极经验的同时，不可忽视对其消极作用的估计。

（五）开展劳动竞赛，促进劳动就业公平发展

劳动竞赛是社会主义劳动组织的一种形式，是建设社会主义社会的一种方式，对于促进劳动就业的发展具有重要作用。列宁十分重视社会主义社会建设中的劳动竞赛。十月革命胜利后，列宁专门写了《怎样组织竞赛？》一文，阐明了劳动竞赛在建设社会主义社会中的作用。1918年，列宁在《苏维埃政权的当前任务》中也重点论述了社会主义劳动竞赛的问题。

苏维埃俄国建立社会主义制度后，有计划的共同劳动使劳动竞赛成为可能。资产阶级经济学家在赞扬资本家和资本主义制度的竞争、私人进取心的同时，还不遗余力地责备社会主义者不顾"人的本性"而否认竞赛的作用或不让竞赛存在。列宁对此进行了有力的反驳，他在批判资产阶级的这些谬论时阐明了资本主义竞争和社会主义竞赛的本质不同。在资本主义制度下，竞争意味着空前残暴地压制广大的、占绝大多数的居民，湮灭99%的劳动者的进取心、毅力和大胆首创精神，而且还意味着排斥竞赛，而代之以社会阶梯上层的金融诈骗、任人唯亲和阿谀逢迎。社会主义消灭了剥削者，消灭了他们对劳动者的奴役，劳动者参加到国家的建设与管理之中，这就使苏维埃政权有可能大规模地组织竞

---

① 列宁.列宁全集：第42卷.北京：人民出版社，1987：176.

赛，这种竞赛不仅不会破坏团结，而且会提升劳动者的劳动积极性，增加劳动产品的总量。

通过劳动竞赛，打击和清除新社会中诸如富人、骗子、懒汉和流氓等不劳而获的人群。富人和骗子是资本主义豢养的两种主要寄生虫，懒汉和流氓也是资本主义的产物，必须对这些人进行专门的管制。列宁指出，"要使社会主义社会不受这些寄生虫的危害，就必须对劳动数量，对产品的生产和分配组织全民的、千百万工人和农民自愿地积极地用满腔革命热情来支持的计算和监督"，而无产阶级的政治统治的建立为实行对劳动数量和产品分配的计算和监督提供了保障。由作为最高国家政权机关的工兵农代表苏维埃实行全面的、普遍的计算和监督是社会主义改造的实质。通过劳动竞赛，使工人和农民能够开展计算和监督；通过计算和监督，打击和清除社会中那些不劳而获的人群。

通过劳动竞赛，选拔那些有组织能力的人参与到建设社会主义社会的事业中。长期以来，资本主义社会一直存在着一种荒谬、怪诞，甚至是卑劣的陈腐偏见，在资本家们的眼中，似乎只有所谓"上层阶级"，只有富人或者受过富有阶级教育的人，才能管理国家和领导社会主义社会的组织建设。其实，"工人和农民中间有组织才能的人无疑比资产阶级想象的要多，但问题在于，在资本主义经济的环境里，这些有才能的人绝对不可能涌现出来，绝对不可能站住脚，获得自己的地位"①。建设社会主义社会必须广泛吸收新的有组织才能的劳动者参与管理国家的工作，使一批新的实际的生产组织者涌现出来，获得自己的地位，取得适当的领导位置。那么，如何才能做到这些呢？列宁在《怎样组织竞赛？》的最后指出："各个公社、村社、消费生产合作社和协作社以及各工兵农代表苏维埃应当展开**竞赛**。正是应当通过这些工作让**有组织才能的人在实践中**脱颖而出，并且把他们提拔上来，参加全国的管理工作。"② 通过竞赛和比较将那些有组织能力的人选拔出来为社会主义建设贡献才能和力量。

---

① 列宁. 列宁全集：第34卷. 北京：人民出版社，1985：133.
② 列宁. 列宁全集：第33卷. 北京：人民出版社，1985：211.

（六）成立劳动介绍所，创造劳动就业机会

在新旧政权的更替时期，大量劳动者处于失业状态，为了促进劳动就业的发展，列宁还号召**"设立劳动介绍所以合理安排失业者的就业事宜"**①。劳动介绍所是第一个旨在直接解决失业问题、促进劳动就业的专门机构，对于苏维埃俄国的劳动就业事业的发展具有重要而深远的意义。

列宁在号召设立劳动介绍所的同时，还就劳动介绍所的组织原则和经费问题做出了详细部署。首先，列宁认为劳动介绍所应当是无产者的阶级组织，而绝不是工人和企业主双方权利对等的组织。无产阶级对劳动介绍所的领导和管理是列宁坚持的首要原则，劳动介绍所必须是无产者的阶级组织，这在根本上保证了劳动介绍所的性质，规定了劳动介绍所代表的无产阶级的利益。其次，劳动介绍所应当同工会和其他工人组织保持密切的联系。作为工人阶级群众组织之一的工会，是革命胜利后社会主义社会建设的重要力量之一，是培养与训练劳动者的组织，是学习管理、学习经营和学习共产主义的学校。因此，工会应该以共产主义精神教育劳动者，吸引和动员群众参加新社会的建设，培养和提拔群众中最优秀的劳动者担当经济建设和国家管理的工作，同时开展社会保障、社会福利等工作，对促进劳动就业的发展具有重要作用。最后，劳动介绍所应当从社会自治机关方面取得经费，这是列宁在经费来源方面就维持劳动介绍所的正常运转和发展做出的具体指示。

劳动就业的机构设置在 1918 年的第五次全俄苏维埃代表大会通过的苏俄宪法中得到正式的法律确认。根据苏俄宪法规定，苏维埃国家的中央机关，按照各管理部门的职能，由 1917 年的 13 个人民委员会扩展到 18 个人民委员会，劳动委员会仍是其中的一个独立委员会，这为苏维埃劳动就业事业的发展奠定了组织上的保证。为了落实劳动就业政策，1919 年 3 月 18—23 日俄共（布）第八次代表大会通过的《俄国共产党（布尔什维克）纲领》明确指出："一定的机关，即苏维埃和工会所属的劳动力的计算和分配部门，负责为失业者安排工作。"② 列宁领导的苏维埃俄国通过各种途径创造劳动就业机会，成立劳动介绍所就是

---

① 列宁.列宁全集：第 29 卷.北京：人民出版社，1985：491.

② 列宁.列宁全集：第 36 卷.北京：人民出版社，1985：422.

其中一项最具特色、最富实效的工作。

三、共产主义星期六义务劳动

列宁在 1919 年 12 月召开的俄共（布）第八次全国代表会议上指出："只有工人阶级的先进部分，只有工人阶级的先锋队，才能领导自己的国家。为了实现这项全国范围的建设任务，我们实行了星期六义务劳动，作为建设的一种方法。"[①] 列宁认为共产主义星期六义务劳动是社会主义劳动和共产主义劳动方式的一种，它对于苏维埃俄国的建设具有重要意义，是社会主义劳动就业制度中最能体现社会主义和共产主义性质的制度。正是在这个意义上，共产主义星期六义务劳动被列宁称为"伟大的创举"。共产主义星期六义务劳动的实行标志着苏维埃俄国在发展社会主义劳动和促进社会主义就业上迈出了具有决定性意义的步伐，体现了社会主义、共产主义劳动就业的创造性、优越性和先进性。

（一）共产主义星期六义务劳动的形成与发展

在苏维埃俄国，共产主义星期六义务劳动源于国内战争期间。在国内战争的那段时间里，前方的红军战士表现出了英勇作战和艰苦奋斗的作风，创造了一个又一个奇迹，保卫了社会主义革命的果实。与此同时，后方的工人和农民，不顾饥寒交迫，努力克服战时的各种困难，千方百计地恢复被战争破坏的工农业，保证红军武器、弹药和粮食的供应，尤其是"在与高尔察克、邓尼金和其他地主资本家军队作斗争中，表现了不少英勇果敢和坚韧不拔的奇迹"[②]，在劳动战线上显示出了伟大的英雄主义。

后方工人的这种英雄主义得到了列宁的高度重视，工人阶级利用这种英雄主义自发组织了共产主义星期六义务劳动。不过此时的这种工作都是偶然进行的，而不是经常性的。第一次正式的共产主义星期六义务劳动是莫斯科—喀山铁路工人组织起来的。1919 年 5 月 7 日，在莫斯

---

① 列宁. 列宁全集：第 37 卷. 北京：人民出版社，1986：349.

② 同①1.

科—喀山铁路分局共产党员和同情分子大会上，会议提出了不能嘴上说帮助而要以实际行动帮助战胜高尔察克的问题，建议在全分局内实行共产主义星期六义务劳动，在星期六这天一次多做六小时工作，不要报酬，一直到完全战胜高尔察克为止。这项建议很快得到了所有人的认可和赞同。在这一次星期六义务劳动中，工人们的日工作量比平日提高了将近两倍。所有的劳动者，包括事务员、管理员和辅助企业的工作人员都和铁路员工肩并肩地、热情奋发地工作。当工作结束的时候，成百成千的党员和非党工人不约而同地唱起《国际歌》来。

尽管这只是第一次的星期六义务劳动，但这一次的劳动组织将共产主义星期六义务劳动变成一项有系统的经常的工作。列宁对此评价颇高，他认为："这是比推翻资产阶级更困难、更重大、更深刻、更有决定意义的变革的开端，因为这是战胜自身的保守、涣散和小资产阶级利己主义，战胜万恶的资本主义遗留给工农的这些习惯。当**这种**胜利获得巩固时，那时，而且只有那时，新的社会纪律，社会主义的纪律才会建立起来；那时，而且只有那时，退回到资本主义才不可能，共产主义才真正变得不可战胜。"① 莫斯科—喀山铁路分局的星期六义务劳动为苏维埃俄国的全体劳动者做出工作高效率的榜样。

这个榜样引起了大家的效法，星期六义务劳动不断地扩及全国各地。列宁指出，共产主义星期六义务劳动在党的报刊上第一次报道以后，"星期六义务劳动有了非常广泛的发展，现在谁也不能否认它在我国建设中的重要性了"②。至此，在列宁的亲自倡导和领导之下，这种象征着社会主义、共产主义劳动就业新形式的共产主义星期六义务劳动在全国范围内如火如荼地发展起来。

（二）共产主义星期六义务劳动的主要内容

列宁最初对共产主义星期六义务劳动的定义是：城市工人在他的工作时间之外再为社会做几小时无报酬的工作，这就叫作星期六义务劳动。列宁在随后的《对星期六义务劳动条例草案的补充》中对共产主义星期六义务劳动的目的和任务做出了说明，即：（1）星期六义务劳动是

---

① 列宁．列宁全集：第 37 卷．北京：人民出版社，1986：1 - 2.
② 列宁．列宁全集：第 38 卷．北京：人民出版社，1986：35.

宣传劳动义务制和工人阶级自我组织的思想的形式之一。（2）星期六义务劳动应当是共产主义劳动方式的试验室。（3）星期六义务劳动首先应从特别重要和特别紧迫的工作做起。（4）星期六义务劳动的工作量应不低于规定的定额，但是参加者应力争超过这些定额。之后，列宁在《从破坏历来的旧制度到创造新制度》中给共产主义劳动做了更加深刻和全面的定义："共产主义劳动，从比较狭窄和比较严格的意义上说，是一种为社会进行的无报酬的劳动，这种劳动不是为了履行一定的义务、不是为了享有取得某些产品的权利、不是按照事先规定的法定定额进行的劳动，而是自愿的劳动，是无定额的劳动，是不指望报酬、不讲报酬条件的劳动，是按照为公共利益劳动的习惯、按照必须为公共利益劳动的自觉要求（这已成为习惯）来进行的劳动，这种劳动是健康的身体的需要。"[①] 列宁通过对共产主义星期六义务劳动的总结，对共产主义劳动做出了最新也是最为深刻和全面的界定。

在论述共产主义星期六义务劳动时，列宁也强调了共产主义劳动与社会主义劳动的区别。他认为，社会主义社会是直接从资本主义社会生长出来的，是新社会的初级形式。共产主义社会则是更高的社会形式，只有在社会主义完全巩固的时候才能得到发展。在社会主义建设中，不是共产主义劳动问题，而是社会主义劳动问题。但是提出共产主义劳动的问题，而且是由整个先进无产阶级（共产党和工会）和国家政权提出这个问题，就说明已经在这条路上前进了一步。在推翻资本家所有制并把政权交给无产阶级的国家变革实现之后，在生产资料实行国有化之后，要在新基础上建设经济生活，就只能从一点一滴做起。真正建立起新的劳动纪律，建立人与人之间社会联系的新形式，创立吸引人们参加劳动的新方式和新方法，是一项需要许多年才能完成的工作。

（三）共产主义星期六义务劳动的伟大意义

列宁对共产主义星期六义务劳动的评价极高，它的伟大意义也是多方面的。

第一，共产主义星期六义务劳动为国家克服种种困难和恢复、发展

---

① 列宁. 列宁全集：第 38 卷. 北京：人民出版社，1986：343.

经济做出了巨大贡献，对苏维埃国家稳定、政党发展和经济建设等都具有最直接、最伟大的意义。随着共产主义星期六义务劳动的推广，广大劳动群众积极参与其中。从国家管理的角度来看，共产主义星期六义务劳动是对国家真正实际的支援，义务劳动在支援前线供应、克服燃料荒、恢复生产、整顿城市、支援农村建设、帮助红军战士家庭等方面发挥了巨大的作用。从党的建设的角度来看，共产主义星期六义务劳动对清除混到党内来的分子和抵制腐朽资本主义环境对党的影响也是有意义的，尤其是对抵制包括孟什维克和社会革命党人在内的资产阶级知识分子的怠工行为发挥了积极作用。因此，列宁指出："要利用'共产主义星期六义务劳动'这个创举继续清党：非经半年'用革命精神从事工作'的'考验'或'见习期'，不得接收入党。"[①] 从经济发展方面来看，星期六义务劳动是必要的，它能使苏维埃共和国尽快摆脱经济破坏并开始建设社会主义社会和经济的新征程。

第二，共产主义星期六义务劳动催生和体现了社会主义劳动的协作精神和一种更高级的劳动就业组织形式，激发和表现了劳动群众的首创精神。"'共产主义星期六义务劳动'所以具有巨大的历史意义，是因为它向我们表明了工人自觉自愿提高劳动生产率、过渡到新的劳动纪律、创造社会主义的经济条件和生活条件的首创精神。"[②] 劳动生产率，归根到底是使新社会制度取得胜利的最重要最主要的东西。更为重要的是，发起共产主义星期六义务劳动的，大多是生活极端困难的劳动者，他们实行共产主义星期六义务劳动，不领任何报酬且加班工作，还大大提高了劳动生产率，这正是其伟大的英雄主义的体现，是一个具有世界历史意义的转变的开端。列宁还认为，从共产主义星期六义务劳动中可以看出工人阶级的一些主要品质，如坚韧、顽强、果敢有决心和才干等。俄国工人阶级正是由于在伟大的十月革命前数十年间磨炼出来这样一些品质，才能在十月革命以后的两年内忍受空前的贫困、饥饿和破坏，列宁深信工人阶级的这些品质是无产阶级必胜的保证。

第三，共产主义星期六义务劳动标志着在经济领域中"某种共产主义的东西"的产生，尤其是在劳动就业方面提前表现出了一些共产主义的因素。"共产主义星期六义务劳动非常可贵，它是**共产主义**的**实际**开

① 列宁．列宁全集：第37卷．北京：人民出版社，1986：24．
② 同①15．

端，而这是极其难得的。"① 星期六义务劳动，是人民群众争取提高劳动生产率的"伟大的创举"，是摆脱了资本主义剥削的劳动者有社会主义觉悟并开始生长出共产主义觉悟的明证。在列宁看来，所谓共产主义，是指这样一种制度，在这种制度下，人们习惯于履行社会义务而不需要特殊的强制机构，不拿报酬地为公共利益工作成为普遍现象。"也正因为这样，共产主义星期六义务劳动见之于实践后就有了特殊的价值，因为就在这种极小的事情中开始出现了某种共产主义的东西。"②

四、就业权益维护与劳动保护

社会主义制度在俄国的建立，为维护苏维埃俄国所有劳动者的就业权益并为其提供劳动保护奠定了基础。就业权益维护与劳动保护是社会主义劳动就业区别于其他一切旧社会劳动就业的基本方面之一，体现着劳动就业的社会主义性质。自由从业权利、妇女劳动权益保障、禁止雇用童工、八小时工作制以及工人工资保障等，是苏维埃就业权益维护和劳动保护的主要内容。

（一）自由从业权利

在苏维埃俄国劳动就业体制的就业权益中，首先强调的是自由从业权利，这是列宁劳动就业思想中的一贯主张。早在 1899 年列宁在《我们党的纲领草案》中就强调必须赋予全体人民"选择职业的自由"③。1917 年的《关于修改党纲的草案》明确指出，俄罗斯民主共和国宪法应当保证全体公民有"从业的自由"④。1918 年的《党纲草案草稿》中再次强调要将"重心从形式上承认自由（如在资产阶级议会制度下那样）转到在实际上保证推翻了剥削者的劳动者享受自由"⑤。作为一个

---

① 列宁．列宁全集：第 37 卷．北京：人民出版社，1986：19.
② 列宁．列宁全集：第 38 卷．北京：人民出版社，1986：37.
③ 列宁．列宁全集：第 4 卷．北京：人民出版社，1984：195.
④ 列宁．列宁全集：第 29 卷．北京：人民出版社，1985：487.
⑤ 列宁．列宁全集：第 34 卷．北京：人民出版社，1985：68.

体系，自由从业权利包括劳动权利和劳动义务两个方面。

一方面，所有苏维埃俄国的公民享有普遍的劳动权和就业权。普遍劳动权的基础是苏维埃俄国的经济基础，即社会主义经济体系和所有制形式——国家所有制（全民所有）形式及合作社集体农庄所有制形式。基于这样的经济体系和所有制形式，在社会主义制度下，一切公民都有权得到同等的机会用公共的生产资料，在公共的土地上、在公共的工厂里从事工作。而利用公共的生产资料生产出来的产品属于社会的公共产品，其中的一部分作为公共财产以满足社会的需要，另一部分作为劳动报酬分配给工作者个人所有。因此，在社会主义的苏维埃俄国，每一个公民都有劳动的权利。这也意味着社会主义的社会劳动组织不仅保证每一个公民不受剥削，而且也保证他们免于失业，保证他们享受富裕文明的自由生活，这是社会主义制度优于资本主义制度的明显标志之一。资本主义制度把生产工作者从封建农奴制和行会的束缚下解放出来，给予他们形式上"自由"支配自己劳动能力的可能，却夺取了他们生存的最起码的物质保证。失业是资本主义制度下让每一个工人都提心吊胆的事情，也是资本主义生产无法避免的现象。如果不消灭资本主义制度，劳动权就不可能真正实现。十月革命的胜利，使劳动权的真正实现变为可能，失业现象逐渐消失，广大劳动者开始享受"实际上"的劳动自由。

另一方面，任何权利都是相对的，权利和义务是相伴相随的，自由从业权利必然地包含着普遍劳动的义务。在社会主义制度下，由于不再存在人剥削人的制度，就必然要求一切有劳动能力的社会成员履行同等劳动的义务。这也是社会主义的基本经济规律之一，更是科学社会主义的一项基本要求。在社会主义制度下，实现就业并从事劳动是每一个有劳动能力的社会成员应尽的义务。自由从业的权利，不仅意味着普遍就业的权利，也意味着普遍劳动的义务。列宁指出："社会的每个成员完成一定份额的社会必要劳动，就从社会领得一张凭证，证明他完成了多少劳动量。他根据这张凭证从消费品的社会储存中领取相应数量的产品。这样，扣除了用作社会基金的那部分劳动量，每个劳动者从社会领回的正好是他给予社会的。"① 尽管在共产主义第一阶段还存在着各种差别，所实现的还只是一定程度上的公平和平等，但这是在共产主义第

---

① 列宁．列宁全集：第 31 卷．北京：人民出版社，1985：88.

一阶段上不可避免的现象，体现了对与劳动权利相对应的劳动义务的要求。普遍劳动的义务保证了社会主义社会中不再有剥削与被剥削的区别，禁止了人剥削人的现象的发生，是建立社会主义劳动就业制度的内在要求。此外，普遍劳动的义务也是社会主义"各尽所能，按劳取酬"的分配原则所要求的，它保证了劳动人民真正的自由劳动和从业权利，保护他们不受那些企图依靠别人劳动而生存的懒汉和破坏分子的侵害。

（二）保障妇女就业权利，实施女工劳动保护，禁止雇用童工

苏维埃俄国在社会主义劳动就业制度建设上，特别注重对妇女的关怀和对未成年人的保护。在资本主义制度下，妇女和儿童的劳动就业是资本家用以排挤工人劳动就业、压低工人劳动报酬的手段。在社会主义制度下，苏维埃俄国不仅保障妇女的劳动就业权利，同时给予妇女相应的劳动保护并禁止雇用童工，严格规定妇女在经济生活、文化生活、社会生活及政治生活上均享有与男子真正平等的权利，这是社会主义制度的本质要求，也是社会主义制度优越性和先进性的体现。

在保障妇女劳动就业权利、促进妇女参与劳动生产与社会管理方面，列宁有着系统而深入的论述。

首先，只有社会主义政权才能真正保障妇女的劳动就业的基本权利，实现男女之间的真正平等。列宁在《致女工》中指出，苏维埃政权是世界上第一个也是唯一的一个完全废除了一切使妇女处于与男子不平等的地位、使男子享有特权的卑鄙的资产阶级旧法律的政权，并帮助妇女逐步地享有参加共同生产劳动与就业的权利。列宁还进一步地指出，要彻底解放妇女，要使她们同男子真正平等，就必须有公共经济，必须让妇女参加共同的生产劳动。这样，妇女才会和男子处于同等地位。当然，这里所指的并不是要使妇女在劳动生产率、劳动量、劳动时间和劳动条件等等方面同男子相等，而是要使妇女不再因经济地位与男子不同而受到压迫。同时，苏维埃政权正在努力使妇女能够独立地进行自己的无产阶级社会主义的工作。在列宁的领导下，妇女的经济、社会等地位得到大大提高，这为妇女参与社会就业和参加社会劳动奠定了坚实的基础。

其次，积极促进妇女的劳动就业，高度重视妇女在建设社会主

会中的作用。这一点，列宁在《致女工》中进行了详细的说明："我们要使女工不但在法律上而且在实际生活中都能同男工平等。要做到这一点，就要使女工愈来愈多地参加公有企业的管理和国家的管理。"① 在妇女获得与男子同等的地位后，其参与社会就业和参加社会公共劳动就成为一种需要，社会也必须高度重视妇女劳动就业的需求并积极吸纳她们参与社会主义社会建设。在列宁的领导下，苏维埃俄国为此做出了很大的努力，例如，创办食堂、托儿所等示范性的设施，使妇女摆脱家务，而建立这些设施的工作，主要应该由妇女来担任。列宁指出，妇女在战争条件下也能够从事诸如支援军队之类的劳动，妇女在建设条件下也可以在诸如粮食部门之类的地方工作，妇女还可以参加建立并监督大型试验农场的工作，等等。妇女通过参与管理和生产很快就会掌握业务，赶上男子。列宁还强调要把更多的女工选进苏维埃政府中去，不管她们是不是共产党员，只要她们是正直的女工，能有条有理地勤勤恳恳地工作，即使不是党员，也可以把她选进莫斯科苏维埃去。因此，列宁郑重指出："我们的任务是要使政治成为每个劳动妇女都能参与的事情。"② 这就使妇女的地位更进一步地得到了提升，为其参与社会就业和社会劳动奠定了更为坚实的基础。

最后，列宁要求各部门必须做好妇女的劳动保护工作。在 1917 年修改党纲时，列宁强调"禁止在对妇女身体有害的部门使用女工"，新增"禁止妇女做夜工"的规定，将女工产假的规定由"产前给假 4 周、产后给假 6 周"调整为"**产前产后各给假 8 周**"，并且"**产假期间照发工资，免收医药费**"，同时规定："**凡有女工的工厂和其他企业均应设立婴儿和幼儿托儿所，并设立哺乳室；凡需哺乳的女工至少每隔 3 小时可以离开工作喂奶一次，每次不得少于半小时；发给需哺乳的母亲补助金并把她们的工作日缩短到 6 小时。**"③ 同时还明确规定，在使用女工的部门设女视察员。这些规定都体现了对妇女群体在就业过程中的权利保障、生活关怀和劳动保护。

关于劳动就业中的未成年人保护，列宁尤其强调禁止雇用童工。对于"童工"的年龄界定，苏维埃俄国有一个不断探索和修正的过程：列

---

① 列宁 . 列宁全集：第 38 卷 . 北京：人民出版社，1986：170.

② 列宁 . 列宁全集：第 37 卷 . 北京：人民出版社，1986：193.

③ 列宁 . 列宁全集：第 29 卷 . 北京：人民出版社，1985：489.

宁于 1895—1896 年写的《社会民主党纲领草案及其说明》中最早明确童工的年龄，即"禁止雇用 15 岁以下的童工"；作为续篇，列宁于1899 年底在《我们党的纲领草案》中指出"禁止雇用 14 岁以下的童工"；1903 年，列宁在《告贫苦农民》的小册子中要求"不准雇用不满16 岁的儿童做工"。自此，16 岁成为成年与否的分界线，也就是童工的年龄界限。苏联学者彼·格·莫斯卡托夫在《国家劳动后备系统是苏联工人阶级的主要补充来源》中指出："与资本主义国家不同，也与革命前的俄国不同，在苏联是禁止使用儿童和年龄未满 16 岁的少年男女的劳动的。"[①] 教育必须与生产相结合，因此苏维埃法律也规定："**14. 对未满 16 岁的男女儿童一律实行免费的义务的普通教育和综合技术教育（从理论上和实践上熟悉一切主要生产部门）；把教学和儿童的社会生产劳动密切结合起来。**"[②] 这样有利于他们为将来参与社会就业、工作和参加社会生产、劳动提供理论和技能的准备。

（三）八小时工作制

规定并执行一定的劳动时间长度是实施劳动保护的重要举措，也是维护劳动者休息权的必然要求，在劳动就业制度中占有重要位置。八小时工作制是苏维埃俄国的基本劳动时间规定，即工人和职员应该按规定完成交付给他的工作的时间。列宁十分重视劳动者的劳动时间问题，也一直在为工人阶级争取八小时工作制而斗争。在苏维埃政权成立之前，成年"生产工人"每昼夜的平均工时数是 9.89 小时，星期六也不例外，加班时间还不在内，这是不折不扣的十小时工作制。列宁强调，这样的劳动时间无疑是过长的，是不能容忍的。

社会主义政权刚刚建立之时，在列宁的领导下，苏维埃政府就公布了八小时工作制和分配工作时间的法令，即工作日应规定一昼夜不超过8 小时，每星期应有一天休息不做工，加班加点应该绝对禁止，做夜工也应该绝对禁止。1917 年修改后的党纲规定，一切雇佣工人的工作日应限制为一昼夜 8 小时，在连续工作时，其中至少有 1 小时为用餐时

---

① 莫斯卡托夫．国家劳动后备系统是苏联工人阶级的主要补充来源．上海：上海人民出版社，1956：2.

② 列宁．列宁全集：第 29 卷．北京：人民出版社，1985：488.

间。在危险的和有害健康的生产部门，工作日必须减到 4～6 小时。对于苏维埃俄国在劳动时间上的这些斗争的胜利，列宁在《在第九届全俄中央执行委员会第四次常会上的讲话》中指出："在各国都向工人阶级进攻的时候，我们提出了一个牢固确立劳动立法原则（例如八小时工作制）的法典，这是苏维埃政权的一大成就。"① 在列宁看来，八小时工作制对于苏维埃俄国来说，是一项体现社会主义性质和优越性的伟大原则，必须始终坚持并不断完善。

八小时工作制在苏维埃俄国得到了很好的实行，法律规定的工作日长度得到了切实的遵守，企业、机关也都严格遵守劳动时间制度。与八小时工作制相伴随的是，所有的工人、技术人员、职员等也有义务最有成效地利用自己的工作日。在从社会主义过渡到共产主义的过程中，劳动时间制度也包含着进一步缩短工作日的要求，以便社会全体成员享有充分的自由以获得全面教育和发展自身的时间。在社会主义制度下，劳动时间是不受剥削的劳动者为自己、为社会主义社会工作的时间。严格遵守劳动时间的长度是完成或超额完成生产计划、实行劳动保护和保障劳动者休息权的必要条件之一，也是保证工人和职员积极参与苏维埃社会政治生活的必要条件之一。

（四）工人工资保障

苏维埃政权建立后，苏联劳动者的工资的性质也发生了根本的变化。在资本主义社会中，人民大众被资本家雇用，他们不是为自己劳动，工资也不是劳动的报酬，而是资本家对他购买的特殊商品——劳动力所支付的代价，工资是劳动力价格的转化形式，它掩盖着资本家剥削的本质。与此同时，厂主总是想方设法地降低工资以获得最大的利润，在资本和利益的控制下，工人的工资没有丝毫的保障。在列宁领导的社会主义社会中，苏维埃俄国根据按劳分配的原则，逐步建立和完善了社会主义工资制度，保障劳动的平等和工资的平等，并努力实现从形式平等到事实平等的转变，即实现"各尽所能，按需分配"的原则。

---

① 列宁．列宁全集：第 43 卷．北京：人民出版社，1987：244.

　　苏维埃俄国的工资制度是在建设社会主义社会的过程中，经过不断探索而逐步形成和完善的。随着科学合理的工资制度的建立和货币工资制度的实行，如何在根本上保障劳动者的工资是一个事关劳动者根本利益的重大问题。列宁对此高度重视，他主张通过立法等一系列措施来保障劳动者的工资。第一，必须按照规定以货币的形式支付工人的工资，这是保障劳动者工资的首要原则。列宁认为，工资必须是现钱而不是商品，这对工人来说是很重要的。雇主老爱把各种质次价高的商品硬塞给工人顶工资，为了杜绝这种不合理现象，就一定要用法律来禁止用商品支付工资。如此，苏维埃俄国就可以通过直接提高货币工资或不断降低日用品价格来提高劳动者的实际工资。第二，必须按时支付工人的工资，不得拖欠。由于工人依靠工资来支撑自己和家庭的日常生活开支，因此按时支付工资对每一个工人来说都是十分重要的。第三，必须足量支付工人的工资，不得克扣。列宁强调，应该绝对禁止一切雇主（厂主、地主、承包人、富裕农民）任意克扣工人的工资，比如，因出了废品扣钱，以罚款的形式扣钱等。

　　工资是社会主义劳动报酬的主要形式之一。除此之外，苏维埃俄国还实行了一系列的奖金制度、保障制度等。在社会主义制度下，以基本经济规律和按劳分配原则为基础的工资制度能最大限度地刺激劳动者劳动熟练程度和劳动生产率的提高，使所有的劳动者能够充分地利用所得的工资来最大限度地满足自身日益增长的物质和文化需要。

第九章　列宁关于社会主义收入分配制度建设的思想

　　收入分配制度的建设与改革是社会主义社会建设的一个重要方面。以列宁为首的俄国共产党人领导无产阶级创建了世界上第一个社会主义国家。在苏维埃俄国社会主义革命和建设的实践中，随着对基本经济制度认识的深化，列宁对收入分配制度也相应地进行了建设和改革，从而使马克思的收入分配理论第一次找到了实践的土壤。列宁关于社会主义收入分配制度的建设和改革不仅是对马克思收入分配理论的继承、丰富和发展，而且是对马克思收入分配理论的直接实践。

一、基本经济制度决定分配制度

　　经济制度是指国家的统治阶级为了反映在社会中占统治地位的生产关系的发展要求，建立、维护和发展有利于其政治统治的经济秩序，而确认或创设的各种有关经济问题的规则和措施的总称。生产资料所有制形式是经济制度的基础和核心，是一个国家的基本经济制度。分配制度则是劳动产品在社会主体中如何分割及配给制度的总称。关于基本经济制度与分配制度的关系，马克思在 1857 年写作的《〈政治经济学批判〉导言》中做了明确的说明，他指出："分配的结构完全决定于生产的结构。分配本身是生产的产物，不仅就对象说是如此，而且就形式说也是如此。就对象说，能分配的只是生产的成果，就形式说，参与生产的一定方式决定分配的特殊形式，决定参与分配的形式。"① 列宁对苏维埃社会主义基本经济制度的探索大体上经历了两个不同的发展阶段，即"战时共产主义"时期的以国家为主体的单一全民所有制模式和新经济政策时期的多元所有制结构模式。

(一)"战时共产主义"时期的基本经济制度

在十月革命前和十月革命胜利后的最初时期，特别是"战时共产主义"时期，列宁主张的所有制结构与马克思恩格斯完全一样，即实行以国家为主体的全民所有制。列宁认为：社会主义革命就是要实现以公有制取代资本主义私有制，因为"私有经济关系和私有制关系已经变成与内容不相适应的外壳了，如果人为地拖延消灭这个外壳的日子，那它就必然要腐烂，……但终究不可避免地要被消灭"②。工人阶级要获得真正的解放，必须消灭生产资料私有制，把生产资料变为公共财产，组织由整个社会承担的社会主义的产品生产代替资本主义的商品生产。列宁还将公有制和计划经济看作未来社会主义社会的基本经济特征。他指出："只要还存在着市场经济，只要还保持着货币权力和资本力量，世界上任何法律都无法消灭不平等和剥削。只有建立起大规模的社会化的计划经济，一切土地、工厂、工具都转归工人阶级所有，才可能消灭一切剥削。"③ 在如何对待小生产者和小私有者经济的问题上，列宁主张消灭个体经济和小私有制，因为"小生产是经常地、每日每时地、自发地和大批地**产生着**资本主义和资产阶级的"④。在他看来，社会主义革命就是要实现"剥夺剥夺者"，就是要把资本家手中的私有财产变为工人阶级的国家财产，建立唯一的全民所有制。他指出："我们要求的是**一切**生产资料的国有化。"⑤ 于是，十月革命刚刚胜利，他便要求"彻底完成一切工厂、铁路、生产资料和交换手段的国有化"⑥，从而最迅

---

① 马克思，恩格斯. 马克思恩格斯选集：第 2 卷. 北京：人民出版社，1995：13.
② 列宁. 列宁选集：第 2 卷. 北京：人民出版社，1995：687.
③ 列宁. 列宁全集：第 13 卷. 北京：人民出版社，1987：124.
④ 列宁. 列宁选集：第 4 卷. 北京：人民出版社，1995：135.
⑤ 列宁. 列宁全集：第 6 卷. 北京：人民出版社，1986：311.
⑥ 列宁. 列宁全集：第 34 卷. 北京：人民出版社，1985：202.

速地实现将一切私有制经济变成国营经济即全民所有制经济，使苏维埃俄国立即建立起单一的全民所有制结构。

列宁当时把这个转化过程设想得非常简单，从而乐观地估计单一所有制只需经过一个非常短暂的时间就能在苏维埃俄国建立起来。然而，在具体实践过程中困难重重。但列宁并没有改变初衷，到了"战时共产主义"时期，立即建立单一全民所有制结构的愿望不仅没有消除，反而得到强化。于是，苏维埃政权依据列宁的指示，在全国城乡迅速地采取了最激进的革命手段，加快了一切生产资料和交换手段国有化的进程。在城镇，苏维埃政权实施工商业企业国有化、银行国有化、对外贸易国有化；在乡村，苏维埃政权除了组织武装征粮队下乡强征余粮外，还大力发展农业公社、劳动组合等共耕制的组织形式，并在全国"实行全面的、普遍的、包括一切的计算和监督，即对劳动数量和产品分配实行计算和监督"①。这种革命手段，实际上就是十月革命胜利初期的"用赤卫队进攻资本"的"碰硬"手段。

通过对银行、铁路以及水路运输等经济部门中的资本国有化以及对中小资本的改造，苏维埃俄国形成了由国家垄断对外贸易、实行农村土地国有化和粮食分配的国家垄断制。这样，在 1917 年至 1918 年短短的一年内，大资本家的工厂、股份公司、银行、铁路转归社会主义国家所有，建立了城市生产资料的国家所有制，在农村实现了土地的国有化，从而完成了"剥夺剥夺者"的过程，建立起了社会主义公有制的经济基础。

"战时共产主义"政策的实施，有利于集中全国有限的财力、物力确保战争胜利，对粉碎外国武装干涉和国内反革命叛乱、确保苏维埃政权的生存和巩固做出了不可磨灭的贡献。但是实践证明，这种采用激进的革命手段把私有制变为单一全民所有制的做法，不符合经济落后、小农占优势的苏维埃俄国的国情，超越了生产力发展的实际水平。结果是：在乡村，农民在遭到无偿剥夺后，自身濒临破产，人为培植的共耕制所提供的商品粮日益减少，劳动生产率和经济效益日益下降；在城镇，通过暴力对大中资本甚至对小资本进行全面剥夺，使一切资本主义企业国有化，但国家很难将这些为数众多的企业直接经营起来，致使大

---

① 列宁 . 列宁全集：第 33 卷 . 北京：人民出版社，1985：206.

批没收过来的资本主义企业停产，再加上工厂缺少粮食和燃料，无法正常生产，导致工业产品的生产严重滑坡，难以保障人民群众对日用品的需求。

在经受了一系列错误和失败之后，列宁对"战时共产主义"政策进行了深刻的反思，及时总结经验教训。他深刻地认识到，苏维埃俄国在由私有制过渡到公有制的过程中之所以遭到挫折和失败，其根本原因在于脱离了当时俄国社会生产力的发展状况。他总结道："在一个小农生产者占人口大多数的国家里，实行社会主义革命必须通过一系列特殊的过渡办法，这些办法在工农业雇佣工人占大多数的发达的资本主义国家里，是完全不需要采用的。"①　于是，列宁开始结合苏维埃俄国的具体国情，对社会主义条件下的所有制结构进行深入调整。1921 年初，新经济政策的实施，标志着列宁对社会主义基本经济制度的认识发生了重大转折。在《十月革命四周年》一文中，列宁坦率地承认，原来打算直接在一个小农国家里按共产主义原则来调整国家产品的生产和分配，但"现实说明我们错了"。此后，他又进一步指出："我们不得不承认我们对社会主义的整个看法根本改变了。"②

（二）新经济政策时期的基本经济制度

1921 年，随着国内战争的平息，列宁领导苏维埃俄国进入了新经济政策时期。相对于"战时共产主义"政策，新经济政策从内容到形式都发生了根本的变化。新经济政策的实质是承认社会主义条件下还存在多种所有制形式，其中也包括私有制的经济成分，允许多种经济成分之间发展平等的商品经济关系。列宁在《俄国革命的五年和世界革命的前途》中指出，直接过渡到纯社会主义的经济形式和纯社会主义的分配，不是苏俄力所能及的事情。在社会生产力没有高度发展，群众文化水平没有极大提高的条件下，勉强追求社会主义经济的纯粹形态是危险的。在此认识基础上，列宁提出了建立公有制经济占主导地位的多种经济成分并存的所有制结构的设想。

---

① 　列宁. 列宁全集：第 41 卷. 北京：人民出版社，1986：50.
② 　列宁. 列宁选集：第 4 卷. 北京：人民出版社，1995：773.

1. 允许多种经济成分存在，利用和发展商品货币关系与商品市场

列宁认为，社会主义只能建立在强大的物质技术基础上，没有社会生产力的巨大发展，没有社会化的大生产，就没有真正的社会主义。他依据生产力发展水平低且经济发展不平衡的现实指出，在苏维埃俄国一些带私有性质的经济成分的存在和发展是不可避免的。如果试图禁止和堵塞一切私人的非国营的经济成分的存在和发展，那就无异于"在干蠢事，就是自杀。说它在干蠢事，是因为这种政策在经济上行不通；说它在自杀，是因为试行这类政策的政党，必然会遭到失败"①。基于此，在从 1921 年春开始的新经济政策实施过程中，俄共就停止了"战时共产主义"时期的"赤卫队进攻资本"的革命手段，转而采取改良手段调整和变革所有制结构。列宁写道："所谓改良主义的办法，就是不**摧毁**旧的社会经济结构——商业、小经济、小企业、资本主义，而是**活跃**商业、小企业、资本主义，审慎地逐渐地掌握它们，或者说，做到有可能**只在**使它们活跃起来的**范围内**对它们实行国家调节。"②

列宁深入分析了苏维埃俄国过渡时期的经济结构，认为在经济相对落后的俄国，存在着五种经济成分，这五种经济成分是：

（1）宗法式的，即在很大程度上属于自然经济的农民经济；

（2）小商品生产（这里包括大多数出卖粮食的农民）；

（3）私人资本主义；

（4）国家资本主义；

（5）社会主义。③

具体说来，第一种形式——"宗法式的，即在很大程度上属于自然经济的农民经济"，是指当时俄国尚存的基本上实行自给自足的农民的小私有经济，这种小私有经济与商品经济没有多大联系，农民生产的产品主要是为了满足自己的需要，而不是作为商品来交换。这种经济成分在性质上属于个体农民的小私有制经济。

第二种形式——"小商品生产"，是指自己占有小部分生产资料、本

---

① 列宁. 列宁选集：第 4 卷. 北京：人民出版社，1995：504.

② 同①611.

③ 同①490.

人参加生产劳动，使用自己的生产资料或租用一定生产资料，基本上以本人劳动为生的个体劳动者的小私有经济或个体劳动者的小私有制。这种经济成分与商品经济相联系，属于这种经济成分的，除了城市小手工业者以外，还包括大多数出卖粮食的农民。

第三种形式——"私人资本主义"，是指当时还没有进行社会主义改造的以雇佣劳动为基础的经济成分。

第四种形式——"国家资本主义"，不是泛指任何一个国家的国家政权与私人资本主义相结合的形式，而是特指苏维埃政权建立以后，能够由无产阶级专政的国家加以限制、规定其活动范围的资本主义。

第五种形式——"社会主义"，这里所讲的作为经济成分的"社会主义"，在新经济政策以前指的是国有制，即单一的全民所有制。在新经济政策的实施过程中，列宁把小生产在社会主义改造中建立起来的合作社归入公有制经济成分，认为合作社属于社会主义性质的集体所有制。这样，列宁就提出了公有制有全民所有制和集体所有制两种具体形式，突破了社会主义公有制只有全民所有制一种公有制形式的传统认识。

列宁在分析了苏维埃俄国当时存在的五种经济成分之后，接着指出："俄国幅员如此辽阔，情况如此复杂，社会经济结构中的所有这些不同的类型都互相错综地交织在一起。特点就在这里。"①

在苏维埃社会主义基本经济结构方面，列宁非常强调国家所有制在社会主义所有制体系中的重要作用，强调国家对农村土地和城市生产资料的集中和垄断。列宁认为，国家占有生产资料应当是社会主义公有制的主要形式，这是保证国家的根本。他指出："只要我们还生活在一个小农国家里，资本主义在俄国就有比共产主义更牢固的经济基础。这一点必须记住。每一个细心观察过农村生活并把它同城市生活作过对比的人都知道，我们还没有挖掉资本主义的老根，还没有铲除国内敌人的基础。国内敌人是靠小经济来维持的，要铲除它，只有一种办法，那就是把我国经济，包括农业在内，转到新的技术基础上，转到现代大生产的技术基础上。"② 据此，列宁提出建立由公有制经济占主导地位的、多种经济成分并存的所有制结构的设想。

①　列宁. 列宁选集：第4卷. 北京：人民出版社，1995：490.

②　同①364.

2. 利用国家资本主义走向社会主义

十月革命后，列宁大胆地提出要利用资本主义作为社会主义的"帮手"。在他看来，在一个农民的国度里，如果不利用资本主义社会的材料来建设社会主义的大厦，社会主义就根本建不成；如果没有资本主义的大工厂，没有高度发达的大工业，就根本谈不上社会主义。"所以我们应该利用资本主义（特别是要把它纳入国家资本主义的轨道）作为小生产和社会主义之间的中间环节，作为提高生产力的手段、途径、方法和方式。"① 如果"谁能在这方面取得最大的成绩，即使是用私人资本主义的办法，甚至没有经过合作社，没有把这种资本主义直接变为国家资本主义，那他给全俄社会主义建设事业带来的益处，也比那些只是'关心'共产主义纯洁性"② 的人要多得多。

关于资本主义的利用可分为两个不同层次：

首先，利用本国的资本主义，特别是国家资本主义。列宁认为，国家资本主义是资本主义所有制发展的最高形式，是实现从小生产到社会主义过渡的中间环节，因而他提出了"国家资本主义是社会主义的入口"的著名论断。他说："我们的国家资本主义同从字面上理解的国家资本主义的区别就在于我们无产阶级国家不仅掌握了土地，而且掌握了一切最重要的工业部门。"③ 总之，无产阶级国家的国家资本主义就是为国家所承认，受国家的领导和监督，其活动范围受国家限制，并为无产阶级国家服务的一种资本主义，它主要采取四种形式，即租让制、租借制、合作制和代购代售制。

其次，利用外资建设社会主义。列宁认为，任何社会化大生产都需要技术和管理，但技术和管理不会从天上掉下来。苏维埃俄国虽然在社会制度上比资本主义国家先进，但在科学技术和管理上却远远落后于西方先进的资本主义国家。为了尽快发展经济，在经济文化落后的俄国建设社会主义，就必须善于学习和利用资本主义。例如，通过租让制、与外商建立合营公司等形式充分利用外资，引进外国先进技术和设备，以恢复和发展社会主义经济。列宁指出："**哪怕**……我们付出的代价要比

---

① 列宁. 列宁选集：第 4 卷. 北京：人民出版社，1995：510.

② 同①513.

③ 列宁. 列宁全集：第 43 卷. 北京：人民出版社，1987：284.

现在**大**，因为'为了学习'是值得付出代价的，因为这对工人有好处，因为消除无秩序、经济破坏和松懈现象比什么都重要，因为让小私有者的无政府状态继续下去就是最大、最严重的危险，它**无疑**会葬送我们（如果我们不战胜它的话），而付给国家资本主义较多的贡赋，不仅不会葬送我们，反会使我们通过最可靠的道路走向社会主义。"① 他认为，通过引进外资，外国资本家可以从中获得高额利润或用别的办法得不到或难以得到的原料，而苏维埃国家则从中获得生产力，学到先进的生产技术和管理经验。

3. 公有制经济与其他所有制经济的地位及相互关系

在如何看待各种所有制形式之间的相互关系这一问题上，他反对脱离生产力发展的具体现实，对各种经济成分进行抽象的分析和比较。不同的所有制形式，是与不同的生产力发展状况相适应的。在这种认识的基础上，列宁勾画了在五种所有制并存基础上整个国民经济的基本格局，他这样写道：

"新经济政策"＝

（1）**经济命脉**在我们手里

（2）土地归国家所有

（3）农民经济活动的自由

（4）大工业（和大农业）在我们手里

（5）私人资本主义——它有可能同**国家资本主义**竞争

（6）国家资本主义是这样的：我们把私人资本吸收过来同**我们的**资本合在一起。②

列宁在这里勾画的上述苏维埃俄国五种经济成分的基本格局，非常清楚地阐明了它们各自的地位、作用以及它们之间的相互关系。

首先，公有制经济必须在国民经济中居于统治和主导地位，能够支配和影响整个社会经济的发展走向。这是因为公有制经济成分掌握了国家的命脉，掌握了"大工业（和大农业）"，是全国一切土地的所有者，因而可以决定其他所有制经济的发展方向、发展规模和发展速

① 列宁. 列宁选集：第3卷. 北京：人民出版社，1995：524－525.

② 列宁. 列宁全集：第43卷. 北京：人民出版社，1987：427.

度等。

其次，苏维埃俄国建立的多种经济成分并存的所有制模式有一定的前提条件。从当时的实际情况看，苏维埃政权对各种带有资本主义性质的经济成分的存在和发展有不同程度的限制。这些限制主要表现在三个方面：第一，非公有制经济存在的前提条件限制。第二，非公有制经济的经营范围和领域有明确的限制。从当时的情况看，苏维埃俄国的私有经济主要局限于流通领域、小工业和农业，在其他国民经济部门的发展则很有限。第三，非公有制经济必须受"无产阶级国家监督和调节"[①]。由于国家政权掌握在共产党手中，社会主义公有制经济在整个社会经济中居于主导地位并起着支配作用，因而能够确保对资本主义经济的控制和监督。实行国家监督就能把在一定限度内不可避免的、为苏维埃国家所必需的资本主义纳入国家资本主义的轨道，使它在社会主义许可和需要的范围内发展并最终走向社会主义。

总之，列宁根据经济文化相对落后的具体国情，在新经济政策时期确认了苏维埃俄国存在的五种所有制经济成分，提出并实践了以公有制经济为主体、多种经济成分并存的复合所有制结构，使生产资料所有制形式和所有制结构较好地发挥了对经济发展的促进作用。列宁提出并实践的多种所有制结构理论不仅丰富和发展了马克思的所有制理论，而且对后来各国尤其是经济文化相对落后国家的社会主义建设具有重要的指导意义。

当然，列宁对社会主义社会所有制结构的探索还存在一定的局限性。当时，苏维埃政府允许存在和发展的个体私营经济等经济成分主要局限于流通领域，在国民经济的其他部门发展非常有限。此外，列宁对各种非公有制经济将来存留的时间估计得过短，对向社会主义过渡的长期性和艰巨性的估计过于乐观，导致这些探索和举措被视为临时性的应急措施。在列宁逝世后不久，由列宁所确立的以公有制为主体、多种所有制经济并存的社会主义所有制模式就被放弃，取而代之的则是在全国逐步确立的、后来对各社会主义国家影响深远的计划经济模式和单一的所有制经济模式。事实证明，这种单一的所有制模式不利于生产力的发展，也不利于发挥个体经济、私营经济和国家资本主义经济等多种经济

---

① 列宁. 列宁选集：第 4 卷. 北京：人民出版社，1995：541.

成分对经济发展的重要作用。

二、个人收入分配制度

在十月革命前后，对于个人消费品的分配，列宁认为，实行生产资料全社会公有和按每个人的劳动量分配产品是社会主义最根本的特征，但是随着列宁在不同时期对苏维埃俄国所有制结构的探索，他对收入分配的看法也发生了重大变化。在"战时共产主义"时期和新经济政策时期，列宁提出了不同的收入分配制度模式，即由"战时共产主义"时期实行低标准的按需分配即平均分配，到新经济政策时期允许多种分配方式存在。

（一）列宁关于社会主义个人收入分配制度的设计

十月革命前列宁曾一直主张，推翻资产阶级统治以后，个人消费品的分配实行按劳分配。革命胜利后，列宁根据马克思的有关预言，阐明了个人消费品的分配方式和分配制度，把马克思的按劳分配理论运用到苏维埃俄国的经济实践中。列宁不断总结经验，结合苏维埃俄国的国情，使马克思提出的未来社会主义实行按劳分配的理论变为现实。

1. 个人消费品实行按劳分配原则

按劳分配原则，是指每个人为社会提供劳动，社会按每个劳动者提供劳动的具体情况给予相应报酬的原则，即按劳付酬原则。列宁把按劳分配原则看作社会主义的一个基本经济特征，并详尽阐述了社会主义社会个人消费品实行按劳分配的历史必然性，揭示了按劳分配的科学内涵及其对社会经济发展的重要作用。

（1）按劳分配原则是社会主义的一个基本经济特征。

在《无产阶级在我国革命中的任务》（无产阶级政党的行动纲领草案）、《国家与革命》等著作中，列宁提出和论证了按劳分配原则是社会主义社会的基本经济特征。他指出，社会主义与共产主义在经济方面的区别就是，前者实行按劳分配，后者实行按需分配。因此，要过渡到完全的共产主义，仅仅消灭生产资料私有制是不够的，还必须消灭按劳分配。按劳分配也是社会主义与资本主义的区别之一。正是同生产资料公有制相联系的按劳分配，才使"劳动平等和工资平等"得以实现，从而否定了资本主义的分配方式。因此，列宁认为，"人类从资本主义只能直接过渡到社会主义，即过渡到生产资料公有和按每个人的劳动量分配产品"①。

（2）社会主义社会实行按劳分配的历史必然性。

首先，实行按劳分配是生产资料公有制的必然产物。列宁指出：在资本主义社会，生产资料以资本和地产的形式掌握在资本家和大地主手中，因而产生了按资分配和按地产分配的分配形式。在社会主义公有制条件下，"生产资料已经不是个人的私有财产。它们已归全社会所有"②。在生产资料"已归全社会所有"的条件下，每个社会成员为社会所能提供的东西（甚至是"唯一的"东西）便是劳动，因而在公有制社会中只能实行按劳分配。

其次，实行按劳分配是社会生产力还没有获得高度发展的结果。列宁认为，按劳分配并不是人类最好的分配制度，最好的分配制度是按需分配。但是，实行按需分配必须以社会生产力得到极大提高、物质产品极大丰富为前提。在资本主义社会被推翻之后，社会生产力虽然有了一定的发展，但远未达到极高的程度，劳动产品还不丰富，因此在这种情况下就不能实行按需分配，只能实行按劳分配。

最后，实行按劳分配是资本主义的痕迹在新社会中残存的必然选择。列宁指出："无论在自然界或在社会中，实际生活随时随地都使我们看到新事物中有旧的残余。马克思并不是随便把一小块'资产阶级'权利塞到共产主义中去，而是抓住了**从资本主义脱胎**出来的社会里那种在经济上和政治上不可避免的东西。"③ 这就是说，在新社会里，不可能实现绝对的平等，只能消除财产占有上的不平等。由于人们之间存在体力和脑力的差别以及负担的人口数量上的差别等，不可避免地导致人们在富裕程度上的差别，从而会有分配结果的不平等和不公平，而按劳分配只能是符合这种社会实际的必然选择。

---

① 列宁. 列宁选集：第3卷. 北京：人民出版社，1995：64.

② 同①194.

③ 同①200.

（3）按劳分配的科学内涵。

一是"不劳动者不得食"。该原则是指任何人只有通过为社会提供劳动，才能从社会领取个人收入，而不提供劳动的不能领取个人收入的原则。这一原则是与资本主义社会中劳而不获、不劳而获的原则相对立的。列宁把"不劳动者不得食"看作按劳分配原则的一个重要方面，因而扩展了按劳分配原则的科学内涵。列宁所讲的按劳分配原则，除了包括马克思恩格斯已经详细论述过的"等量劳动领取等量报酬"外，还应当包括"不劳动者不得食"原则。他指出："'不劳动者不得食'，——这就是社会主义**实践的**训条。"[①]"不劳动者不得食"的新原则不仅包括不允许任何寄生虫凭借自己的财产获得个人收入，而且包括不准许那些好逸恶劳者不通过劳动获得个人收入。在列宁看来，"'不劳动者不得食'，——这是工人代表苏维埃掌握政权后能够实现而且一定要实现的最重要、最主要的根本原则"[②]。

二是"对等量劳动给予等量产品"。该原则是指，"社会的每个成员完成一定份额的社会必要劳动，就从社会领得一张凭证，证明他完成了多少劳动量。他根据这张凭证从消费品的社会储存中领取相应数量的产品。这样，扣除了用作社会基金的那部分劳动量，每个劳动者从社会领回的正好是他给予社会的"[③]。列宁认为，实现这个原则，必须对劳动者提供的劳动实施一种强制形式，即实行最严格的计算、监督和检查，而且必须规定劳动量和劳动报酬。"这种规定所以必要，是因为资本主义社会给我们留下了诸如分散的劳动、对公共经济的不信任、小业主的各种旧习惯这样一些遗迹和习惯，这些在所有农民国家中都是最常见的。"[④]

（4）按劳分配对经济发展的作用。

首先，按劳分配是对旧社会遗留下来的寄生虫（旧官僚、暗藏的资产阶级和投机商等等）实行监督的重要方式。列宁指出："要使社会主义社会不受这些寄生虫的危害，就必须对劳动数量，对产品的生产和分配组织全民的、千百万工人和农民自愿地积极地用满腔革命热情来支持

---

① 列宁. 列宁选集：第3卷. 北京：人民出版社，1995：382.

② 同①301.

③ 同①194.

④ 列宁. 列宁全集：第38卷. 北京：人民出版社，1986：36.

的计算和监督。"①

其次，按劳分配是将一切不劳而获者改造为新型工作者的手段。列宁指出："苏维埃将首先**在富人中间，然后**逐渐在全体居民中间推行劳动手册的制度……劳动手册将不再是'贱民'的标志，不再是'下'等人的证件，不再是雇佣奴隶制的证明。它将是新社会里不再有'工人'但人人又都是**工作者**的证明。"②

再次，按劳分配原则是加强劳动纪律、提高劳动效率、提高经济效益的有效途径。按劳分配原则的基本要求就是多劳多得、少劳少得。根据按劳分配的要求，个人消费品的分配与劳动者从事生产和经营活动的状况直接地联系起来，使个人消费品分配与否和分配多少，直接取决于劳动者从事生产经营活动与否和从事生产经营活动的优劣状况，促使每一个劳动者以获取自身利益为动力从事生产经营活动，这无疑是加强劳动纪律、提高劳动生产率和提高经济效益的有效途径，有利于社会经济发展。

最后，按劳分配有利于社会主义制度的建立和巩固。列宁认为，"按照平均分配的原则来分配粮食会产生平均主义，这往往不利于提高生产"③，不利于人民生活水平的提高。只有实行按劳分配，才能"使他们的境况得到改善，使人们明显地看到和感觉到同资本主义制度的差别。这样并且也只有这样，才能建立起正常的社会主义社会的基础"④。

2. 国家公职人员实行低薪制

列宁十分注重苏维埃的政权建设问题和政府公职人员的劳动报酬。早在十月革命前夕，他就提出，在无产阶级推翻资产阶级统治之后，就会"把**整个**国民经济组织得像邮政一样，做到在武装的无产阶级的监督和领导下使技术人员、监工和会计，如同**所有**公职人员一样，都领取不超过'工人工资'的薪金，这就是我们最近的目标"⑤。十月革命胜利后，列宁将这一原则付诸实践，倡导国家公职人员实行低薪制，即"人民公仆"工资不得高于熟练工人的平均工资。在苏维埃俄国实行"取消

---

① 列宁. 列宁专题文集·论社会主义. 北京：人民出版社，2009：58.
② 同①48.
③ 列宁. 列宁全集：第41卷. 北京：人民出版社，1986：351.
④ 同③108.
⑤ 列宁. 列宁选集：第3卷. 北京：人民出版社，1995：154.

支付给官吏的一切办公费和一切金钱上的特权，把国家**所有**公职人员的薪金减到"**工人工资**"的水平"①。列宁认为国家公职人员须实行"低薪制"的主要原因如下：

首先，把国家所有公职人员的薪金减到"工人工资"的水平，是国家公职人员工农化以及国家机器掌握在工农自己手中的标志。列宁指出："这里恰巧最明显地表现出一种**转变**：从资产阶级的民主转变为无产阶级的民主，从压迫者的民主转变为被压迫阶级的民主，从国家这个对一定阶级实行镇压的'**特殊力量**'转变为由大多数人——工人和农民用**共同的力量**来镇压压迫者。"②

其次，把国家所有公职人员的薪金减到"工人工资"的水平，有利于消灭特权制和长官制。列宁指出："以资本主义和资本主义文化为基础的'原始民主制度'同原始时代或资本主义以前时代的原始民主制度是不一样的。资本主义文化**创立了**大生产——工厂、铁路、邮政、电话等等，**在这个基础上**，旧的'国家政权'的大多数职能已经变得极其简单，已经可以简化为登记、记录、检查这样一些极其简单的手续，以致每一个识字的人都完全能够胜任这些职能，行使这些职能只须付给普通的'工人工资'，并且可以（也应当）把这些职能中任何特权制、'长官制'的痕迹铲除干净。"③

再次，把国家所有公职人员的薪金减到"工人工资"的水平，有利于工人与大多数农民的利益结合，也有利于生产资料所有制的社会主义改造。列宁指出，对"一切公职人员毫无例外地完全由选举产生并可以**随时撤换**，把他们的薪金减到普通的'工人工资'的水平，这些简单的和'不言而喻'的民主措施使工人和大多数农民的利益完全一致起来，同时成为从资本主义通向社会主义的桥梁。这些措施关系到对社会进行的国家的即纯政治的改造，但是这些措施自然只有同正在实行或正在准备实行的'剥夺剥夺者'联系起来，也就是同变生产资料资本主义私有制为公有制联系起来，才会显示出全部意义和作用"④。

最后，把国家所有公职人员的薪金减到"工人工资"的水平，有利于废除官僚的各种特权，建立起工农群众自己的廉洁政权。列宁指出：

①②　列宁. 列宁选集：第3卷. 北京：人民出版社，1995：148.

③　同①148 – 149.

④　同①149.

"农民同小资产阶级其他阶层一样，他们当中只有极少数人能够'上升'，能够'出人头地'（从资产阶级的意义来说），即变成富人，变成资产者，或者变成生活富裕和享有特权的官吏。在任何一个有农民的资本主义国家（这样的资本主义国家占大多数），大多数农民是受政府压迫而渴望推翻这个政府、渴望有一个'廉价'政府的。"①

3. 技术专家实行高薪制

列宁十分重视发挥技术专家在社会主义经济建设中的作用。他指出，"没有各种学术、技术和实际工作领域的专家的指导，向社会主义过渡是不可能的"②。"资本主义给我们留下了一大笔遗产，给我们留下了一批大专家，我们一定要利用他们，广泛地大量地利用他们，把他们全都用起来。"③ 要使这些曾经长期为资产阶级旧社会服务的专家转向为新社会服务，并且在服务过程中充分地发挥他们的聪明才智，除了苏维埃的一切领导机关、共产党、工会等要像爱护眼珠一样爱护这些专家，在政治上信任他们，不苛求他们以外，还必须给他们创造适宜的生活和工作环境。因为"在没有达到共产主义社会最高发展阶段以前，专家始终是一个特殊的社会阶层，我们应该使专家这个特殊的社会阶层在社会主义制度下比在资本主义制度下生活得更好，不仅在物质上和权利上如此，而且在同工农的同志合作方面以及在思想方面也如此，也就是说，使他们能从自己的工作中得到满足，能意识到自己的工作不再受资本家阶级私利左右而有益于社会。这一切我们还不能很快办到，但无论如何一定要办到"④。

要使资产阶级专家在苏维埃俄国比在资本主义国家"生活得更好"，其具体表现和实现途径是多方面的，提高专家的工资、给专家的工作以优厚的报酬、用非常高的薪金来吸收他们则是极为重要的方面。列宁认为，用高薪聘请从旧社会遗留下来的专家，"将是顶好的政策""将是最经济的办法。不然的话，我们节省了几个亿，却可能造成用几十个亿也

---

① 列宁. 列宁选集：第3卷. 北京：人民出版社，1995：149.
② 列宁. 列宁专题文集·论社会主义. 北京：人民出版社，2009：88.
③ 列宁. 列宁全集：第35卷. 北京：人民出版社，1985：395.
④ 列宁. 列宁选集：第4卷. 北京：人民出版社，1995：628.

不能补偿的损失"①。

上述列宁关于收入分配的原则设计是以建立社会主义经济制度为基础的。但在苏维埃俄国，新制度还未完全建立起来，1918 年夏天就遭遇了外国武装干涉并爆发了国内战争。在物质资源极为匮乏的条件下，为了反击外来干涉和平息国内叛乱，苏维埃政权被迫实施"战时共产主义"政策，列宁所设计的社会主义按劳分配制度在"战时共产主义"时期也相应地进行了一些必要的改革。

（二）"战时共产主义"时期的收入分配制度

"战时共产主义"时期，有关个人消费品分配的具体制度规定主要表现在以下几个方面：

1. 实行余粮收集制

余粮收集制是指由政府强制性地把农民的全部余粮都统一收集起来，国家对粮食和主要农产品进行垄断，禁止商品贸易，取消城乡市场买卖。列宁在给彼得格勒工人的信中指出："绝对禁止任何私人买卖粮食，全部余粮都必须按照固定价格交售给国家，绝对禁止任何人保存和隐藏余粮。"② 余粮收集制名义上是征收农民的余粮，实际上农民的一部分生产生活必需品也被征集。

2. 实行普遍的义务劳动制

苏维埃俄国公布法令，在全国确立普遍的义务劳动制度，全国劳动人口都被组织起来从事义务劳动，贯彻"不劳动者不得食"的政策。这种义务劳动制度，使劳动与报酬之间的内在关系不复存在。通过义务劳动制度，苏维埃政权进一步强化了按需分配的意识。

3. 由国家统一分配，实行计划配给

在分配政策上，由国家按照共产主义的原则统一组织生产和分配，

---

① 列宁 . 列宁选集：第 3 卷 . 北京：人民出版社，1995：768.
② 列宁 . 列宁全集：第 34 卷 . 北京：人民出版社，1985：335.

实行计划配给。由于粮食及其他生活必需品严重短缺，现存的粮食及其他生活必需品如实行有差别的分配，势必会有大量居民饿死。基于这样一种严峻形势，在对个人消费品的分配政策上，列宁实际上主张个人消费品实行低标准的按需分配，即推行平均主义的分配制度。他在 1918 年 3 月初召开的俄共（布）第七次代表大会上说，要"使**一切**行业和工种中的**一切**工资和薪金逐步取平"①。

4. 实行实物分配制

在按劳分配实现的具体形式上，实行经济关系实物化。十月革命前，列宁原封不动地接受了马克思关于共产主义社会第一阶段，劳动者向社会提供劳动，社会发给他们劳动数量的凭证，然后按其劳动数量分配相应实物的思想，主张在消除了商品货币关系的社会主义社会中，按劳分配通过劳动券（证书）的具体形式进行。十月革命胜利后，列宁逐渐开始了消灭商品生产和货币交换的试验，到了"战时共产主义"时期，苏维埃政权几乎完全取消了商品生产和货币交换，经济关系的实物化也几乎完全取代了商品货币关系。在这种试验刚开始时，列宁还赞同个人消费品的分配采用货币工资的具体形式进行，但后来他认为，这只是从资本主义向社会主义过渡时期不得不采取的个人消费品分配的具体形式，而不是社会主义历史阶段应该采取的个人消费品分配的具体形式。随着列宁打算直接用无产阶级国家的法令在一个小农的国家里按社会主义原则来调整国家的生产和分配，特别是随着"战时共产主义"政策的实施，以货币工资为媒介的个人消费品分配形式，逐渐被按劳动卡片（劳动证书）分配实物的直接的个人消费品的分配形式所取代，工人们按劳动卡片甚至按人口平均发放口粮和其他食品。

（三）新经济政策时期的收入分配制度

为了克服苏维埃政权面临的严重危机，1921 年 3 月俄共（布）召开了第十次代表大会。大会根据列宁的政治报告，决定实施新经济政策。新经济政策在收入分配制度上的规定主要有以下几个方面：

---

① 列宁. 列宁全集：第 34 卷. 北京：人民出版社，1985：70.

1. 以粮食税代替余粮收集制

新经济政策规定，在农村，用粮食税代替余粮收集制，在春耕之前由政府明确公布农民该年度应该缴给国家的税额，纳税后的余粮则归农民自己支配。以粮食税代替余粮收集制，"业主能够而且一定会为着自身的利益而努力，因为向他征收的将不是他所有的余粮，而仅仅是实物税"，这是"一种能促使小农从事经营的刺激、动因和动力"① 的分配政策，因而极大地调动了农民的生产积极性，促进了农业生产的发展，从经济上巩固了工农联盟。

2. 允许多种分配方式存在

新经济政策时期的所有制结构除了公有制经济以外，还允许多种所有制经济存在。例如，新经济政策改变了"战时共产主义"时期关于工业企业普遍国有化的做法，允许将私营企业以及一部分国有化了的企业退还给原企业主经营。国家还允许以租让、租借等形式发展国家资本主义，把国家资本主义看作向社会主义过渡的桥梁。根据一定的条件，国家可以同殷实可靠、值得信任的外国资本家签订合同，将一些暂时无力恢复生产的企业，租让给他们经营。这一基本经济制度就决定了苏维埃社会主义的分配制度是以按劳分配为主体、多种分配方式并存。在国家所有制企业里，按劳分配是个人消费品分配的唯一原则；而在集体所有制合作社中，既有统一分配，又有个人直接占有。在统一分配的场合，除了按社会投入的劳动多少计量劳动报酬以外，还按社员交纳的股金多少进行收入分配。如果农民向合作社提交股金，可以按股金多少从合作社取得收入；如果农民从事集体劳动，可以按向合作社提供劳动的多少分配收入。另外，这种合作社中还存在自己劳动的收获物归自己享用的情况。同样，实行租让制、租赁制等形式的国家资本主义企业实行按资分配，外国资本家可以从中获得高额利润，或用别的办法得不到或难以得到的原料等。

3. 贯彻个人物质利益原则

在收入分配政策上，新经济政策改变了"战时共产主义"时期的实物

---

① 列宁．列宁选集：第4卷．北京：人民出版社，1995：457.

分配制，在承认劳动者个人物质利益的基础上，贯彻按劳取酬的原则。列宁通过反思"战时共产主义"政策，断然地把推动社会经济发展的主要动因归结为个人物质利益，从而提出和肯定了社会主义条件下的个人物质利益原则，即"同个人利益结合和个人负责的原则"①。该原则具体来讲，就是"把国民经济的一切大部门建立在同个人利益的结合上面。共同讨论，专人负责"，其核心内容就是使劳动者从每个人各自的切身利益出发关心生产的发展，即依靠个人的物质利益的刺激，推动经济的发展。他还指出，"不能直接凭热情，而要借助于伟大革命所产生的热情，靠个人利益，靠同个人利益的结合，靠经济核算，……通过国家资本主义走向社会主义"②，强调"必须把国民经济的一切大部门建立在个人利益的关心上面"。

4. 以货币为媒介分配个人消费品

在经历了"战时共产主义"以实物发放个人消费品的"试验"失败以后，列宁改变了他曾经坚持的社会主义历史阶段个人消费品的分配与商品经济不相容的观点。在新经济政策提出和实施期间，列宁提出社会主义时期仍然存在商品货币关系，并把个人消费品分配与商品货币关系联系起来，逐渐使工人消费品的分配在商品经济的基础上进行，并通过商品货币关系，以货币为媒介的个人消费品分配的具体形式代替劳动卡片形式的直接的实物分配。以货币为媒介分配个人消费品，劳动者在为社会提供了劳动之后，社会给予劳动者的是能充当一般等价物的货币，劳动者拿到货币以后，可以根据需求自由地选购消费品，因此，劳动者的消费不受各种实物的限制。这种形式有利于调动劳动者从事生产经营活动的积极性，有利于社会经济的发展。

(四) 收入分配形式

1. 资本形式

在新经济政策时期，要想使苏俄从落后国家向社会主义过渡必须创造物质条件。为了改变小生产占优势的落后的经济结构，列宁提出了利

---

① 列宁. 列宁全集：第 42 卷. 北京：人民出版社，1987：191.
② 列宁. 列宁选集：第 4 卷. 北京：人民出版社，1995：570.

用国家资本主义建设社会主义的多种资本形式：

（1）租让制。租让制是苏维埃俄国国家资本主义的一种形式。具体办法是：由苏维埃国家同国外资本家订立一种合同，使国外资本家在向苏维埃国家交纳一部分产品等条件下，有权支配苏维埃俄国一定数量的国有资源，如原料、矿山、油田、矿石，甚至有权支配某些工厂从事生产经营活动。承租人就是资本家，他们按照资本主义方式经营，是为了获得高于普通利润的额外利润，或者是为了获得别的办法得不到或极难得到的原料和资源。苏维埃获得的利益，就是发展生产力或在最短期间内增加产品的数量。1920年年底，苏维埃俄国实行租让制，1920年11月23日发布《租让项目的一般经济条件和法律条件》。列宁和俄共（布）曾经对租让制寄予厚望，但是，由于当时的历史条件，租让制的实施并不顺利，很少有外国资本家来俄投资。

（2）合作制。合作制是通过组织各种类型的合作社，把千百万农民，进而把全体居民联合和组织起来的制度，因此合作社代表的居民更具有广泛性。虽然从小生产过渡到社会主义大生产的过程更为复杂且速度更为缓慢，但通过合作社实现国有经济与小私有者之间的经济联系，就能够把旧的关系——社会主义以前的乃至资本主义以前的生产关系铲除掉，使小经济、小生产易于在相当时期内，在自愿结合的基础上过渡到大生产。

（3）代购代销制。代购代销制就是苏维埃国家把作为商人的资本家吸引过来，付给他们一定的佣金，由他们销售国家的产品和替国家收购小生产者的产品。

（4）租赁制。租赁制是苏维埃俄国在新经济政策时期出现的又一种国家资本主义形式。苏维埃国家把国有企业或油田、林区、土地等在签订合同的前提下租给国内的一些资本家经营，以便尽快地恢复和发展生产。租赁制的承租人必须遵照合同安排企业生产，缴纳租金，租赁期满后完整无损地将企业交还给国家。1921年7月5日，苏俄颁布了《关于出租最高国民经济委员会所属企业的程序》法令。由于出租企业都是中小企业，产值在整个国民经济中所占比重很小，随着社会主义国营大工业的迅速发展，租赁制不久就被取消了。

2. 计件工资

计件工资就是按劳动者完成任务的数量或生产产品的件数支付的工

资，也就是按一定时间内劳动者的劳动所凝结成的产品的数量来计量的工资。实行计件工资，有利于准确反映劳动者的劳动贡献，调动劳动者的劳动积极性，提高企业的劳动生产力和经济效益。列宁认为，"应该规定所有生产部门无条件地实行计件工资"①。在实行计件工资的场合，列宁十分强调计件工资应该与企业、事业单位的工作任务总量相联系，首先确定企业、事业单位的工作任务总量，然后依据此量计量、规定计件工资。列宁特别重视美国的泰罗制。他写道："试行计件工资，采用泰罗制中许多科学的先进的方法，以及使工资同产品的总额或铁路水路运输的经营总额等等相适应。"② 由于计件工资标准汲取了泰罗制许多科学的和进步的因素，不仅大大提高了劳动者的劳动强度，提高了生产率，还与企业的总任务相适应，对企业的一切生产经营活动起到全面的推动作用。

3. 奖励制度

在苏维埃政权建立的最初几年，列宁根据生产发展的客观实际情况，提出在经济领域中必须实行物质利益原则，实行奖励政策，尤其是"在那些无法实行计件工资的工种中，实行奖励制度"③，以调动广大劳动群众的积极性，促进生产力的发展。

（1）实行奖励制度具有紧迫性和重要性。

列宁认为，奖励制度体现了从个人利益上关心的原则，能够很好地把劳动者个人收入的多少与他们所承担的工作数量、质量状况直接联系起来，能够比较充分地发挥物质鼓励对劳动者从事生产和经营活动积极性的巨大刺激作用，从而有利于劳动生产率的提高。实行奖励制度是与苏维埃落后的生产力相联系的。列宁指出："要奖励那些历尽千辛万苦之后在劳动战线上仍然英勇奋斗的人。"④ "让负责人员中有尽可能多的办事迅速、提高了产量和扩大了国内外贸易额的人受到奖励。"⑤ 在苏维埃俄国无产阶级专政的基本任务中，列宁指出："不能取消鼓励成绩优良的工作特别是组织工作的奖励制度；在完全的共产主义制度下奖金是不允许

---

① 列宁．列宁全集：第 34 卷．北京：人民出版社，1985：195.

② 同①170.

③ 同①.

④ 列宁．列宁选集：第 4 卷．北京：人民出版社，1995：357.

⑤ 列宁．列宁全集：第 42 卷．北京：人民出版社，1987：380.

的，但在从资本主义到共产主义的过渡时期，如理论推断和苏维埃政权一年来的经验所证实的，没有奖金是不行的。"① 1920 年 12 月底，列宁在《关于经济建设任务的意见》的第一条，就提到了对农民的态度：征税＋奖励。

（2）奖励制度的具体形式：实物奖励＋现金奖励。

列宁在《代表大会通过的关于经济工作问题的指令》中指出："对于在发展经济中作出成绩的人，应当更加经常地授予劳动红旗勋章并发给奖金。"② 在列宁看来，奖励制的具体形式有精神奖励和物质奖励两大类。精神奖励就是对发展经济做出成绩的人员给予生产宣传或劳动红旗勋章等精神鼓励。"除了我们决心要进行的生产宣传以外，还要采取另一种诱导方式，即实物奖励。实物奖励法令是人民委员会和国防委员会最重大的法令和决定之一。"③

（3）实行奖励制度的政策措施。

列宁不仅提出要对在经济建设和其他各种工作中做出优异成绩者进行奖励，而且提出了实行奖励制度的具体政策措施。

首先，实行奖励制，必须明确奖励制度的适用领域。列宁明确提出，奖励制度的适用领域是无法实行计件工资的那些工种。他指出："应该规定所有生产部门无条件地实行计件工资，在那些无法实行计件工资的工种中，实行奖励制度。"④ 因为在一些工种中，劳动者的劳动耗费并不一定能够比较容易、比较简单地通过工作任务或产品制作表明，因而不易采用计件工资的形式，而只能采用奖励的形式。

其次，实行奖励制，必须贯彻物质利益原则。列宁指出，给优秀工作人员发放奖金和物质奖励，应该贯彻"从个人物质利益上关心"原则。苏维埃俄国在 1921 年 4 月 7 日公布了《实物奖励法》。

再次，实行奖励制，必须制定科学合理的奖励办法。列宁提出，可以"根据对外贸易人民委员部、合作社以及其他贸易机关的交易额和利润额来奖励苏维埃职员"⑤。在这里，列宁提出的对直接参加贸易的苏维埃职员

---

① 列宁．列宁选集：第 3 卷．北京：人民出版社，1995：728.
② 列宁．列宁全集：第 42 卷．北京：人民出版社，1987：361.
③ 列宁．列宁选集：第 4 卷．北京：人民出版社，1995：357.
④ 列宁．列宁全集：第 34 卷．北京：人民出版社，1985：195.
⑤ 列宁．列宁全集：第 43 卷．北京：人民出版社，1987：149.

的奖励办法，就是按照所完成的贸易额和所实现的利润额给予奖励。

最后，实行奖励制，必须注重发放奖金的经济效益，反对平均主义。列宁在为劳动国防委员会起草的给地方各级苏维埃机关的指令中，要求他们每两个月向中央汇报一次实施奖励制的工作情况，涉及发放奖金的经济效益的内容必须汇报，即把工作总结、工作成绩、产品数量与发出的实物奖励的数量要做一比较，注重经济效益。而提高发放奖金的经济效益，必须以工作成绩的提高、产品数量的增长为前提。

在收入分配制度建设中，反对平均主义。在第三次粮食会议上，列宁说道："我们在粮食分配上是有缺点的，今后决不能这样继续下去。按照平均分配的原则来分配粮食会产生平均主义，这往往不利于提高生产。共和国必须把收集到的余粮只供应生产所必需的企业。我们不可能供应全部工业企业，而且也不需要这样做，因为这会造成经营上的浪费。"① 1921 年 9 月 10 日，人民委员会通过的《工资问题的基本条例》规定："工资定额应根据最低限度的报酬——最低限度的劳动这一原则确定，报酬的提高只能依据生产率的提高，依据每个工人提高生产方面的贡献。……在确定熟练程度不同的工人、职员、中等技术人员和高级行政管理人员的工资定额时，任何平均主义思想都应抛弃。"②

总之，列宁在社会主义收入分配制度的改革和建设中，提倡实行奖励制度并十分注重发放奖金的经济效益，极力反对分配上的平均主义。这种奖励制度有利于调动群众的劳动积极性，促进生产的发展，是落后国家进行社会主义收入分配制度建设应当遵循的一项极其重要的制度。

三、国民收入再分配制度

国民收入再分配是收入分配的重要组成部分。财政和税收是国民收入再分配的两个重要途径。财政是国家有计划地组织社会产品和国民收入分配的工具，是实现宏观调节和控制的重要经济杠杆。税收则是财政收入的重要来源，是国家对各阶层的个人收入进行调节和再分配的有效工具。十月革命胜利后，苏维埃政权面临着繁重的经济建设任务，同

---

① 列宁.列宁全集：第 41 卷.北京：人民出版社，1986：351.
② 根基娜.列宁的国务活动.北京：中国人民大学出版社，1982：310.

时，又经历了国内战争和外国武装干涉的非常时期以及后来的恢复时期。这些严酷的形势要求苏维埃政权必须采取有力措施，在努力发展生产的基础上，发展、改革和完善财政体制，建立稳定的财政，为社会主义经济建设提供重要财力保证。

（一）财政制度

财政是国民收入分配的工具。列宁认为，财政必须千方百计地扶持崭新的社会主义制度，为建立社会主义的经济基础服务。仅从 1917 年 10 月 25 日至 1918 年 7 月，列宁就签署了 270 多个有关各类财政问题的法令、决议和决定，制定了苏维埃政权的财政纲领。关于列宁财政制度建设的问题主要从以下几个方面进行阐述：

1. 财政是国民收入分配的工具

财政作为一个客观的经济范畴，是国家实现其职能的需要。列宁指出："国家是阶级矛盾**不可调和**的产物和表现。在阶级矛盾客观上**不能**调和的地方、时候和条件下，便产生国家。"[1] 而 "为了维持特殊的、站在社会之上的公共权力，就需要捐税和国债"[2]。这里列宁提出了一个很重要的财政理论问题，即财政是国家为实现其职能的需要而从社会产品中产生并分离出来的一个分配范畴。作为掌握在国家手中的一种分配手段，为了维持这个脱离物质生产并凌驾于社会之上的阶级统治机构的需要，国家必须凭借它的权力，在社会产品分配中占有一定的份额，对社会产品和国民收入进行分配。因此，财政是国家为实现其职能的需要而从社会产品中产生并分离出来的一个分配范畴。

财政既然是一个分配范畴，其最基本的作用就是筹集资金和供应资金，保证社会的需要。社会主义建设必须发挥财政的这一作用，并通过财政分配，形成国家与各方面的财政关系，从而促进国民经济和其他各项事业的发展。列宁指出："巩固苏维埃财政是最艰巨的任务之一，但它现在已经占居首要地位，这个任务不完成，无论在保卫苏维埃俄国的

---

①　列宁 . 列宁选集：第 3 卷 . 北京：人民出版社，1995：114.

②　同①118.

独立免受国际资本危害方面，还是在国家经济和文化的发展方面，都不可能大踏步前进。"①

2. 加强财政集中度和国家预算

列宁认为，国家要履行制订国民经济计划和管理国民经济的职能，就必须把物力和财力集中到自己手里。"我们需要财政集中，需要力量集中；不实现这些原则，我们就不能完成经济改造，而只有完成经济改造，每一个公民才能有饭吃，个人的文化需要才能得到满足。"②"在无产阶级专政和最重要的生产资料归国家所有的时代，国家的财政应当依靠把各种国家垄断组织一定部分的收入直接用于国家需要。"③ 为此，必须建立全国性的财政，而国家预算则是全国财政的中心环节。

由于社会主义条件下国家已不再是寄生机关，而成为履行管理国家经济职能的机关，因而与国家相联系的国家预算就成为整个国民经济的预算。正如列宁所说："在已经开始的把资本家被剥夺的生产资料公有化的时期内，国家政权不再是凌驾于生产过程之上的寄生机关；它开始变为直接履行国家经济管理职能的组织，因而国家的预算便成为整个国民经济的预算。"④

3. 改变预算收支制度，增收节支

列宁认为，消灭预算赤字是苏维埃俄国在和平条件下稳定财政制度的重要条件，为了减少和消灭赤字，必须从根本上改变预算收支制度，增收节支。列宁从预算收入的形成和预算资金的分配使用等方面对增收节支进行了深刻的阐述。

在预算收入方面，列宁强调增加财政收入的根本途径是发展生产，这是巩固财政基础的主要措施。社会主义国家的财政收入主要来自实行经济核算制的国营企业，因此，必须提高国营工业企业的劳动生产率和盈利水平，使每个国营企业不但无亏损，而且要盈利，向国家多缴纳利

---

① 列宁. 列宁全集：第43卷. 北京：人民出版社，1987：229.
② 列宁. 列宁全集：第34卷. 北京：人民出版社，1985：328.
③ 列宁. 列宁选集：第3卷. 北京：人民出版社，1995：729.
④ 列宁. 列宁全集：第36卷. 北京：人民出版社，1985：420-421.

税。此外，列宁还认为，无产阶级专政的国家在掌握了从资本主义那里夺取的财政体系后，要善于利用已有的财政关系形式为无产阶级专政服务。列宁还指出，必须从根本上改变税收制度和政策，这样做既是为了保证国家预算收入，也是为了缓解劳动群众的经济困难，把课税负担转到剥削阶级身上。

在预算支出方面，列宁强调国家预算对恢复和发展国民经济的重要作用，尤其强调拨款发展重工业对于发展社会主义经济的意义。他指出："重工业是需要国家资助的。如果我们找不到这种资金，那我们就会灭亡，就不能成为文明国家，更不用说成为社会主义国家了。"① 列宁认为，削减国家支出是消灭预算赤字的重要措施，而节约国家支出的办法有两种：一是精简各类国家机构，从而减少行政管理费用；二是在资金使用上厉行节约，尤其是要节约国家机关经费以及社会文化措施和国防等开支。但是列宁在强调缩减不必要的财政开支和节约经费的同时，多次提出要增加教育经费，发展教育事业，即要"尽量压缩一切不必要的开支（中央改善生活委员会的一部分、高等院校的一部分、许多上层机构等等），以便增加对中小学校和扫盲工作的拨款"②。

4. 加强财政监督的必要性

列宁根据社会主义制度内在的、本质的联系和关系，阐明了对社会产品的生产和分配实行社会主义监督的必要性，把监督看作社会主义的"关键和基础"③。而财政监督作为主要的监督形式，发挥着重要的作用。列宁多次指出："计算和监督，——这就是把共产主义社会**第一阶段**'调整好'，使它能正常地运转所必需的**主要条件**。"④ 列宁指出，财政监督工作的主要任务是检查法规、决议和计划的实际执行情况：一是要"**考查人和检查实际执行情况**——现在全部工作、全部政策的关键就在于此，全在于此，仅在于此"⑤；二是吸收广大人民群众参与监督和实行监督公开化，让广大的非党群众来检查一切国家工作，学会自己管理。

---

① 列宁．列宁全集：第43卷．北京：人民出版社，1987：282－283．
② 列宁．列宁全集：第52卷．北京：人民出版社，1988：514．
③ 列宁．列宁全集：第34卷．北京：人民出版社，1985：246．
④ 列宁．列宁全集：第31卷．北京：人民出版社，1985：97．
⑤ 同①15．

（二）税收制度

税收是财政收入的重要来源，是国家对各阶层的个人收入进行调节和再分配的有效工具，也是国家调节经济的重要杠杆。列宁对苏维埃俄国的税制改革十分重视，对税收制度建设进行了较为详尽的阐述。

1. 充分发挥税收的作用

列宁认为，在过渡时期，税收有两个重要作用：一是充实国家预算收入，二是限制和剥夺剥削阶级。为了充分发挥税收上述两个方面的作用，列宁提出了税收的具体措施，如实行累进所得税和财产税。他写道："在财政方面，俄共将在一切可能的情况下实行累进所得税和财产税。"[1] 列宁还主张在区别对待的基础上增加税收，以取得用于社会主义经济建设的资金。此外，列宁强调要对税收制度不断进行改革，"改用按月征收所得税的办法。从国库获得收入的人数在增加；应当采取措施，用扣薪金的办法向这些人征收所得税"[2]。1922 年 1 月，列宁又提出"政治局要求财政人民委员部集中一切力量尽速增加税目，增加税收入库，并切实修正总预算"[3]。

2. 在全国建立统一的课税制度

1918 年 4 月，列宁在全俄中央执行委员会会议上关于财政问题的讲话中指出，课税制度不统一是不正常的现象。之所以出现这种现象，是由于"各地区谁想怎么征就怎么征，谁需要怎么征就怎么征，当地条件允许怎么征就怎么征"[4]。根据列宁关于课税制度需要统一的思想，苏维埃俄国于 1918 年上半年颁布法令，按收入来源以及课税财产的价值，规定全国统一的所得税和财产税，并实行高额累进税率和定期收税，同时，还对奢侈品规定了间接税。但由于后来国内战争和外国武装

---

[1] 列宁.列宁选集：第 3 卷.北京：人民出版社，1995：729.

[2] 列宁.列宁全集：第 34 卷.北京：人民出版社，1985：329.

[3] 列宁.列宁全集：第 42 卷.北京：人民出版社，1987：379.

[4] 同②210.

干涉，这个法令没能被很好地贯彻执行。

3.设计科学合理的税收原则

列宁认为，税收的征收要遵循科学合理的原则，即要以不损害劳动农民和手工业者的经济利益和不增加他们的负担作为税收原则。这一原则随着经济恢复时期粮食税的实行得到了进一步发展。列宁在总结新经济政策时指出："总的说来，粮食税减轻了全体农民的负担。这是用不着证明的。问题不仅在于拿了农民多少粮食，而且在于实行粮食税以后农民觉得心里更有数了，经营的兴趣提高了。"①

（三）财政政策和税收政策的运用

列宁十分强调财政政策对促进国家社会经济发展的重要作用，以及它们之间相辅相成和相互制约的关系，"我们无论如何要争取完成财政的扎实的改造，但必须记住，如果我们的财政政策不成功，那么，我们的一切根本改革都会遭到失败"②。为了能充分有效地发挥财政政策和税收政策的作用，列宁根据俄国各个时期的经济特点，制定了适应经济发展的财政政策和税收政策。

1."战时共产主义"时期的财政政策和税收政策

由于"战时共产主义"时期的特点和特殊需要，苏维埃俄国被迫实施了特殊的财政政策。这一时期财政政策的主要目标是实行财政集中，即把全部资财最大限度地集中到国家手里，同时，进一步剥夺剥削阶级。为了实现政策目标，苏维埃政府采取的政策措施包括：实行余粮收集制，把对资本家的强制征收改为累进所得税和财产税。1918年8月2日，列宁在《关于粮食问题的提纲》中指出："规定富裕农民用**实物**即用粮食纳税，凡粮食（包括新打下来的粮食）超过自己的消费量（包括全家口粮、牲口饲料、种子）一倍或一倍以上的，都算富裕农民。把这

---

①　列宁.列宁全集：第42卷.北京：人民出版社，1987：340.

②　列宁.列宁全集：第34卷.北京：人民出版社，1985：327 - 328.

种税称为**所得税**和财产税，并把它变成累进税。"① 这是根据"战时共产主义"时期的特殊需要而采取的一项特殊措施，即以实物税代替富裕农民的货币所得税。此后，全俄中央执行委员会又通过了关于实物税和"临时百亿革命税"的法令。这一法令的主要规定如下：实物税的课税对象是余粮，课税主体只是富裕农民和中农；实行"临时百亿革命税"，是为了获得货币资金来装备和供养红军，其纳税人是城乡资本主义分子。与此同时，苏维埃政权还提高了一些直接税的税率和扩大了纳税人的范围，并取消了一些税种。

前文的分析已经告诉我们，"战时共产主义"政策是苏维埃俄国在经济崩溃、国家领土被侵占和正常的经济联系遭到破坏的情况下被迫实行的政策，当时的战争状态要求必须从实际出发，制定正确的财政政策，这一时期的财政政策要求最大限度地把国家的物力、财力和人力集中起来，以满足战争的需要。这一时期财政政策的作用领域只限于范围极其有限的货币分配领域。

2. 新经济政策时期的财政政策和税收政策

1921 年，苏维埃俄国开始向新经济政策过渡。根据当时的形势，列宁向全党提出，当务之急是巩固和发展苏维埃政权的财政，发展新型的商品、货币与财政分配关系。俄共（布）第十一次代表大会《关于财政政策的决议》中，对新经济政策条件下苏维埃俄国的财政和财政政策问题做了阐述，指出了恢复和发展财政体系的具体步骤。概括起来，新经济政策时期主要实施的财政和税收政策如下：

（1）集中财力，保证国家经济建设和发展其他事业所必需的资金。列宁强调调整收入分配必须实行正确的税收政策，主要措施包括：一是征收粮食税，二是实行多样化的课税形式，三是利用所得税和间接税来动员资金。1922 年 9 月，苏维埃政府对许多产品都课征间接税，还设立了进出口商品关税和多种海关规费。1922 年底开始征收遗产税和财产所得税。1923 年 5 月在农村实行了单一农业税，该税开始时部分交纳实物，部分交纳现金，从 1924 年起全部变为货币税。

（2）削减和消灭财政赤字是财政政策的目标之一。这里包含两个方

---

① 列宁．列宁全集：第 35 卷．北京：人民出版社，1985：28.

面的内容：一是发展工业，增加财政收入；二是节约开支，尤其是减少国家非生产性开支，精简行政机构。

（3）实行经济核算制，扩大企业的独立性和经营自主权，改变企业和国家之间的分配关系。由于工业和财政之间有着密切的联系，新经济政策要求改变工业部门尤其是国营工业部门与国家预算之间的财政关系。改变对国营工业企业的预算拨款制，实行经济核算制。列宁指出："国营企业改行所谓经济核算，同新经济政策有着必然的和密切的联系，而且在最近的将来，这种企业即使不会成为唯一的一种，也必定会是主要的一种。在容许和发展贸易自由的情况下，这实际上等于让国营企业在相当程度上改行商业的即资本主义的原则。"[①] 1921 年 10 月 25 日，列宁主持召开了人民委员会会议，讨论发挥经济核算制企业的积极性和主动性问题，并形成决议。该决议根据列宁加强经济核算的思想，允许实行经济核算制的企业在国家不再供应原材料和资金的情况下，独立自主地销售自己的产品，自行支配企业的固定资产和流动资金，实行了经济核算制的企业在保证向国家纳税的前提下，按自负盈亏的原则从事生产经营活动。在此基础上，通过有效的财政监督和检查，精打细算，组织好国家的财政收入，防止企业偷税漏税，充分保证国家的利益不受损失。

综上所述，列宁在社会主义建立和发展过程中，对财政政策和税收政策的运用等问题所进行的深入研究和系统阐述，构成了列宁关于社会主义收入分配制度建设和改革的重要内容，极大地丰富和发展了社会主义条件下的财政税收理论与实践，对社会主义国家建设有重要的指导意义。

四、收入分配制度建设中应处理好几个分配关系

列宁在苏维埃社会主义建设的实践过程中，不仅对社会主义收入分配制度和国民收入再分配制度进行了深入研究和系统阐述，而且对收入分配制度建设和改革过程中呈现出的各种分配关系进行了深入研究，包

---

① 列宁 . 列宁全集：第 42 卷 . 北京：人民出版社，1987：366 - 367.

括收入分配与国家计划的关系、收入分配与市场制度的关系、收入分配与公平效率的关系等，处理好这些分配关系对收入分配制度建设意义重大。

（一）社会分配与国家计划

1. 列宁关于社会主义经济实行计划调节的思想

马克思恩格斯认为，在社会主义制度下，随着私有制的消灭和公有制的建立，商品货币关系必然失去基础而最终归于消灭，由国家计划调节的产品生产和分配将代替商品生产和商品交换。在苏维埃俄国建国初期，列宁在指导国家经济工作中坚持的就是马克思恩格斯的计划经济体制下商品经济的观点。列宁认为，社会主义经济是非商品经济，因而市场不再发生作用，调节经济生活的是社会计划，这是新社会制度特征和优越性的重要体现，是社会主义经济的必然要求。经济方面实行计划调节的原因有二：

第一，作为社会化大生产的大机器工业，"和以前各个阶段不同，它坚决要求有计划地调节生产和对生产实行社会监督"[①]，有计划地调整和监督生产就是自觉地保持社会经济的比例性。

第二，社会主义公有制要求实行计划调节。列宁认为，社会主义公有制要求消灭剥削，要求保证社会成员的福利和全面发展，要求更为合理地配置资源，这就需要实行对社会生产和分配的计划调节。因为"只有建立起大规模的社会化的计划经济，一切土地、工厂、工具都转归工人阶级所有，才可能消灭一切剥削"[②]。

从十月革命胜利后到 1918 年春天，苏维埃政府先后实行了土地、银行和大企业国有化，借助于国家资本主义的统计和监督机关，对全国产品的生产和分配实行全面的监督，通过工农业、城乡之间的实物交换，限制市场的作用。列宁在俄共（布）第七次代表大会的《党纲草案草稿》中明确指出："起初是国家对'贸易'实行垄断，然后通过工商业职员联合会在苏维埃政权领导下以有计划有组织的**分配**来完全彻底地

① 列宁. 列宁全集：第 3 卷. 北京：人民出版社，1984：500.
② 列宁. 列宁全集：第 13 卷. 北京：人民出版社，1987：124.

代替'贸易'。"① 其目标是逐渐消灭商品交换、货币流通，最终消灭市场，以保证建立社会主义的生产和分配制度，建立完全的产品交换制度。

2. 社会分配与国家计划的关系

既然列宁认为社会主义经济实行计划调节或计划经济，那么，在收入分配制度建设和改革中，他自然主张社会分配须臾离不开国家计划的调节。二者的关系可以概括为以下四个方面：

首先，社会分配需要国家的存在。列宁的这一思想主要体现在《国家与革命》中。在《国家与革命》中，他对社会主义社会的经济结构进行分析时指出："在这里……**全体**公民都成了**一个**全民的、国家的'辛迪加'的职员和工人。全部问题在于要他们在正确遵守劳动标准的条件下同等地劳动，同等地领取报酬。……整个社会将成为一个管理处，成为一个劳动平等和报酬平等的工厂。"② 列宁对社会主义社会结构分析的一个显著特点就是，保留了国家，并使国家充当社会生产资料的直接占有者，目的是通过国家"在保卫生产资料公有制的同时来保卫劳动的平等和产品分配的平等"③，并且认为国家还执行着所有权的职能，是全体公民即全体劳动者的总雇主，而全体公民也即劳动者则是这个国家的雇员。显然，列宁认为，保卫劳动权力平等从而实行"对等量劳动给予等量产品"的原则，正是源于国家由其所有权主体即生产主体派生出来的职能。

其次，实行国家垄断的产品交换制。1918 年春，国内战争爆发后，苏维埃俄国城乡之间、工农之间的商品交换关系由于战争的破坏完全被切断。进入"战时共产主义"时期，苏维埃政权在农村实行"余粮收集制"和"国家垄断制"。这种制度旨在对工农业实行高度集中领导，在分配方面实行有计划的严格控制，由国家有计划地分配一切必需品。在城乡工农业产品交换方面废除一切私营商业，只准许国家的供销机构独自经营（通过消费公社和合作社这些销售机构采取交换的方式进行分配），"由国家组织产品分配来代替私营商业"，"即由国家收购粮食供应

---

① 列宁．列宁全集：第 34 卷．北京：人民出版社，1985：69.
② 列宁．列宁选集：第 3 卷．北京：人民出版社，1995：202－203.
③ 同②196.

城市、收购工业品供应农村"①。通过合作社来组织的工农业产品种类主要包括食粮、布匹和生产工具，其价格由国家统一规定，通过这种办法把全体居民组织到"生产—消费"公社中来。列宁认为，只有"把所有商品都收归国有，规定价格，我们才真正接触到社会主义"②。为此，列宁主张把原有的合作社改造为全民的、全国统一的合作社，把整个分配机构严格地集中起来，有计划地分配一切必需品。

再次，借助国家的统计和监督机关对全国的生产和分配实行全面的监督。在苏维埃政权建立初期，政权不稳，处境艰难，列宁认为建立使新政权得以巩固的经济基础首要的是迅速恢复经济，但在相当长时期内，由于资产阶级的存在和旧社会的恶习在许多人身上留有痕迹，因此必须对社会生产和产品分配实行统计和监督。列宁认为，实行国民经济计划，就要"对产品的生产和分配实行全民的、包罗万象、无处不在、最精密、最认真的**计算**"③，要"把全部国家经济机构变成一架大机器，变成一个使亿万人都遵照一个计划工作的经济机体"④。当时由于经济遭受严重破坏尚未恢复，列宁关注的重点是对劳动量和产品分配的统计和监督，尤其是侧重于对可能获得的燃料、食品和各种日用消费品的国家计划分配，使供给与消费保持最低水平的平衡，尽量做到不饿死人。列宁也把这种直接管理体制与社会主义、共产主义社会联系起来，把计划和监督看作共产主义社会正常运转所必需的主要条件和"社会主义革命取得完全胜利的主要条件"⑤。

最后，国家为社会分配提供法律和政策保障。列宁认为，生产资料公有制的分配方式即按劳分配需要国家的法律和政策保障。他写道："如果不愿陷入空想主义，那就不能认为，在推翻资本主义之后，人们立即就能学会**不要任何权利准则**而为社会劳动。"⑥ 在社会主义阶段，不仅生产资料公有制需要国家来保卫，而且劳动的平等和分配的平等也需要国家来保卫。同时，这个时期在消费资料分配上必然存在的资产阶级权利，也需要国家来保卫。国家对按劳分配保障的重要表现就是对生

---

① 列宁. 列宁选集：第 4 卷. 北京：人民出版社，1995：61.
② 列宁. 列宁全集：第 34 卷. 北京：人民出版社，1985：475 - 476.
③ 列宁. 列宁全集：第 32 卷. 北京：人民出版社，1985：299.
④ 同②5.
⑤ 同②257.
⑥ 列宁. 列宁全集：第 31 卷. 北京：人民出版社，1985：90.

产和消费实行严格的统计和监督。

诚然，随着经济形势的变化和社会主义建设实践的深入，列宁对计划经济的认识也在不断变化和发展。最初列宁认为，实行国民经济计划，就要使千百万人的生产与分配严格遵守统一的计划与标准。通过苏维埃政权几年的经济实践，列宁的经济计划思想变得更为实际。首先，他告诫人们："完整的、完善的、真正的计划，目前对我们来说＝'官僚主义的空想'。不要追求这种空想。"① 其次，经济计划不是凝固不变的指令。随着实践的发展与变化，计划应该根据实际经验来补充、发展和修改。再次，经济计划不是任意编制的，而是要有科学根据。最后，列宁指出，经济计划要分轻重缓急，突出重点。"统一的经济计划要求经济建设分别轻重缓急，因此执行计划时贯彻重点制是无可争辩的。"②

（二）社会分配与市场制度

在实行新经济政策的基础上，列宁晚年对国民经济实行计划管理的思想发生了明显的变化，其中，最重要的变化就是从完全否定、排斥市场转向把计划与市场结合起来，探索出了一条以国家计划为主导，以市场经济关系为基础的新经济体系。随着对市场制度认识的深化，他对收入分配制度的认识也有了新的变化。

1. 列宁对市场制度的探索

在1921年实施新经济政策以前，列宁和俄国共产党的其他领导人按照逐步消灭商品、货币的原则向社会主义过渡。但是，十月革命后三年多的社会主义革命和建设的实践，使列宁逐渐改变了这一观念。"战时共产主义"政策存在的弊端促使列宁重新思考商品货币的关系。他深刻地认识到，在一个经济比较落后的小生产占优势的国度里，是不可能消灭商品和货币关系的，任何这样的尝试都必然要受到客观规律的惩罚。正是在总结新的实践经验的基础上，列宁开始领悟到商业和市场机

---

① 列宁．列宁全集：第50卷．北京：人民出版社，1988：130.
② 列宁．列宁全集：第40卷．北京：人民出版社，1986：11.

制对发展社会主义经济的必要性和积极作用，觉察到市场经济是不可超越的阶段，从而在社会主义发展史上第一次提出了社会主义时期仍然存在商品货币关系，提出了以计划为主导，以市场为基础，利用商品、货币关系来建设社会主义的新理论。

首先，计划是方向、目标，市场是基础。列宁认为，在一个经济落后的国家中进行经济建设，不能没有对未来经济发展的基本设想。这些基本的设想，就是人们预先制订的计划，就是经济发展的"尺度、准则、灯塔、路标"①，但仅仅有尺度、准则、灯塔、路标还远远不够，还必须寻找到一定的经济基础。经过"战时共产主义"时期的探索，列宁确认了这个经济基础就是市场，是商业，是商品货币关系。

其次，计划要靠市场实施和实现。十月革命前和十月革命后的初期，特别是"战时共产主义"时期，由于列宁当时认为社会主义条件下不存在商品货币关系，因而主张计划完全靠苏维埃政权发布的行政命令来实施和实现。经过几年的探索和实践，列宁最终确认了苏维埃俄国即使在公有制条件下也不能消除商品货币关系，因此，在新经济政策实施前后，列宁对国家经济计划的实施和实现途径的认识发生了重大变化。他在致格·马·克尔日扎诺夫斯基的信中指出："几乎每一章都可以（而且我认为应该）增加一两页，说明新经济政策**不是要改变**统一的国家经济计划，**不是要超出**这个计划的范围，而是要改变实现这个计划的**办法**。"② 这里，列宁明确表示，国家的经济计划是不应该废除的，所改变的仅仅是国家经济计划的实现方法、途径。在存在商品货币关系、存在市场的条件下，国家经济计划不应该排除市场的作用，而应该通过市场发挥作用来实施和实现。

列宁在《论粮食税》的提纲中写道：

> **在**一些大国的无产阶级革命还没有到来**以前**，经济关系或经济体制的类型＝上面实行集中
>
> 下面实行农民的贸易自由……③

这是 1921 年三四月间列宁对计划与市场结合模型的设想。所谓

---

① 列宁. 列宁全集：第 41 卷. 北京：人民出版社，1986：378.
② 列宁. 列宁全集：第 52 卷. 北京：人民出版社，1988：40.
③ 同①377.

"上面实行集中"，就是对大工业、交通运输业、银行、邮电、对外贸易和大部分重要物资，由国家从上而下集中控制，计划调节。所谓"下面实行农民的贸易自由"，就是在一定范围内实行市场调节。这里对范围的限定，一是农民自产的税后剩余产品，二是当地集市贸易的商品交换。1921 年 12 月俄共（布）第十一次代表大会的决议，准确地反映了列宁关于计划通过市场实现的思想。决议指出："必须从市场的存在出发并考虑市场的规律，掌握市场，通过有系统的、深思熟虑的、建立在对市场过程的精确估计之上的经济措施，来调节市场和货币流通。"[①]

最后，计划的制订、修改和调整必须以市场需求为根据。新经济政策实施前后，列宁已经由持消灭商品货币关系的见解转向社会主义建设必须保留商品货币关系的见解，因而他十分注意"研究市场"，坚持把市场需求作为制订国民经济计划的依据。他指出，"需要适应的并不是苏维埃政权要求什么和苏维埃机关能够完成什么。不，你们应该适应小农的经济生活条件，应当考虑他们需要什么以及哪些需要已经得到满足"，"还要考虑地区的差别，考虑对商品的不同需要和不同的等价物"[②]。列宁还几次写信给苏维埃俄国的国家计划委员会，要求国家计划必须依据市场需求的变动进行修改，特别是"应该根据仔细研究过的实际经验来补充、发展、修改和实施这个计划"[③]。

总之，列宁由"战时共产主义"时期否定、排斥市场机制到主张把计划调节与市场调节结合起来的转变，是结合俄国当时的实际，总结社会主义实践经验教训后在认识上的重大飞跃，列宁对市场制度的揭示，对社会主义国家实行市场经济体制及完善市场体系做出了重大的理论贡献。

2. 由国家资本主义的商品交换制转向发展商业和自由贸易

十月革命胜利后到"战时共产主义"时期，苏维埃政府先后实行了土地、银行和大企业国有化，借助国家的统计和监督机关，对全国产品的生产和分配实行全面的监督，通过工农业、城乡之间的交换，限制市

---

① 中共中央编译局. 苏联共产党代表大会、代表会议和中央全会决议汇编：第 2 分册. 北京：人民出版社，1964：137.
② 列宁. 列宁全集：第 41 卷. 北京：人民出版社，1986：350.
③ 列宁. 列宁选集：第 4 卷. 北京：人民出版社，1995：441.

场的作用，目的是消灭商品交换、消灭市场，以保证建立社会主义的生产和分配制度，建立完全的产品交换制度。实行新经济政策以后，列宁逐渐改变了在商品货币问题上的看法，认识到地方流转、自由贸易、商品货币对于一个小农国家来说是不可避免的社会经济形式，只有通过它们才能建成社会主义所需要的物质基础。因此，随着从"战时共产主义"的余粮收集制过渡到新经济政策的粮食税政策，列宁认为，在商品货币关系上也要做相应的调整，即由国家垄断制的交换关系"退到"国家资本主义商品交换制。所谓国家资本主义商品交换制，就是指各种国家资本主义企业生产的工业品，再加上一小部分由社会主义大工业企业提供的产品与农民生产的农产品相交换的制度。国家需要的农产品一部分以赋税方式无偿地征收，另一部分通过商品交换方式取得。这种方式在很大程度上不是用货币为媒介进行的商品交换，不是现代意义上的商品交换，而是以消费合作社为中介，进行城乡产品以物易物的"直接交换"。

到1921年，苏维埃俄国的"商品交换失败了。所谓失败，是说它变成了商品买卖"①。新经济政策的实践证明，"商品交换作为一种制度已经不适应实际情况，实际情况奉献给我们的不是商品交换而是货币流通、现金交易"②。列宁对商品货币关系的认识深化以后，决定进一步开放市场，扩大商品货币流通的渠道，从而形成了商品货币关系的新思想。这一思想具体表现为强调发展商业的重要性。列宁指出："商业是千百万小农与大工业之间唯一可能的经济联系。"③"为了逐渐发展强大的工农联盟，只能在工人国家的领导和监督下利用商业并逐步发展农业和工业，使其超过现有水平，此外没有任何别的出路。"④列宁说："设法使工业能满足农民的需要，使农民能通过商业满足自己的需要。……只有这样，我们才能建立起大工业。"⑤为此，列宁宣布："我们应当认识到，我们还退得不够，必须再退，再后退，从国家资本主义转到由国家调节买卖和货币流通。"⑥

---

① 列宁. 列宁全集：第42卷. 北京：人民出版社，1987：228.
② 同①234.
③ 同①前言Ⅴ.
④ 同①335.
⑤ 同①194.
⑥ 同①.

总之，列宁认为，商业的发展可以带动农业和手工业、小手工业的恢复和发展，同时，农业和手工业、小手工业的发展又促进了社会主义大工业的恢复和发展，从而使社会主义制度在小农国家中站稳脚跟，为建设社会主义经济奠定基础。

3. 鼓励全体居民参加合作社流转

在新经济政策实施之前，特别是在"战时共产主义"时期，与当时加速消灭市场、消灭商品货币关系的政策相适应，列宁打算使合作社成为消灭商品经济的组织，把合作社看作联合起来的小农的"国家资本主义"性质的经济组织。新经济政策时期，列宁对合作社的地位、意义和作用的认识也越来越深刻。他在晚年的著作《论合作社》中，对合作社的认识有了质的飞跃，他指出："在生产资料公有制的条件下，在无产阶级对资产阶级取得了阶级胜利的条件下，文明的合作社工作者的制度就是社会主义的制度。"① 这说明，列宁把合作社这种组织农民进行商品交换并进而过渡到生产协作的机关，看作长久以来寻找到的适于当时条件的社会主义的形式。

在作为合作制组织形式的合作社内，土地所有权属于国家，使用权归社员；大宗生产资料归公有，还有相当一部分生产资料属于社员所有。在经营方式上，劳动者有较大的独立性、自主性和灵活性，可以根据各种主、客观条件采取各种生产经营措施，经营方式灵活。在个人消费品分配方面，合作社既有统一分配，也有个人直接占有；在统一分配方面，除了按社员投入的劳动多少分配劳动报酬以外，还按资分配。列宁说，合作社"资金的来源应是自愿交纳。……谁交股金，谁就得到收益"②。

基于对合作社的地位、作用及特点的认识，列宁要求全体居民都参加合作社，鼓励全体居民都参加合作社买卖，支持合作社的流转。列宁在引导农民放弃私有制、走向公有制时说："我们要做的事情'仅有'一件，就是要使我国居民'文明'到能够懂得人人参加合作社的一切好处，并参加进去。"③ 同时，列宁要求每一个合作社工作者把革命胆略

---

① 列宁. 列宁选集：第4卷. 北京：人民出版社，1995：771.

② 列宁. 列宁全集：第43卷. 北京：人民出版社，1987：55.

③ 同②364.

和革命热忱与做一个干练而有知识的商人的本领结合起来，按欧洲方式做买卖。这表明，列宁把合作社与商品经济联结起来，认为合作制以及它赖以存在的基础——商品经济是与社会主义完全一致的。

4. 企业拥有从事生产经营活动的全部权力，国营企业实行经济核算制

新经济政策实施之前，苏维埃俄国的国营企业完全是整个国家这个"大工厂"的一个车间，在生产、销售、投资等方面都处于无权地位。随着新经济政策实践的发展，1921年下半年后，不仅工农之间、城乡之间的商品交换变成了以货币为媒介的通常意义上的市场买卖关系，而且在国营企业、合作社企业、私营企业、租让租赁企业之间也形成了市场买卖关系，甚至在国营企业内部也实行"按商业原则办事"。列宁逐渐认识到企业要取得成绩就必须拥有全部权力，承认企业生产经营活动的自主权，让企业主自主经营，国家对企业的生产经营采取"不干预"① 方式。列宁认为，既然已经转而采取市场的经济形式，国家就一定要给各个企业在市场上从事经济活动的必要自由，而不希望用行政手段来代替它。他主张国营企业也必须实行经济核算。进行经济核算，就是运用生产成本、工资、利润、价格、资金等经济范畴，对企业的生产经营状况进行对比分析，从中找出提高经济效益的最佳方案。

（三）社会分配与公平、效率

列宁在进行苏俄社会主义收入分配制度建设中，十分注重社会分配与公平和效率的关系。早在十月革命前，列宁便依据马克思的预言，阐明了推翻资本主义之后"在共产主义第一阶段还不能做到公平和平等，因为富裕的程度还会不同，而不同就是不公平"②。列宁关于社会分配与公平和效率的看法主要概括为以下三个方面：

1. 按劳分配体现了劳动者的公平和平等权利

列宁把马克思的按劳分配原则具体地区分为"不劳动者不得食"和

---

① 列宁. 列宁全集：第42卷. 北京：人民出版社，1987：523.
② 列宁. 列宁选集：第3卷. 北京：人民出版社，1995：195.

"对等量劳动给予等量产品"两个方面，认为这两个方面才是公平的分配原则。个人收入按同一尺度或标准进行分配，每个人在这种同一尺度或标准面前是平等的。

十月革命前，列宁在思想上直接继承了马克思恩格斯设想的社会主义分配模式。他在《国家与革命》中提出，在社会主义社会里，"整个社会将成为一个管理处，成为一个劳动平等和报酬平等的工厂"①。在这里，公平分配的含义是劳动平等和报酬平等，就是给每个人以同等的工作机会，给每个人同其劳动贡献相等的报酬。人们除了自身劳动能力即技能的差异之外，不存在任何其他可影响人们劳动选择和报酬多少的因素。

列宁具体阐释了实行"不劳动者不得食"和"对等量劳动给予等量产品"在社会主义阶段的客观必然性。他说，在社会主义阶段，"人剥削人已经不可能了，因为已经不能把工厂、机器、土地等**生产资料**攫为私有了"②，但是还不能实行"按需分配"，因为在共产主义社会的第一阶段，"共产主义在经济上还**不**可能完全成熟，完全摆脱资本主义的传统或痕迹"③。因此，在共产主义社会高级阶段到来之前，社会还必须对劳动标准和消费标准实行极严格的监督。"不劳动者不得食"在社会主义阶段具有十分重要的意义。它是社会主义的第一个主要根本原则，根据这一原则把社会主义社会"调整好"，使整个社会"成为一个劳动平等和报酬平等的工厂"④，"但是，无产阶级在战胜资本家和推翻剥削者以后在全社会推行的这种'工厂'纪律，决不是我们的理想，也决不是我们的最终目的，而只是为了彻底肃清社会上资本主义剥削制造成的卑鄙丑恶现象**和为了继续**前进所必需的一个**阶段**"⑤。

2. 个人收入分配领域还存在资产阶级权利

列宁在谈到按劳分配所体现的权利时写道："这里确实有'平等的权利'，但这**仍然是**'资产阶级权利'，这个'资产阶级权利'同任何权利·一·样·，·是·以·不·平·等·为·前·提·的·。任何权利都是把同一标准应用在**不同的**

---

① 列宁．列宁全集：第31卷．北京：人民出版社，1985：97.
② 列宁．列宁选集：第3卷．北京：人民出版社，1995：195.
③ 同②200.
④ 同②202－203.
⑤ 同②203.

人身上,即应用在事实上各不相同、各不同等的人身上,因而'平等的权利'就是破坏平等,就是不公平。"① 之所以收入分配领域存在这种不平等和不公平,完全是因为在资本主义被推翻之后的一个相当长的历史时期,社会经济发展不可能一下子成熟,还不可能完全摆脱资本主义的传统和痕迹。"但是这些弊病,在经过长久阵痛刚刚从资本主义社会产生出来的共产主义社会第一阶段,是不可避免的。权利决不能超出社会的经济结构以及由经济结构制约的社会的文化发展。"② 因此,资产阶级权利在个人消费品分配领域依然存在,"依然是社会各个成员间分配产品和分配劳动的调节者(决定者)。'不劳动者不得食'这个社会主义原则**已经**实现了;'对等量劳动给予等量产品'这个社会主义原则也**已经**实现了。但是,这还不是共产主义,还没有消除对不同等的人的不等量(事实上是不等量的)劳动给予等量产品的'资产阶级权利'"③。

但是,个人消费品分配领域存在的资产阶级权利,不是具有资产阶级性质的不平等,而是社会主义性质的不平等。这是因为,在社会主义社会中,资产阶级权利在生产资料所有制关系上已经取消,人们不能把工厂、机器、土地等生产资料攫为己有并使之成为剥削他人的手段,人剥削人所造成的人与人之间的不平等已成为过去。按等量资本获得等量利润、按相同质和量的土地获得等量地租、按等量劳动力价值获得等量工资的原则,已经被新的"不劳动者不得食"和"对等量劳动给予等量产品"的新的社会主义分配原则取代。

3. 按劳分配是提高劳动效率的途径

尽管列宁没有直接论述效率问题,但在他看来,按劳分配不仅是公有制条件下实现公平的唯一途径,而且是提高劳动效率的途径。因为个人消费品的分配原则是等量劳动换取等量产品,劳动报酬的多少取决于劳动者提供的劳动量,这就意味着劳动者的收入水平和生活水平是与自己的劳动数量和质量联系在一起的,劳动者取得的收入与他们投入社会生产的劳动量成正比。列宁认为实行"不劳动者不得食"与"等量劳动给予等量产品"的原则,自然可以激发出劳动者的积极性,从而产生竞

---

① 列宁. 列宁选集:第 3 卷. 北京:人民出版社,1995:194.
② 马克思,恩格斯. 马克思恩格斯选集:第 3 卷. 北京:人民出版社,1995:305.
③ 同①196.

争，在客观上促使劳动者不断提高劳动能力，向社会生产投入更多的劳动量，进而带来经济效率（这里的效率仅限于劳动效率）的提高。列宁指出："按照平均分配的原则来分配粮食会产生平均主义，这往往不利于提高生产。"① 在此基础上，列宁提出了保证效率的具体措施，主要包括：

第一，由国家作为公平分配的主体。列宁认为，"除了'资产阶级权利'以外，没有其他准则。所以就这一点说，还需要有国家在保卫生产资料公有制的同时来保卫劳动的平等和产品分配的平等"②。"因为如果没有一个能够**强制**人们遵守权利准则的机构，权利也就等于零。"③ 列宁十分强调国家保卫"资产阶级法权"的功能，其实正是试图通过保卫那些因劳动能力不同而带来的不平等以确保经济效率的提高。

第二，对产品的生产和分配建立最严格的全民计算和监督。列宁认为，社会主义经济的特点是建立在社会化大生产基础上的联合劳动。如果没有科学的计算和严格的监督，就根本不可能组织社会主义的新经济。因此，在向社会主义过渡时，必须搞好计算和监督，这是顺利建设社会主义的一个极为重要的条件。

第三，贯彻物质利益原则。该原则有助于效率的提高。列宁根据俄国革命的实践经验，正确阐明了马克思主义的物质利益原则。他肯定指出，"我们不应该指望直接采用共产主义的过渡办法"④，"必须把国民经济的一切大部门建立在同个人利益的结合上面"⑤。他认为，整个问题在于要给工人、农民一种经济上的刺激和鼓励，并指出，过去在革命和战争过程中直接依靠人民的革命热情来实现一般政治任务和军事任务，但现在实现经济任务却不能这样做。这是因为"为了**作好**向共产主义过渡的**准备**（通过多年的工作来准备），需要经过国家资本主义和社会主义这些过渡阶段。不能直接凭热情，而要借助于伟大革命所产生的热情，靠个人利益，靠同个人利益的结合，靠经济核算，在这个小农国家里先建立起牢固的桥梁，通过国家资本主义走向社会主义"⑥。列宁

---

① 列宁．列宁全集：第41卷．北京：人民出版社，1986：351.

② 列宁．列宁选集：第3卷．北京：人民出版社，1995：196.

③ 同②200.

④ 列宁．列宁全集：第4卷．北京：人民出版社，1995：581.

⑤ 同④582.

⑥ 同④570.

把社会主义条件下个人物质利益原则同按劳分配联系起来，为正确处理个人消费品分配中的关系奠定了坚实的理论基础。

综上所述，列宁所谓的公平分配并不是一种抽象的主观设想，而是与现实的经济基础相吻合，有利于促进生产、提高效率的分配形式。虽然列宁的主张在苏维埃俄国个人收入分配中不可避免地导致不平等、不公平，但这种不平等、不公平，是在个人收入分配中按同一个劳动尺度分配结果的不平等、不公平。由于人们之间体力、智力的差别以及负担人口的差别并不大，因而分配结果在程度上差别不会过大。如果人们之间个人收入的差距过大，甚至高低悬殊，就违背了按劳分配的原则。也正是基于收入差距应保持合理限度的考虑，列宁要求苏维埃俄国的"技术人员、监工和会计，如同**所有**公职人员一样，都领取不超过'工人工资'的薪金"①，而不是领取高薪金。

---

① 列宁.列宁选集：第3卷.北京：人民出版社，1995：154.

第十章　列宁关于社会主义医疗卫生的思想

积极发展医疗卫生事业，维护人民群众的生命健康权益，是社会主义社会建设事业的重要内容，关系到社会主义事业的兴衰成败。

一、沙皇俄国医疗卫生事业概述

（一）医疗卫生的重大意义

医疗卫生关系到社会主义的成败。列宁认为，大力发展医疗卫生事业，消灭传染病、流行病，为人民群众提供基本医疗和卫生服务，保障和提高人民群众健康水平，是社会主义的基本任务，直接关系到社会主义的成败。将医疗卫生工作的地位和作用提高到关系社会主义成败的高度，是列宁医疗卫生思想的一个重要特点。列宁在 1919 年 12 月 5 日的《全俄中央执行委员会和人民委员会的报告》中指出：**"或者是虱子战胜社会主义，或者是社会主义战胜虱子！"**①

列宁如此强调医疗卫生对于社会主义国家的重要性，是因为发展免

---

① 列宁. 列宁全集：第 37 卷. 北京：人民出版社，1986：391.

费的医疗卫生事业不仅是社会主义的根本要求，更是列宁和苏维埃政权所处的特定环境和时代任务的迫切要求。在沙皇时代的俄国，劳动人民维持生命所需的基本医疗都难以保证，日常生活的卫生状况更是堪忧，加之帝国主义战争和国内战争造成了无数的伤病员，传染病、流行病盛行，劳动人民的生命受到伤病的严重威胁，形势十分严峻。

医疗卫生关系到社会主义国家社会目标和经济目标的实现。努力实现人民群众享有基本的医疗卫生服务，确保人民群众拥有良好的健康状况和生活水平，是社会主义社会发展的基本目标、根本任务，也是社会主义国家发展水平的重要标志。保卫新生的苏维埃政权需要身体健康的士兵，发展生产、进行社会主义建设需要身体健康的劳动者。因而，建立和完善医疗卫生保障体系，改善人民群众的生活质量，提高人民群众的健康水平，对于巩固新生的苏维埃政权，实现社会的长治久安，促进社会主义经济的发展都有积极的意义。

医疗卫生直接关系到广大人民群众的切身利益。医疗卫生工作涉及千家万户，事关人民群众的身体健康和生命安全，与广大人民群众的切身利益密切相关，从古至今一直是社会高度关注的热点和焦点问题。社会主义医疗卫生事业发展得好，就可以有效维护广大无产阶级的健康权益，反之，就会影响甚至损害广大无产阶级的利益。

（二）十月革命前俄国医疗卫生状况

沙皇俄国是一个资本主义发展迅速的、由地主阶级占统治地位的国家，统治阶级毫不关心工人和农民的健康。由于医疗卫生体制落后，生活条件、劳动条件恶劣，流行病、传染病盛行，帝国主义战争造成大量伤病员，医疗物资缺乏，劳动人民的健康状况十分糟糕。

十月革命前俄国医疗卫生组织本身所存在的缺陷，严重地阻碍了人民群众获得医疗卫生服务。医疗机构分散于政府各部、主管机关、社会团体和慈善机构，对城市居民提供医疗服务的主要是私人医生，各种形式的医疗卫生组织独立存在。形式上由法律责成内务部管理和监督医疗卫生事业，但实际上许多机构并不接受内务部的领导和监督，如宫廷和皇室领地部、人民教育部、工商业部都有自己的只受直属领导者管理的医务处。在地方上同样没有统一的能协调医疗卫生工作的组织。

19 世纪 60 年代，俄国产生了两种主要的医疗组织形式，一种是地方自治医疗机构，一种是工厂诊所。这两种医疗组织为保障广大劳动人民的健康发挥了重要作用。地方自治医疗机构是俄国革命前最进步的医疗卫生组织。地方自治医师在乡村居民的防病治病、卫生知识的传播、地方医院的建设、乡村卫生记载等方面开展了很多工作，发挥了较大的作用。由于受到经费、设备限制，和常常受旧警察、官吏的欺压和迫害，且不能根本改变农民恶劣的医疗卫生条件，地方自治医疗机构的作用仍然是十分有限的。工厂诊所的情况也大抵如此。软弱的国家医疗机构、被限制的铁路医疗组织、地方自治小诊所、工厂诊所、私人诊所构成了沙皇俄国松散的落后的医疗组织。

同时，俄国几乎没有国家卫生法规，只颁布过一些关于霍乱和鼠疫流行病的规定，并且缺乏监督。这使得城市和乡村的自治局不能向工厂主、主管机关或私人团体、地主在建设工厂、住宅以及有关保障工人的健康和劳动等方面提出遵守卫生标准的要求。由于卫生条件恶劣，各种流行病首先发生在工人居住和工作的地方并由此蔓延开来。

在乡村，卫生条件极其恶劣，死亡率居高不下。沙皇俄国的农村仍然是地主经济占统治地位，且农奴制影响深远，农民遭受着地主的无情剥削，甚至比城市无产阶级的处境更为悲惨。"穷人也经常食用类似的粥，这种东西是被富人用来喂猪的。……因此，女农民总是光脚走路，男农民则很经常光脚走路。"[1] "在地主地产最大的地方，出生率最低。60—70 年代全俄国的平均死亡率是 28 个居民中死 1 个。个别省份是 18 个居民中死 1 个（彼尔姆省），甚至还有 10 比 1 的。"[2] 农村资本主义的发展，造成土地大量集中，农民逐渐无地可种，失地失业农民日益增多，加之不堪忍受地主残酷剥削，很多农民逃离农村，来到城市，形成新的无产阶级。这一后备军的形成，使城市无产阶级的生存状况更加恶化。

在城市，工人生活困苦，劳动条件恶劣，职业病广泛流行。1865 年，俄国城市工人总数约为 706 000，而到 1890 年，数量猛增至 1 433 000，到 19 世纪 90 年代末，城市工人数量已达到 2 792 000。俄

---

[1]　弗列罗夫斯基. 俄国工人阶级状况. 北京：商务印书馆，2009：86 - 87.
[2]　同[1]20.

国资本主义并不发达，却有如此庞大的产业工人，工人生活的困难可见一斑。"当时在法国是 70 个人当中死一个，而在我们的工业省份死亡率最低的指标是 27 个人当中死一个"，"工业，这个原是人民福利与幸福的源泉，在我们这里成了致人死地的祸患，成了连鼠疫与霍乱都无法与之相比的灾难"①。

帝国主义战争造成了大量的伤员，"战争开始以来，伤亡、被俘，总计 350 万人"②。十月革命前，全俄罗斯的医院共有 14 万张病床，1 230 个诊所，近 2 万名医师和 5 万名医士、助产士及护士。城市的医疗机构，大部分都被军队占用，大部分医疗工作者都在军队服务。在和平时期，劳动人民所能享有的医疗服务就不够，在战争时期，情况更加恶化。

（三）十月革命前俄国妇女儿童事业状况

妇女和儿童一直是俄国最为弱势的群体，他们遭受着最为残酷的剥削和压迫，妇女儿童正常的权益得不到任何保护，俄国社会存在着大量残酷剥削女工、剥削孕妇、使用童工的现象。列宁在 1921 年 3 月 4 日的《国际劳动妇女节》的讲话中，最为精辟地谈到了妇女的地位和状况，"占人类半数的妇女在资本主义制度下受着双重的压迫。女工和农妇受着资本的压迫，不仅如此，她们甚至在最民主的资产阶级共和国里也仍然没有享受充分的权利，因为法律不允许她们同男子平等，这是第一；第二，——这也是主要的——她们仍然受着'家庭的奴役'，仍然是'家庭的奴隶'，她们被最琐碎、最粗重、最辛苦、最使人愚钝的下厨房等单独的家务劳动压得喘不过气来"③。

俄国资本主义的发展，使妇女儿童的生存状况日益恶化。在资本主义工厂里，妇女干着与男性一样繁重的体力活，而工作环境甚至更为恶劣，工作时间大多比男性更长，受到资本家的剥削和压迫更甚。在工厂里分娩的现象极其普遍，很多孕妇直到分娩的那一天，有的甚至到分娩前一小时还在车床边劳动，应召而来的管理员经常打骂甚至

---

① 弗列罗夫斯基. 俄国工人阶级状况. 北京：商务印书馆，2009：22.
② 诺索夫. 苏联简史. 北京：三联书店，1977：490.
③ 列宁. 列宁全集：第 40 卷. 北京：人民出版社，1986：380.

将她们赶出工厂。很多乡村妇女由于劳作，在田野里意想不到的情况下分娩。据有关资料统计，在 1911 年分娩的 700 万孕妇中，只有约 5.2% 的人得到了医疗服务。妇女不仅受着资本家的剥削，在家庭生活中也没有任何权利和地位。沙皇的法律使妇女在家庭中处于极端屈辱的地位，如《俄罗斯联邦民法典》规定：妻子必须服从自己的作为家长的丈夫，要爱他、尊重他、绝对听从他，对作为一家之主的丈夫，要竭力取得他的欢心，并眷恋他。很多妇女在劳作一天后，回家挨过打之后还不得不服侍醉酒的丈夫和干繁重的家务。为生活所迫，很多男人甚至强迫妻子去卖淫，医疗卫生条件的落后，造成了性病的流行，妇女生活十分悲惨。

恩·弗列罗夫斯基在《俄国工人阶级状况》里曾这样描述农村的现实，"俄罗斯农民阶层中的孩子的高度死亡率证实了这些看法，孩子的高度死亡率是农民困境的不容置疑的标志。在这种情况下出生第一年的孩子的死亡率特别重要，它表明母亲的虚弱和健康状况不佳"[①]。"什么卫生条件也没有，对小孩碰到什么喂什么。穷人家里一般都是没有牛奶的，这时让小孩吮吸塞着黑面包的橡皮奶头，并用格瓦斯来代替一切食物。这就难怪在这种饮食下小孩总是不健康，并且每天无休止的喊叫使自己的母亲极度烦躁和绝望。在这种环境下经常遇到这样的母亲，对一个农民母亲来说小孩的死亡与其说是痛苦，还不如说是带来快乐。……从 7 岁或 10 岁开始，小孩就得开始干繁重的农活，……这种活有时是如此繁重，以至他宁愿挨父亲的鞭子。为了强迫他干活，需要采取最严厉的惩罚。这样的结果是提早死亡、疝气、子宫病和其他各种疾病。"[②]

妇女儿童几乎不能享受基本的医疗服务。在俄国没有专门的妇女儿童保健医院，整个俄国只有 9 个妇女和儿童咨询所，以及一些专门收容非婚生子女和弃婴的教养院。个别的进步医生和自由主义的慈善团体在降低婴儿死亡率和孕妇保健方面做出了一些尝试性的努力，但由于当时的社会制度和专制政体，这些尝试完全是可以忽略不计的。

① 弗列罗夫斯基. 俄国工人阶级状况. 北京：商务印书馆，2009：107.
② 同①86 - 88.

二、列宁关于医疗卫生的思想和实践

十月革命后，无产阶级政权建立，劳动人民成了国家真正的主人。以列宁为首的布尔什维克党认为，发展医疗卫生事业、保证人民健康，是无产阶级政党和社会主义国家最重要的任务和职责之一。因而，在社会主义建设过程中，列宁十分重视医疗卫生事业的发展，极其关心劳动人民的健康。

（一）加强医疗卫生行政机构建设，组织领导医疗卫生工作

列宁认为，加强医疗卫生机构建设是做好医疗卫生工作的前提。列宁十分强调建立全国统一的医疗卫生行政机构。1918 年 7 月 10 日的全俄苏维埃代表大会根据列宁的报告批准了《俄罗斯社会主义联邦苏维埃共和国宪法》，宪法规定的人民委员部中包括了保健人民委员部。

在列宁的直接指导下，苏联建立了比较完善的医疗卫生行政体系：苏维埃社会主义共和国保健部，领导全国医疗卫生工作，受苏联部长会议管辖；加盟共和国卫生部，领导加盟共和国范围内的医疗卫生工作，受加盟共和国部长会议及苏联卫生部管辖；自治共和国卫生部、边区及省卫生处，领导自治共和国、边区及省范围内的医疗卫生工作；区卫生科，领导区范围内的医疗卫生工作，受劳动者代表苏维埃执行委员会及共和国卫生部或边区及省卫生处管辖；大城市卫生局，领导市范围内的医疗卫生工作，受市劳动者代表苏维埃执行委员会及苏联卫生部或边区及省卫生处管辖。在苏联卫生部下设全苏国家卫生监督管理局、卫生防疫总管理局、城市医疗预防机关总管理局、乡村居民医疗预防工作管理局、防疫管理局、疗养管理局、儿童医疗预防管理局、医学卫生统计处等 18 个局 4 个处，以及中央医疗卫生委员会和医学科学委员会 2 个咨询机构。在地方医疗卫生行政机构设置相应部门，配备相应人员编制。这是一套较为完整的医疗卫生管理机构，纵向、横向部门结构较为合理，有利于整合全国医疗卫生资源，有利于全面发动群众参与医疗卫生事业的建设。这一套行之有效的行政管理体系，确保了苏联战胜各种流

行病、传染病，大大地推动了苏联的医疗卫生事业的发展，保证了苏联人民的健康水平不断提高。

列宁也非常重视医院建设问题，尤其是医生编制问题。医院数量的多少、质量的高低，医生人数的多寡、技术水平的高低，直接关系到人民群众是否能够享有以及享有何种水平的医疗卫生服务，关系到他们的生命健康。苏联从旧政权中接管过来的医院数量很少，且大都被战争和旧势力所破坏，全国医生数量也很少，而革命后人民群众对医院、医生的需求急剧增加，成为苏维埃政权当时较为紧迫的任务。因而，列宁认为，要发展医疗卫生事业，就必须重视医院的建设，重视医生数量的增加和质量的提高。

（二）大力发展疗养事业，服务劳动人民

俄国地大物博，有着丰富的矿泉、热矿泥等疗养资源。在沙俄时代，宫廷贵族、地主和资产阶级崇拜国外的一切，纷纷出国疗养度假，对本国的疗养事业漠不关心，阻碍了俄国疗养事业的发展。俄国为数不多的疗养机构普遍存在设备简陋、收费昂贵、广告虚假、疗效缺乏等问题。十月革命后，疗养区和疗养院才开始成为广大劳动群众的财富，才在苏联所有的加盟共和国内迅速发展起来。

疗养机构收归国有，统一管理。十月革命后，苏维埃政权没收了地主、资产阶级和皇室贵族的所有疗养机构。1919 年 3 月 20 日列宁签署了"关于全国性有治疗作用的地区"的命令，命令写道：有治疗作用的地区和疗养区，不论位于俄罗斯苏维埃联邦社会主义共和国领土内的哪一个地区，不论从前属于谁的，连同以前为疗养区服务的疗养区内和毗邻的全部建筑物和动产一起，均为共和国的财产，并应用于治疗的目的。这样，疗养区被收归国有，交到劳动人民的手中。该命令还规定对疗养院、疗养区提供和医院相同的供应，保证了疗养院、疗养区的食物和燃料的供应，这在当时具有重大的意义。列宁的这一命令，确定了苏联疗养事业发展的道路以及服务原则。

坚持疗养区、疗养院为劳动人民提供服务的原则。疗养院、疗养区属于社会主义国家所有，属于全俄人民所有，苏维埃国家的社会主义的本质属性规定了疗养院、疗养区的服务原则，即对劳动人民提供医学治

疗性的服务，以恢复劳动人民的健康和劳动能力。列宁在 1919 年 3 月 20 日签署的"关于全国性有治疗作用的地区"命令中首次确立了这一原则。在 1921 年 5 月 13 日，列宁又签署了"关于休养所"的命令，指出成立休养所的目的，是让工人和职员在他们每年所得到的休假期内，有可能在最良好和有益于健康的条件下恢复自己的精力。

不断开辟疗养区，建立疗养院，为疗养区、疗养院的发展创造条件。1918 年，苏俄只有旧鲁萨、利波茨克和谢尔洁耶夫斯克 3 个疗养区，到 1925 年全国性疗养区增加到 49 个。为着手医治第一次世界大战和外国武装干涉留下的创伤，在列宁的倡导下，苏俄开始建立休养所，革命前俄国是没有这样的机构的。列宁"关于休养所"的命令发布后，各医疗机关、社会保险局、职工会开始广泛利用以前地主和资本家的地产和官邸，着手设立休养所，在顿巴斯、乌拉尔、伊凡诺夫省、图拉省、特拉维尔省等地区和一些工业区内成立了大批休养所。列宁不仅重视疗养区、疗养院、休养所数量的增加，更重视为这些机构的发展创造良好的条件。早在 1919 年就规定了为其提供与医院同等的物资供应。

（三）制定卫生法规，加强卫生监督

列宁认为，沙俄时代流行病、传染病盛行，最大的原因就是极其缺乏卫生法规，没有对分散的医疗组织执行任何有效的监督。苏维埃政权建立后，列宁十分强调制定卫生法规，实行卫生监督，以建立良好的劳动和生活条件。在 1917 年 4—5 月所写的《修改党纲的材料》中，列宁提出："**10. 颁布卫生法规，在一切使用雇佣劳动的企业中改善劳动卫生条件，保护工人的生命和健康，并把卫生工作交由工人组织选出的卫生监督机构管理。11. 颁布住宅法规，并设立由工人组织选出的住宅检查机构（检查住宅卫生状况）。**"[①]

由于苏俄早期面临的最紧迫的任务是防治传染病，因而最早的卫生法规便是由列宁签署的防治某些传染病的法规，如 1918 年有关防治斑疹伤寒、1919 年有关防治天花、1921 年有关防治霍乱的法令等，这些法规奠定了苏联卫生立法的基础。随着革命形势的好转和革命任

---

① 列宁．列宁全集：第 29 卷．北京：人民出版社，1985：490 - 491.

务的转变，由列宁签署颁布了一系列涉及人民群众生活方方面面的卫生法规，如 1919 年有关义务种痘、1919 年 6 月有关住宅的卫生保护、1921 年有关兽医章程、1922 年关于共和国卫生机关的法令等，卫生法规逐渐健全。在 1921 年 6 月 23 日全俄中央执行委员会上，列宁特别强调了卫生法规，认为它们和《刑法典》《劳动法典》《关于全俄肃反委员会的工作建议》等法律一样重要，它们的作用需要提高到革命法制的高度。

同时，实行全面的卫生监督。在《关于俄国社会民主工党纲领的文献》中，列宁提出要"在一切使用雇佣劳动的企业内对劳动条件建立正规的、全面的卫生监督"①。十月革命后，苏维埃政权在全国建立了专门的住宅卫生监督机关——国家住宅环境卫生监督机关，参与城市和乡村建设规划的制订，对住宅卫生法规的执行情况进行经常性的监督，并协助贫困居民完善房屋设施。根据 1918 年 1 月 28 日人民委员会的命令，在工厂、居住区建立了工人清洁委员会，监督工厂、住宅、街道等场所的卫生执行情况；在农村建立了乡村卫生委员会，监督农村的卫生秩序执行情况。建立了完整的国家监督和人民群众监督体系。

（四）加强医学教育与医学研究，培养高素质医疗卫生人才

要做好医疗卫生工作，必须要有高素质的医疗卫生人才。十月革命后的苏维埃俄国卫生人才极其匮乏。1917 年全俄医生仅有 1.65 万名，居民每 1 万人只有 1.1 名医生、10 张床位。列宁认为，要改变这种状况，必须加强医学教育，培养大批医疗卫生人才，他早在苏维埃国家建立之初，就敏锐地提出了坚决扩大医疗卫生工作队伍、加强培养医务干部的任务。列宁坚持吸引各类优秀医务人才投入医务工作，包括资产阶级医疗专家。苏俄主要在以下四个方面加强医疗卫生工作：

第一，大力发展医学教育。十月革命前俄国共有 17 所高等医学院校，高等学校的大门只对地主和资本家的子弟开放，每年仅有不到 1 000 名医师毕业，远远不能满足国家对医生的需要。十月革命后，苏维埃政权接管了所有旧式高等医学院，并对广大工农子弟开放，尤其是

---

① 列宁. 列宁全集：第 6 卷. 北京：人民出版社，1986：196.

1919 年在高等医学院设立了工人专修班后，大大改善了学生的社会成分。1920 年在全俄医疗卫生工作者第二次代表大会上，与会者全面研究了培训新的医务工作者的问题，制订了举办医学职业教育计划，列宁出席了这次大会并发表了讲话，鼓励新办医学院培养医学人才。当时，全国可供医师进修的学院只有 1 所，在列宁的倡议下，1920 年在喀山开办了一所新型医师进修学院，并以列宁的名字命名。而后，在基辅、哈尔科夫和敖德萨建立了医师进修学院。对于中级医务干部的培养，由卫生部直接领导，开办第一所药剂学校、牙科技师学校，举办"红色护士"训练班、消毒员训练班、保育员训练班等各式各样的短期训练班，以提高中级医务人员的技术水平。

第二，重视发展军事医学。苏维埃俄国军事医学的产生，与年轻的苏维埃俄国武装力量的建立，与革命部队、赤卫队和工人队伍对医疗救护的迫切需要，是紧密联系在一起的。1917 年 12 月 17 日，列宁签署了一项命令，即委任维诺库罗夫、维格尔、戈洛文斯基和巴尔苏科夫 4 人组成一个委员会，领导旧沙俄军队的总卫生部，接管其卫生工作者、医药储备、器材仓库，这标志着苏俄军事医学的诞生。列宁十分关心军医的数量以及医疗物资的配备。军队中医生远远不足，列宁主张充分利用资产阶级医务人士，鼓励他们积极投身红军医疗救护工作，并给予他们高度的评价；充分利用受过中等医学教育的年轻人替代医生，给予年轻人施展才华的机会；大力发展军事医学院，改革授课内容，培养军医人才，满足战争的需要；同时在大学医学教育中增加军事医学部分。

第三，在发展医学教育和军事医学的同时，做好医学科研工作。加快医学科学的发展，加快现代医疗技术的应用，是发展医疗卫生事业的基础。为了促进医学科学研究，提高现代医疗技术，列宁建议广泛建立医学科学研究机构和学术团体。例如：1918 年，在萨拉托夫建立了微生物学和流行病学研究所，在门切尼可夫建立了细菌学研究所，同年设立了学术性医学理事会；1919 年建立了门切尼可夫传染性疾病研究所；1920 年建立了国家人民保健科学研究院；1921 年在莫斯科建立了中央性病研究所；1922 年建立了理疗和矫形术研究所；1923 年苏联建立了神经外科学研究所、社会卫生学研究所、劳动卫生研究所、奥布赫职业病研究所；等等。一大批研究机构在列宁的关心下成立起来，极大地推动了医学研究的改善和医疗技术的提高。

第四，着力改善医学人才的生活条件和工作条件。1921年1月25日，列宁签署了《人民委员会关于保证伊·彼·巴甫洛夫院士及其助手从事科学工作的条件的决定》，并指出："鉴于伊·彼·巴甫洛夫院士在科学上作出了对全世界劳动者具有重大意义的十分杰出的贡献……在最短期间内为巴甫洛夫院士及其助手的科学工作创造最良好的条件。……给巴甫洛夫院士及其妻子特殊的口粮，其数量按热量计算应当等于两份院士的口粮。……保证巴甫洛夫教授及其妻子所居住的住宅归他们终生使用，并且为该住宅以及巴甫洛夫院士实验室安装最好的设备。"① 这一命令的切实执行，对于巴甫洛夫院士和他的同事以及苏维埃俄国其他学者，起到了巨大的鼓舞作用。此时，苏维埃俄国正处于同内外反革命势力进行生死斗争的紧张时期，这一命令生动地说明了列宁对于发展医学科学研究工作、改善医学人才生活条件与工作条件的重视程度。

（五）预防为主，防止传染病、流行病蔓延

苏维埃俄国建立后，面临着艰巨的卫生防疫任务。无产阶级长期处于恶劣的生活环境之中，加之国内战争和帝国主义战争，造成了斑疹伤寒、回归热、肠道传染病、天花、传染性肝炎、霍乱、鼠疫等传染病、流行病的肆虐、蔓延，给俄国带来了巨大的灾难。1918年至1920年的内战和外国武装干涉，以及1922年发生的饥荒使情况更加复杂和困难，流行病患病率之高前所未有。1918年至1922年间，斑疹伤寒患者达650万人，回归热患者达320万人，霍乱患者达50万人，这些传染病、流行病严重地威胁着国家的经济发展和人民的生命健康。

列宁对此高度重视，在党和国家的会议上多次明确提出防治传染病、流行病是社会主义的三大任务之一，认为这关系到社会主义的成败。"我们的第三个任务就是消灭传染斑疹伤寒的虱子。斑疹伤寒在饥饿的、患病的、没有粮食、肥皂和燃料的居民中流行着，很可能变成一种使我们根本不能进行社会主义建设的灾难。这是我们争取文明的第一个步骤，这是争取生存的斗争。"②

---

① 列宁. 列宁全集：第40卷. 北京：人民出版社，1986：261–262.
② 列宁. 列宁全集：第37卷. 北京：人民出版社，1986：349.

列宁认为，要防治传染病、流行病，必须坚持以预防为主的根本方针，进而采取广泛的卫生改善措施。在 1919 年 3 月俄共（布）第八次全国代表大会上通过的《俄国共产党（布尔什维克）纲领》中，明确地指明了这一方针，"俄共认为，首先采取以预防疾病蔓延为目的的广泛的保健和卫生措施是自己在人民保健事业方面工作的基础"。这一基本原则确立以后，党纲继续指明了为社会主义国家建立健康生活条件的具体道路。

列宁强调，搞好卫生防疫工作必须加强制度建设，做到奖惩分明，落实责任。在列宁的指导下，在保健人民委员部内建立了卫生防疫委员会作为领导防疫工作的中央机关，赛辛被任命为委员会的领导人。在地方的保健厅局成立了卫生防疫科。根据 1918 年 1 月 28 日人民委员会的命令，在全国范围内成立了工人清洁委员会，在企业、工人区、车站、学校、军营等居民居住和工作区广泛宣传和动员，吸引广大居民参与到消灭传染病、流行病的斗争中来。无论是中央、地方还是人民群众，都被有效的制度发动起来，卫生工作与防疫工作完全统一起来。

列宁主张开展群众爱国卫生运动，消灭传染病的病源。防治传染病，提高人民群众的健康水平，不仅是党和政府的事，也是人民群众自己的事，更需要广大人民群众的积极参与。列宁强调防治传染病，必须开展群众性爱国卫生运动。

列宁主张增加经费和物资投入，为防治传染病、流行病提供物质保障。1921 年夏天，莫斯科发生了几起霍乱，列宁得知后，发布了专门指示，要求 6 月 15 日召开的劳动国防委员会会议加以专门讨论，最后做出同霍乱等传染病进行斗争的决议。决议要求保证医疗机构所必需的衣物、食用品等物资的供应。这些举措为防治霍乱提供了必要的物质条件，使霍乱在发生之后蔓延之前就立即被消灭了。

在列宁的号召下，苏维埃俄国动员了全国一切力量，包括党和苏维埃机关、医务工作者和广大社会各阶层，同斑疹伤寒、回归热等传染病、流行病做斗争。自此以后，所属各种不同管辖（如保健部、交通部、内务部等）的一切医疗机构在工作中有了一个统一的目的，即防治并扑灭传染病，降低人民患病率，降低死亡率，保证人民身体健康。同时一切医疗卫生机构也采取了统一的工作方法，都广泛实施各种预防措施。不仅是医疗防疫机构，治疗机构也同样在实施各种预防措施（包括医院、门诊部、防治所、妇女儿童咨询所等），治疗机构广泛地进行群众性免费接种，积极开展宣传，定期为人民检查身体。进步的科学团体和医务团体也积极响应列宁和布尔什维克党的号召，积极加入传染病、流行病的防治中来。

由于各项预防和防疫措施得当，1923 年斑疹伤寒、回归热、霍乱等传染病、流行病的患病率显著降低，并逐渐被完全消灭。

（六）加强卫生宣传教育，普及医疗卫生知识

在列宁的领导下，苏维埃俄国完成了政治革命，实现了文化革命。卫生宣传教育工作是文化革命的重要组成部分，是苏维埃国家事业的重要组成部分。

列宁认为，进行卫生宣传教育，其根本任务是在广大人民群众中普及医学和卫生学知识，改善城乡劳动者的劳动和生活条件，使居民养成良好的卫生习惯，保持居民的健康和劳动能力，提高人均寿命。卫生宣传教育的原则是广泛吸引居民参加保护人民健康的运动，列宁十分赞同谢马什科提出的"保护劳动人民的健康是劳动人民本身的事"的口号，并用这一口号发动广大居民群众自觉参加到卫生宣传教育和保护的行列中来。

成立卫生宣传教育机构。为了与传染病、流行病做斗争，宣传卫生知识，工人组织、红军部队、地方医疗卫生机关的代表组成了工人清洁委员会。军队中还成立了"清洁委员会""卫生三人小组""卫生五人小组"等组织。

宣传教育形式多样。1919 年 1 月 28 日，列宁签署的"关于防治斑疹伤寒的措施"的命令，规定通过组织演讲、座谈和散发小册子等方式，采取紧急的卫生教育措施。于是，关于卫生知识的各种小册子、报纸、杂志和书籍纷纷出版，并被免费发放给居民；工人俱乐部举办了各种类型的主题演讲；卫生教育馆和门诊部举办了各式各样的卫生培训班，组织居民参观卫生展览会、防治所等；编排各种话剧、舞台节目和木偶剧；制作健康保护的电影。宣传形式丰富多彩，宣传效果极其明显。

三、列宁关于妇幼卫生的思想

妇幼卫生事业是社会主义医疗卫生事业的重要组成部分，发展妇幼卫生事业，对于社会主义革命和建设具有重大意义。列宁认为，要发展妇幼卫生事业，首先必须实现妇女的解放，把妇女从资本主义生产和旧式家庭生活中解放出来，提高妇女的社会地位，实现男女真正平等；其次，为妇女提供劳动保护，改善妇女工作环境；最后，设立妇幼保健机构、儿童福利机构，禁止使用童工，保护儿童健康成长。

（一）完善立法，以法律保护妇女儿童权益

旧俄国没有保护妇女儿童的法规，只有奴役和压迫妇女儿童的法律法规。十月革命后，列宁提出并领导制定了一系列保障妇女儿童权益的法律法规。

在苏维埃政权建立后的最初几个月里，就在有关妇女的立法方面实行了最彻底的变革。苏维埃政权废止了一切使妇女处于从属地位的法律，即"专门利用妇女较弱的地位把她们置于不平等的甚至往往是受屈辱的地位的法律，即关于离婚、关于非婚生子女、关于女方要求子女的生父负担子女抚养费的权利的法律"①。在苏维埃政权的领导下召开的第一次妇女工作者会议上，根据第一任国家保护人民委员科隆泰的报告，代表们广泛地提出了帮助母亲的问题，提出了关于颁布保护母亲和儿童方面的苏联法律的建议。1917 年 12 月 18 日，列宁签署了关于民事婚姻、子女及实施户籍登记簿的法令，不久又签署颁发了关于离婚的法令。这些法令对废除反动法律，排除宗教势力对婚姻家庭的干预，都起了重要的作用。1918 年 9 月 16 日，全俄苏维埃中央执行委员会通过《俄罗斯联邦户籍登记、婚姻、家庭和监护法典》，苏维埃政权彻底实现了男女平等、离婚自由，取消了婚生子与非婚生子的地位差别以及种种

---

① 列宁．列宁选集：第 4 卷．北京：人民出版社，1995：46.

政治限制。

以立法的形式保护儿童健康生活。儿童的生存状况关系到社会主义国家的未来，但是由于俄国生产力的落后、生活物资的缺乏、医疗卫生技术的落后，儿童的健康和正常成长难以得到保证。列宁对此十分重视，通过立法禁止企业雇用儿童劳动，由国家保证儿童的日常生活。"禁止企业主雇佣学龄（未满 16 岁）儿童做工，少年（16—18 岁）的工作时间限定为 6 小时。"① "对未满 16 岁的男女儿童一律实行免费的义务的普通教育和职业教育；由国家供给贫苦儿童膳食、服装、教材和教具。"② 1918 年至 1920 年间列宁还签署颁布了许多法令，如 1918 年 9 月 14 日签署了关于增强儿童营养的法令、1918 年 9 月 23 日签署了关于儿童营养基金的法令、1919 年 5 月 17 日签署了关于儿童免费营养的法令、1919 年 9 月 24 日签署了关于儿童营养组织的法令、1920 年 6 月 15 日签署了关于供应儿童营养品的法令、1920 年 10 月 7 日签署了关于婴儿周的法令。

严格未成年人犯罪的审判程序，考虑未成年人的心理，保护未成年人的权益。1920 年司法人民委员部起草的《关于对未成年者的审判》的草案，列宁对此提出了诸多质疑："（1）划分的理论是**不适用的**。（2）法庭和监狱**起伤害**作用。（3）**谁知道孩子们的心理**？审判员还是鉴定人？（4）特殊的机关？（5）投机倒把分子和其他人？**累犯**？——（1）委托司法人民委员部同卫生人民委员部、教育人民委员部及中央统计局协商制定出追究和审理未成年者每一案件的报告方式。（2）委托教育人民委员部和卫生人民委员部加强为身心不健康的未成年者成立医疗教育机关的工作。——委托司法人民委员部更严格地监督审理未成年者委员会全体成员及其履行职责的情况。"③ 列宁在这里明确了未成年人犯罪和成年人犯罪相区别的思想，提出了要充分考虑未成年人的心理状况、由特殊机关审理未成年人犯罪、以教育为主、不伤害未成年人身心健康等基本原则。这对后来的社会主义国家关于未成年人犯罪的立法具有重要的指导作用和借鉴意义。

---

① 列宁．列宁全集：第 7 卷．北京：人民出版社，1986：428.
② 列宁．列宁全集：第 29 卷．北京：人民出版社，1985：487－488.
③ 列宁．列宁全集：第 38 卷．北京：人民出版社，1986：205.

（二）实现妇女的彻底解放，为妇幼卫生事业的发展创造条件

实现妇女的彻底解放是发展妇幼卫生事业的基本前提，妇女如果仍然在经济上处于受剥削、在政治上处于受奴役、在家庭生活中处于受支配的地位，那么与妇女有关的一切事业都无从谈起，妇幼卫生事业就不能发展，妇幼保健工作就不能做好。妇女的彻底解放，只有在社会主义制度下才能真正实现。列宁主张通过各种政治、经济和文化的途径实现妇女的解放，大力发展社会主义妇幼卫生事业，保证妇女群众的健康。

要实现妇女的解放，要发展妇幼卫生事业，经济解放和经济条件的改善无疑是首要的。列宁主张依靠现代化大工业、社会化大生产的发展，引导广大妇女群众自觉地参加社会劳动。参加社会劳动，是实现妇女解放和发展妇幼卫生事业的先决条件。人们在社会生产中的地位决定了人们在现实生活中的地位，决定了其在家庭上、政治上和社会上的地位。1919 年 9 月 23 日在莫斯科市非党女工第四次代表大会上，列宁指出，"只要妇女忙于家务，她们的地位就不免要受到限制。要彻底解放妇女，要使她们同男子真正平等，就必须有共有经济，必须让妇女参加共同的生产劳动"①，"不仅要吸引妇女独立地参加一般政治生活，而且应当吸引她们参加经常的人人要担任的公务"②。通过参加劳动，实现妇女经济地位的独立以及人格的独立。只有参加具有社会价值的社会劳动，而不仅仅是从事家务劳动，才能使妇女摆脱对男性的依赖，为妇女获得广泛的政治、法律、文化、教育和医疗等权利提供坚实的基础。

列宁在强调提高妇女的经济地位的同时，也提出要兼顾妇女的思想条件。受历史和社会发展的影响，当时俄国妇女的思想状况是十分落后的，主要体现在文化素质低下、依附心理较强、群体意识和政治参与观念淡漠。在现实生活中，很多妇女有病不去医院，而请巫婆来降魔驱邪，甚至在分娩时也完全依靠巫婆。这种愚昧落后的腐朽思想，严重阻碍了妇女的解放，极大地伤害了妇女群众的健康。只有实现妇女的彻底解放，提高妇女的知识文化水平，让妇女群众认识到科学技术和医疗卫

---

① 列宁. 列宁全集：第 37 卷. 北京：人民出版社，1986：192.
② 列宁. 列宁全集：第 29 卷. 北京：人民出版社，1985：163 - 164.

生的重要性，才能提高妇女的健康水平和发展妇幼事业。

（三）实行劳动保护，改善劳动条件

劳动保护主要是指，在保护妇女劳动权利的前提下，保护妇女在生产中的安全和健康，使妇女们能健康、持久地参加社会劳动，求得自身的解放。俄国资本主义发展时期，大量使用妇女进行机器生产，劳动保护的缺乏造成了大量的妇女儿童伤亡事件，列宁在《俄国资本主义的发展》中对此进行了深入揭露和最严厉的批评，并最先对劳动保护做出了详细的规定。

列宁在人类再生产的意义上认识劳动保护的重要性。妇女在生理、心理上与男性存在着先天差异，正是这种差异决定了妇女承担着人类再生产的任务。列宁认为，妇女的生育是一种特殊的劳动，具有重要的社会价值。这种劳动不仅是体力上的，而且是精神上、心理上、生理上的，她们付出了难以估量的时间、精力、心血，乃至生命。职业女性，既要参加生产劳动，又要完成人类自身生产，两种生产的负担让女性的生活十分艰辛。所以，列宁认为必须对妇女提供劳动保护，这是人类生命得以正常延续的保证，是实现真正男女平等的基本要求。

实行劳动保护的途径主要有两种：一是通过立法禁止在特殊行业、在对妇女身体健康有害的部门使用妇女劳动，二是对处于生育期间的妇女给予特别的保护。在 1917 年 4 月《关于修改党纲的草案》中，列宁提出："**6. 禁止在对妇女身体有害的部门使用女工；禁止妇女做夜工；女工在产前产后各给假 8 周，产假期间照发工资，免收医药费。……7. 凡有女工的工厂和其他企业均应设立婴儿和幼儿托儿所，并设立哺乳室；凡需哺乳的女工至少每隔 3 小时可以离开工作喂奶一次，每次不得少于半小时；发给需哺乳的母亲补助金并把她们的工作日缩短到 6 小时。**"①
1917 年党纲比 1903 年党纲规定得更为详细，给女工和孕产妇女的保护更为彻底，体现了列宁对妇幼事业认识的发展和深化。列宁这一思想可以简单概括为四个基本方面：保护母亲、规定妇女劳动时间、禁止妇女从事有害作业和对产妇进行经济补偿。后来的很多社会主义国家都继承

---

① 列宁. 列宁全集：第 29 卷. 北京：人民出版社，1985：489.

了列宁的思想和做法。

（四）建立健全妇幼卫生机构，组织领导全国妇幼卫生工作

要做好妇幼卫生工作，建立健全妇幼卫生机构，加强妇幼卫生工作的统一组织和统一领导是十分必要的。从苏维埃政权建立起，就在布尔什维克党及其领袖列宁的领导下，建立了保护母亲和儿童的国家统一的卫生机构，开始大规模地建立和发展儿童医疗卫生机构和妇产科机构。

在苏俄早期，有关妇女和儿童的各项工作均由国家保护人民委员会部组织实施，由妇女工人运动的积极组织者、国家保护人民委员科隆泰具体负责。1917 年 12 月 28 日，人民委员部决定成立单独的委员会以研究保护母亲（妇女的社会职能）和儿童（国家的直接责任）的措施，即在劳动和社会保障人民委员部（以前的国家保护人民委员会部）内成立了以科隆泰为首的妇幼卫生委员会，并建立了有关科室。遵照这一命令，在委员会下成立了妇幼卫生科，科罗列夫为第一任领导人。

1918 年苏俄政府由彼得格勒迁往莫斯科，列别杰娃担任了妇幼卫生科的领导人。在她的领导下，苏维埃的地方机关内部成立了必要的部门负责妇幼卫生工作，各地纷纷建立了母亲医院、育婴院、托儿所、咨询所，科学研究机构——妇幼卫生研究所也建立起来。截至 1920 年，全俄建立了 567 个托儿所、108 个母亲医院、197 个咨询所、108 个乳制品厂和 267 个幼儿保育院。妇幼卫生科还成立了医务技术委员会以吸引和团结妇幼医疗卫生专家，委员会的成员主要包括大学教授、儿科医生、妇产医生。同时，在全国范围内组织了妇幼卫生医师培训班、幼儿护理训练班、妇幼卫生指导员-组织者培训班等各种培训班，培养了大批妇幼卫生工作者。

由于世界大战以及国内战争，许多儿童成了孤儿。以列宁为首的党和政府不顾一切困难，采取有效措施使儿童免遭饥饿，保证他们生活所需要的一切，并组织他们接受教育。自 1918 年起列宁签署了很多关于改善儿童生活的命令，但起初由于缺乏统一的组织机构，很多措施落实困难。于是，在列宁的倡议下，1919 年 1 月 4 日，人民委员会决定成立儿童保护委员会，参加这个委员会的有教育人民委员部、社会保障人

民委员部、保健人民委员部、粮食人民委员部和劳动国防委员会的代表。儿童保卫委员会在改善儿童医疗卫生以及儿童营养和粮食供应等方面拥有很大的权力。1921 年 1 月 27 日，在全俄中央执行委员会主席团下设立了改善儿童生活和防止儿童无人照顾的专门委员会——儿童委员会。儿童保护委员会、儿童委员会在列宁的关心下发展迅速，工作成绩显著，为苏维埃儿童的健康成长做出了巨大贡献，为苏维埃培养了一大批杰出的人才。

（五）保护儿童健康生活，提高儿童身体素质

无论是在国内战争最艰苦的年代还是在和平建设的年代，列宁对儿童和母亲的生活和健康都表现出了无微不至的关怀。"由我们奠基的社会主义社会的大厦并不是空想。我们的孩子们会更加奋勉地建设这座大厦。"[1] 儿童是社会主义事业的接班人，无产阶级政权的任务之一就是改善儿童的生活，提高儿童的身体素质。列宁十分关心和重视儿童的生活，发出了许多重要指示，发布了许多重要命令，制定了一系列切实可行的措施。他强调要保障儿童生活的各种需要，维护儿童的健康生存。

"鉴于大俄罗斯的粮食情况困难，供应儿童，特别是有病儿童的食品严重匮乏，兹命令把克里木现有的全部水果罐头以及干酪发往粮食人民委员部，专供大俄罗斯北方地区有病儿童食用。"[2] 1918 年 10 月，社会保障人民委员部儿童保育院司司长安·伊·乌里扬诺娃-叶利扎诺娃在给列宁的信中请求拨一些枕头、棉被和内衣给那些因饥饿而从莫斯科撤往产粮省的孤儿院。11 月 1 日列宁专门批示莫斯科人民宫殿财产管理局，"务请莫斯科人民宫殿财产管理局满足社会保障人民委员部儿童保育院司的请求"[3]。列宁不仅以身作则为儿童争取粮食和生活必需品，而且要求地方为儿童提供食物和生活用品。1919 年 8 月 23 日，莫斯科粮食局农业科将国营农场的水果送给列宁，列宁收到后立即要求不得再送，水果须送给医院和儿童，并责成莫斯科粮食局定期向列宁汇报落实

---

[1] 列宁. 列宁全集：第36卷. 北京：人民出版社，1985：315.
[2] 列宁. 列宁全集：第48卷. 北京：人民出版社，1987：769.
[3] 同[2]388.

情况。1920年4月22日土耳其红色公社战士第30团给列宁送去了一车通心粉和面粉，列宁全部送给了莫斯科市的儿童。列宁作为国家领袖，多次以发布命令、请求甚至以向地方索要的方式要求各级机关关心儿童的健康生活，可见他对儿童非常关心。

列宁不仅关心儿童的生活，而且关心儿童的身体素质。他要求加强儿童疾病预防，开展体育锻炼，提高儿童的身体素质，并责成保健人民委员部具体负责。"未来教育的幼芽……对所有已满一定年龄的儿童来说，就是生产劳动同智育和体育相结合，它不仅是提高社会生产的一种方法，而且是造就全面发展的人的唯一方法。"① 从1918年起，保健人民委员部根据列宁的要求开始研究儿童学校卫生和体育锻炼问题，由著名医生、保健人民委员部部务委员邦奇-布鲁耶维奇负责。在她的领导下，所有学校开展了一系列卫生运动和各种形式的体育锻炼活动，奠定了苏维埃学校卫生学的基础，形成了儿童身体锻炼的制度。在学校建立了门诊所和疗养所，并专门为结核病患者和身体素质较差的儿童建立林间学校，在这些学校实行教育和治疗预防措施相结合的办学方针。

四、列宁关于发展体育的思想

马克思在《资本论》中提出，"生产劳动同智育和体育相结合，它不仅是提高社会生产的一种方法，而且是造就全面发展的人的唯一方法"②，把体育作为生产力的一个因素，作为共产主义教育的一项基本内容和重要手段，确认了体育在国家、社会和个人发展中的地位。列宁继承了马克思的这一思想，高度评价了体育在国家、民族中的地位。列宁认为，体育运动是苏维埃国家繁荣和兴盛的标志之一。作为共产主义教育重要组成部分的体育，其群众性的发展和运动技术水平的提高，必将增强广大劳动人民和全民族的身体素质，促进社会生产的发展，而且对于振奋民族精神也起着积极的作用。

---

① 列宁.列宁全集：第26卷.北京：人民出版社，1988：75.
② 马克思，恩格斯.马克思恩格斯全集：第23卷.北京：人民出版社，1972：530.

（一）健全的精神寓于健全的身体，全面重视发挥体育的作用

健全的精神寓于健全的身体，这是列宁对几十年体育实践的全面总结，是对体育在青年健康成长中作用的精辟论述。列宁以自己的成长过程，包括体育实践的过程，证实了体育与德育、体育与智育"都可以同时进行"。列宁提出的精神生活、健身运动可以同时进行，身体健康是精神健康的物质基础的观点，对我们当前大力发展体育事业、全面重视发挥体育的作用、促进人民群众身体健康有着重要的启示。

首先，列宁十分重视体育对增强体质的作用。列宁指出，青年担负着最终建成共产主义的任务，青年们应当具有钢一般的意志和铁一般的肌肉，才能迎接未来的艰巨的战斗。十月革命前，列宁在极为艰苦的条件下，长期从事革命斗争，正是凭着他久经锻炼的健壮体魄、顽强的革命意志和熟练的冰上与水上运动的技巧，才闯过了重重难关。尤其是在1907年和1917年两度冒着生命危险秘密转移出国时，履冰海，过草地，涉江河，跳火车。如果没有健壮的体魄和娴熟的体育技巧，是难以化险为夷、胜利完成秘密转移任务的。列宁从亲身实践中深深体会到，革命需要强健的体魄，而强健的体魄来自坚持不懈的体育锻炼。

其次，列宁十分重视发挥体育在促进学习、工作方面的积极作用。"谁不会休息，谁就不会工作。"这是列宁的一句名言。从少年时代起，列宁就善于将紧张的学习和工作同适当的休息巧妙地结合起来。学生时代，列宁总是上课全神贯注，下课便走出教室，爬绳、荡秋千、跑跑跳跳，让脑子得到充分休息。在萨马拉居住期间，他埋头攻读马克思恩格斯著作，学习了几门外语，致力于社会研究。他用一年多的时间自学完四年大学课程，在学习期间，他总是在做了一小时左右的功课以后，便起来做做操，练练单杠，然后再继续紧张的学习。

再次，列宁十分重视发挥体育运动对磨炼意志、培养乐观主义精神的作用。在登山运动中，列宁总是勇往直前，不畏艰险。凡是陪同过列宁登山的人，都知道他喜欢走崎岖的小路，攀登最艰险的峭壁。他把登山运动当作砥砺革命意志的一种手段。列宁还通过体操活动来培养乐观主义精神。曾在狱中的列宁"每天必须做体操"，即"鞠躬礼"的腹背运动。列宁还写信告诉自己的母亲，在狱中的锻炼让自己更加健康了，而

且变得非常愉快。

最后，列宁十分重视发挥体育运动在心理、生理方面的作用。在列宁和克鲁普斯卡娅的一些信件中，明确地谈到了列宁通过体育锻炼治愈各种慢性疾病的情况。1901 年克鲁普斯卡娅在给母亲的信中说道，列宁的"健康状况非常好，看样子胃炎一点也没有了，也不再失眠了。他每天都用冷水擦身。此外，我们每天都去游泳"①。列宁夫妇还经常散步，骑自行车锻炼，使列宁的身心更舒畅健康。

正是因为列宁对体育运动的作用有着全面和深刻的认识，并有着切身的体验，他才能对此保持终生的爱好与坚持，并常常规劝亲友、同志和学生参加体育锻炼。

（二）提倡从实际出发，因时、因地、因人制宜地参加各项体育活动

列宁对体育运动有着广泛的兴趣，参加过体操、游泳、划船、登山、滑冰、滑雪、自行车等体育活动。但他绝不是漫无目的、随心所欲地参加，而是从实际出发，充分利用各种自然因素锻炼身体，因时、因地参加各项体育活动。列宁经常从事的十二项以上的体育活动，大部分是在大自然中进行的，他十分重视结合自然因素（日光、空气、水）的锻炼，这是他选择体育项目的特点之一。

夏天，列宁常常游泳，以此来锻炼身体。在有关列宁的传记和回忆录中，常常可以看到列宁参加游泳的记述。1897 年 8 月，列宁在给母亲的信中曾谈道，他经常到叶尼塞河游泳，有时一天游泳两次。冬天，列宁常常到户外溜冰、滑雪，既锻炼身体又锻炼自己的意志。

列宁主张因时因地制宜，进行力所能及的锻炼活动。当工作极度繁忙时，列宁常常进行简单的散步、做操和短途自行车运动。1907 年至1912 年间，列宁侨居日内瓦、巴黎等地，这时俄国反动势力非常猖狂，列宁的工作非常紧张，但他坚持户外散步和骑自行车。十月革命胜利后，列宁担负着党和苏维埃政府的领导工作，日理万机，但仍然常常到克里姆林宫、斯莫尔尼宫周围和涅瓦河畔散步，这是他在繁忙的工作情况下非常简单的锻炼方式。

---

① 叶童. 世界著名演说家演说实录. 天津：天津人民出版社，1996：16.

（三）积极主张体育工作与卫生保健相结合

列宁十分关心劳动人民的健康。他既注重卫生保健，又大力倡导体育，而且积极主张体育工作与卫生保健紧密配合，以便有效地改善人民的健康状况，这是列宁体育思想的又一重要内容。在十月革命胜利后不久，列宁就指示党和国家在改善劳动与生活条件方面进行大量的工作。常常同列宁研究体育卫生工作的谢马什柯回忆道："列宁认为，我国应该把体育当作文化建设的一项基本任务。我国真正的文明也将通过体育来开辟。"

20 世纪 20 年代初期，列宁曾在宣传工作和体育制度方面进行调整，使文化卫生和体育工作更好地配合。列宁特别重视在居民中进行有关文化卫生知识的宣传工作，并着手建立了学校体育卫生的管理机构，设立了学校卫生处，其职责为"督察学生的身体发展和体育教学"。列宁还签署了关于俄罗斯共和国保护少年儿童健康条例。该条例规定，学校体育工作在体育教师和医生的配合下进行。

列宁关于体育与卫生工作相结合的思想，反映了他对体育、卫生工作内部紧密联系的深刻认识，这一思想一扫社会上种种陈腐观念和形而上学的观点，为社会主义体育与卫生工作的发展指明了正确的道路。苏联的早期，列宁尖锐地批判了"无产阶级文化派"的错误，使苏联体育得以从他们的歪曲中解放出来。

第十一章　列宁关于社会主义社会保障的思想

社会保障制度是现代工业社会的产物，马克思恩格斯曾在对资本主义生产方式的深刻剖析中阐述了社会保障的基本思想。当资本主义社会进入帝国主义时代，列宁在领导俄国无产阶级革命和社会主义建设的伟大实践中，将马克思恩格斯社会保障基本思想同俄国革命与建设的实践相结合，对在落后的国家建设社会主义社会保障的基本原则、指导思想和具体途径进行了宝贵的探索，为苏俄社会保障制度的建立做出了贡献，为其他社会主义国家社会保障制度的建立提供了宝贵的经验。

一、列宁社会保障思想的理论基础

列宁关于社会保障的思想，是俄国社会主义革命和建设实践的产物，有其深刻的理论渊源，他的关于人的生存权利思想、社会平等思想、人的自由全面发展思想是社会保障思想的主要理论基础。

（一）唯物史观是社会保障思想的方法论基础

马克思主义的唯物史观为列宁研究社会保障思想提供了方法论基础。马克思指出："全部人类历史的第一个前提无疑是有生命的个人的存在。"① 而人类生存的"第一个前提，也就是一切历史的第一个前提，这个前提是：人们为了能够'创造历史'，必须能够生活。但是为了生活，首先就需要吃喝住穿以及其他一些东西。因此第一个历史活动就是生产满足这些需要的资料，即生产物质生活本身，而且就是这样的历史活动，一切历史的一种基本条件，人们单是为了能够生活就必须每日每时去完成它，现在和几千年前都是这样"②。马克思的唯物史观使"历史破天荒第一次被置于它的真正基础上；一个很明显的而以前完全被人忽略的事实，即人们首先必须吃、喝、住、穿，就是说首先必须**劳动**，然后才能争取统治，从事政治、宗教和哲学等等，——这一很明显的事实在历史上的应有之义此时终于获得了承认"③。因而，人类能够生活的物质条件是人类创造历史的前提，也是研究人类社会一切现象的出发点。

社会保障的概念和制度虽是在资本主义社会时期提出和形成的，但其发展历史反映了从古至今的人们社会生活的基本需要，人们生活的基本需要不断被满足，同时又不断产生新的需要，从而使社会保障在不同的历史时期有着不同的内涵和外延。列宁认为，唯物主义是"唯一科学方法"，他"从马克思的理论中，无疑地只是借用了宝贵的方法"，运用这种方法时，他"完全不是以抽象公式之类的胡说为标准，而是以这种估计是否正确和是否同现实相符合为标准"④。列宁要求俄国的先进分子遵循唯物主义的方法，去寻求无产阶级急需解答的问题的答案。正是从俄国社会特殊的社会关系出发，列宁对俄国民主革命时期争取社会保障的斗争以及建设社会主义保障的基本原则、不同道路方面进行了理论和实践上的宝贵探索。

(二) 社会平等思想是社会保障的理论依据

列宁继承了马克思恩格斯的批判精神，驳斥了资产阶级民主制下的纯粹民主和抽象的平等观，阐明了马克思主义的社会平等思想。他指出，资产阶级的民主和平等是有历史条件的，其价值是有限的。资产者

---

① 马克思，恩格斯. 马克思恩格斯选集：第1卷. 北京：人民出版社，1995：67.
② 同①78-79.
③ 马克思，恩格斯. 马克思恩格斯选集：第3卷. 北京：人民出版社，1995：335-336.
④ 列宁. 列宁全集：第1卷. 北京：人民出版社，1984：163-164.

和无产者在社会生产中所处的地位导致了阶级地位不平等，"一些人掌握土地、工厂、资本，靠工人的无酬劳动生活；——这样的人只占极少数。另一些人，也就是广大居民，没有任何生产资料，只有靠出卖自己的劳动力过活；这些人就是无产者"①。经济地位的不平等必然造成人们所拥有的可支配资源的差异，而这种差异必然影响人们平等享有权利的机会，因而，列宁认为，没有经济的平等和社会的平等做保障，这种权利的平等实质上是不平等的，形同虚设。如果说，资产阶级民主革命的价值诉求是政治权利平等，那么，对社会主义者而言，平等就是社会平等。"简单说来，社会主义者说平等，一向是指**社会的**平等，指社会地位的平等"②。

列宁针对资产阶级把平等仅仅理解为人们理应享有的平等的权利和平等的机会所存在的弊端，提出自己的社会平等思想，其宗旨是使人们认识到，阶级以及财产的差异是人们实现平等权利的障碍。如果说，列宁提出的社会平等思想是论证在共产主义第一阶段要求消灭阶级、消除私有制、实现公有制的理论依据，那么其更深层含义则是寻求一条实现共产主义这一理想的现实道路，即为无产阶级享有平等权利提供物质保障，力求让最大多数的普通劳动群众享有社会主义经济发展所带来的福利。苏维埃取得政权后立即实施了一系列社会保障措施，正如列宁所说，苏维埃政权不仅在原则上支持资产阶级一贯宣传的冠冕堂皇的自由平等原则，而且要为人民群众切实享有这些权利提供物质条件。"苏维埃政权剥夺资产阶级的房屋、印刷所和纸库，并将它们全部交给劳动人民及其组织支配。俄共的任务是吸引日益众多的劳动群众来运用民主权利和自由，并扩大劳动群众运用民主权利和自由的物质条件。"③ 可见，列宁带领苏维埃政府实施社会保障正是要实现人们经济社会平等的权利，把资产阶级形式上享有的权利转变为事实上享有的权利。

（三）人的自由全面发展是社会保障思想的最终价值诉求

列宁在继承马克思关于社会发展的生产力向度和人的发展的主体向

---

① 列宁. 列宁全集：第 24 卷. 北京：人民出版社，1990：392.

② 同①393.

③ 列宁. 列宁全集：第 36 卷. 北京：人民出版社，1985：169.

度的基础上，始终认为人的解放和自由全面发展是共产主义社会的终极价值诉求。在共产主义社会，通过社会生产，不仅要保证一切社会成员充裕的物质生活，而且要保证他们的体力和智力获得充分的自由的发展和运用。列宁不仅继承了马克思关于人的自由而全面发展是共产主义社会的基本原则和基本特征的思想，而且把这一思想写进了俄国社会民主工党的纲领，对一个小农占多数的落后国家如何保障人的自由全面发展进行了不懈的探索。

列宁生活的俄国，大工业基础薄弱，工业产量远远落后于欧美发达的资本主义国家；小农经济根深蒂固，乡村人口占全国人口的大多数；文化教育落后，文盲人数占比很大。十月革命胜利后，年轻的苏维埃俄国正处于帝国主义的包围之中，国际环境险恶；长期的战争带来的经济破坏、饥饿和疾病问题十分突出。在这种情况下，保证人民基本生存的社会保障就自然成为列宁和年轻的苏维埃政权首要关注的问题。

在苏维埃政权初期，列宁清醒地看到，党和国家的最重要的任务应该是：把人们从饥饿和困苦和疾病中解救出来，尽一切可能保障劳动人民的生命。列宁这样写道：**"在一个经济遭到破坏的国家里，第一个任务就是拯救劳动者。全人类的首要的生产力就是工人，劳动者。**如果他们能活下去，我们就能拯救**一切**，恢复**一切**。"① 保障人民能够生存下去是列宁在革命胜利后首先要着力解决的课题。

保障人民的生存才能保障人们不断发展自身，而自身的不断发展又能保障人民更好地生存，即提高生存的质量。列宁在俄国无产阶级夺取政权之后，特别强调国家要在战胜敌人、战胜饥荒、保障人民生存的同时大力发展国民经济，创造丰富的物质财富来满足广大人民群众的发展需要，这也正是领导人民进行共产主义建设的价值所在。他在俄共（布）第八次代表大会上做关于党纲报告的总结发言时强调指出："只有共产主义在经济上得到论证的时候，我们才珍视共产主义。"② 对人的自由全面发展的价值诉求，对人民群众切身利益的关怀，使列宁的社会主义社会保障思想同资产阶级社会保障思想有着本质的区别。在确定了社会保障的价值目标后，列宁在小农占多数的落后国家进行社会主义社

---

① 列宁. 列宁全集：第 36 卷. 北京：人民出版社，1985：346.

② 同①162.

会保障建设的具体途径上开始了新的探索。

二、列宁社会保障思想的主要内容及基本原则

与西方现代社会保障概念相比较而言，列宁的社会保障概念内涵更加宽泛，在其著作和俄共（布）的文件中出现诸如"社会福利""社会保险""劳动保护"之类的提法，均可理解为社会保障，鉴于此，列宁的社会保障主要包括社会保险、社会福利、社会救济、社会优抚等多方面的内涵。

（一）社会保障制度只有在无产阶级夺取政权后才能真正实现

社会保障制度是资本主义社会发展到一定阶段的产物。在前资本主义社会，自给自足的小农经济条件使个人的经济安全与国家和社会没有直接的关系，社会成员的生活保障体现为家庭的自我保障，这仅是个人和家庭的责任而不是国家和社会的责任。工业革命以后，随着工厂制度的建立和工商业的发展，现代市场经济制度开始建立并不断完善。社会结构发生了重大变化，大多数社会成员成为工人阶级的一分子，劳工问题越来越突出，贫富差距越来越大，并引发了许多社会问题，使社会处于激烈的动荡中。社会化大生产带来的风险及工人阶级的贫困化促使工人阶级不断觉悟，谋求自己阶级解放的民主运动日趋激烈。

列宁深刻认识到资产阶级推行社会保障制度的真实目的。他指出，在议会制度盛行的时代，"要让群众跟自己走，就**必须**有一套广泛施展、系统推行、周密布置的手法，来阿谀奉承、漫天撒谎、招摇撞骗、玩弄流行的时髦字眼、信口答应工人实行种种改良和办种种好事……如许诺实行社会改良（保险等等）"[①]。1903年列宁在《一项给遭受不幸事故的工人发放抚恤金的法令》中痛斥道，资产阶级和资产阶级政府所遵循的不是逻辑，不是情理，而是赤裸裸的贪欲。他们所颁布的一系列法令是与社会民主党人提出的社会保障的纲领性要求相悖的，他们的仲裁法庭

---

① 列宁. 列宁全集：第28卷. 北京：人民出版社，1990：81-82.

是由官吏仲裁，地位的不对等使"在对有关发给残废工人抚恤金的控诉和要求进行预审方面"，绝不会"给予工人稍微满意的仲裁"①。1912年，他进一步指出："在反革命势力统治的时期，经过政府同资本家的代表的多年预备性的谈判和取得协议，也只能产生这种极端粗暴地嘲弄工人的最迫切利益的法律。"② 因为"国家杜马通过的政府法案是与合理化的保险制度的所有这些基本要求根本抵触的，这个政府法案（一）只提到**两种保险**——不幸事故保险和疾病保险；（二）只包括一小部分（最多也只有 1/6）俄国无产阶级，许多地区……和许多特别需要保险的部门的工人……都被置于保险范围之外"③。由此可见，资产阶级的社会保障制度及其改革，其实质是为其阶级利益服务的，无论是性质、内容、范围、资金来源，还是保障水平都是从资产阶级利益出发，都是在维持其统治地位的基础上，尽可能地榨取工人的血汗，根本不会考虑工人阶级的实际需要。无产阶级在取得政权以前，工人试图通过现有的社会保障制度来防范各种社会风险，保障自己的生存条件的理想是根本无法实现的。因此，工人依靠单个的力量无法抵御各种社会风险，必须依靠阶级的整体力量，通过革命斗争才能在资产阶级实施的社会保障制度中谋得福利。

列宁认为，资本主义无法使工人阶级获得真正的社会保障是由资本主义社会内在的矛盾性质所决定的。资本主义的基本矛盾是自身无法克服的，广大人民群众寄希望于资产阶级政府能改善人民的生活境遇是不现实的。解决矛盾的出路在于这种制度的向前发展，以共产主义社会取而代之。所以，列宁满怀信心地说："如果土地、工厂、机器等等不是被一小撮靠人民贫困而获得亿万利润的私有者所窃据，那么，现代社会就能够生产出更丰富得多的产品来改善全体劳动人民的生活。"而资本主义"所有这些改善了的生产方式归根到底是为人民群众准备的"④。

列宁认为，在无产阶级政权下实施社会保障是无产阶级专政国家义不容辞的责任，任何个人和团体都无法使社会保障实现其功能的社会化，只有通过无产阶级专政国家政权的权威性以及立法形式来实施，才

---

① 列宁. 列宁全集：第 7 卷. 北京：人民出版社，1986：314.

② 列宁. 列宁全集：第 21 卷. 北京：人民出版社，1990：156.

③ 同②155.

④ 列宁. 列宁全集：第 5 卷. 北京：人民出版社，1986：75.

能保证社会保障制度的统一性、平等性和有效性，也只有无产阶级专政的国家才能为工人阶级营造一个政治经济上解放的、安全的社会政策网络。因而，推行符合无产阶级利益的社会保障改革的必要条件是进行彻底打倒资产阶级使无产阶级获得自由的阶级斗争，政治变革是社会保障改革实现的必要条件。

（二）社会保障目标的一致性与实现途径的灵活性

社会保障作为俄国无产阶级民主革命和社会主义建设的基本目标，无论在民主革命时期还是在社会主义建设时期，具有原则上和价值目标上的一致性，但由于面临的革命形势和建设阶段不同，社会保障的基本内容和实现途径也顺势而变，列宁把社会保障目标的一致性和实现途径的灵活性结合起来，对社会保障制度的认识随着革命和建设实践的发展而不断走向深入。

民主革命时期如何利用国家杜马争取社会保障是革命的策略问题。列宁对这一问题的探索经历了从抵制国家杜马到利用国家杜马的战略调整过程。1905 年秋，俄国第一次资产阶级民主革命形势高涨，沙皇慑于革命力量的增长，签署了召开"有立法权"的杜马诏书，在是否参加国家杜马的选举问题上，俄国社会民主工党内部存在意见分歧，列宁主张积极抵制杜马选举。布尔什维克抵制第一届国家杜马选举失利之后，列宁和布尔什维克党及时总结了经验教训，认为在反动势力占统治地位的时候，力量相对弱小的无产阶级必须利用合理手段同反动势力进行斗争，争取解放；必须利用杜马讲坛和工会等一切合法、半合法的机构，为工人阶级争取更多的社会保障，同时扩大党的影响。所以，列宁要求俄国社会民主工党必须参加杜马的选举并建立杜马中的社会民主党党团，最坚决地捍卫工人的利益和一切能够改善工人生活状况的措施。不能抵制工人生病救济基金会的受托人选举，因为抵制是不适当而且有害的，在当时会使工人分散力量，从而只会有利于资本家实现其工人不能掌握工厂中无产阶级基层组织的企图。"争取合理地选举伤病救济基金会代表的斗争一分钟也不应当停顿"[1]。

---

[1] 列宁. 列宁全集：第 22 卷. 北京：人民出版社，1990：282.

与此同时，列宁坚决反对单纯追求社会保障的改良主义。他强调指出，参加杜马选举提出的口号必须密切配合宣传社会民主工党最低纲领中的普选权、工人的国家保险等所有其他一切要求，要从无产阶级领导的解放运动的总任务出发阐明一切局部的任务。对触犯整个俄国无产阶级利益并极其粗暴地损害这种利益的社会保险法案，列宁号召社会民主工党要开展最广泛的鼓动工作，而"一切鼓动，都应当同无产阶级在现代资本主义社会中的阶级地位，同对社会改良主义者所散布的资产阶级空想的批判，同我们整个的社会主义基本任务联系起来；另一方面，在这种鼓动中，应当把杜马'改革'的性质同目前的政治形势，同我们整个的革命民主任务和口号联系起来"①。"必须把关于实行保险制度的整个鼓动工作同说明沙皇俄国的全部实际状况这一内容密切地结合起来，同时要说明我们的社会主义原则和革命要求。"②

社会民主党人将争取一切工人为改善生活而进行斗争作为自己工作的重要内容，但在执行革命时期的社会保障的具体策略中，社会民主党人也根据工人的斗争环境不同而采取灵活方式。由于城市工人和农村工人、工厂工人和其他行业工人的斗争环境不同，所以斗争的时间和斗争的方式应有所区别。工厂工人居住和工作场所集中，易于发动和组织，社会民主党人首先领导城市工人同业主斗争，并且他们争取到了工厂法的颁布。其他行业的工人也要以工厂工人为榜样，在社会民主党人和工厂工人的帮助下，把最坚定可靠的工人联合成为坚固的联盟，用一切可能的办法来帮助他们。一旦社会民主党人取得政治自由，就要争取在人民代表会议上选举工人代表，要求颁布有利于工人社会保障的法律。

（三）社会保障程度要受到生产力发展水平的制约

社会保障是党领导无产阶级革命和建设的巨大动力和基本目标，给人们提供更多更丰富的社会保障，是社会主义国家不可推卸的责任。但社会主义国家社会保障是对社会产品的分配和再分配，因而其发展水平以及人们需要的满足程度要受社会财富积累程度和社会生产力发展水平

---

① 列宁. 列宁全集：第21卷. 北京：人民出版社，1990：156.
② 列宁. 列宁全集：第22卷. 北京：人民出版社，1990：282.

的制约。这是列宁社会保障思想最基本的观点。

1918 年列宁针对考茨基提出的"苏维埃共和国成立了九个月，不仅没有推广普遍福利，反而不得不说明发生普遍贫困的原因"的攻击指出：一方面，经济落后国家的社会保障只能随着生产发展和社会进步逐步积累，不能幻想社会主义制度一建立就能实现普遍而完善的社会保障制度；另一方面无产阶级夺取政权后，必须尽一切可能发展社会生产力，创造高于资本主义的劳动生产率，积累丰富的社会财富，尽可能满足人民日益增长的生活需要。

当然，鉴于生产力发展水平的落后，建设社会主义社会保障主要依靠自己的力量，但不能自我封闭，不但要向资本主义国家学习社会保障的成功经验，而且还要积极争取外援，这对经济落后的国家改善人民生活是十分必要的。在苏维埃俄国建立初期，由于受到国外经济封锁以及国内大范围饥荒的影响，广大人民生活十分艰难，列宁果断指出，要积极争取外援，当时主要有两种方式：一是各国工人阶级的捐款，二是向各国政府购买食品。当然，列宁十分清醒地看到，帝国主义国家的援助是有条件的，其目的"是要把我们工农共和国的全部政权交到他们手里"①。在无产阶级政权建立初期，尤其如此。因此，接受外援时，社会主义国家要掌握主动权。

在新经济政策时期，苏维埃政府努力改善工人的生活状况，提高工资待遇，结果导致工资增长速度超过生产增长速度，社会保险费用急剧增加，超过了生产发展的承受能力，列宁十分关注这种新变化。1921年 10 月，以列宁为首的中央政治局责成有关部门根据新经济政策详细研究有关工人保险的问题。12 月，全俄苏维埃第九次代表大会通过的决议和文件中强调，"工人的保险、社会保证、医疗等问题应按照新经济政策所造成的条件专门加以研究"②，工人生活的改善有赖于生产力的发展，这是"因为工资的提高和工人生活的改善，直接有赖于在这方面取得的成就的大小"③。否则，生搬硬套地采取一些与实际生产力水

---

① 列宁. 列宁文稿：第 9 卷. 北京：人民出版社，1979：481.

② 苏联共产党和苏联政府经济问题决议汇编：第 1 卷. 北京：中国人民大学出版社，1984：304.

③ 同②311.

平不相称的措施，则是"最亏本、最不合理的社会保证形式"①，是"违背工人阶级的将来利益的"②。

根据列宁的设想，1924 年俄共中央在关于工资政策问题的决定中指出，"劳动生产率的提高应当超过工资的增长"③，只有这样才能满足越来越庞大的社会福利需求。号召人民，当前的主要任务是"提高劳动生产率，扩大生产"④。

（四）社会保障要以国家为责任主体

列宁认为，工人在资本主义生产和分配方式下，"以工资形式取得的那一部分自己创造的财富，非常之少，刚满足工人的最迫切的生活需要"，无产者根本拿不出钱去应付伤残、疾病、年老、失业等各种劳动风险。于是，列宁提出工人阶级的社会保障制度应以国家为责任主体，这才是一种"合理化的保险制度"。他说："工人在年老和完全或部分丧失劳动能力时，得享受国家保险，由国家向资本家征收特别税作为这项支出的专用基金。"⑤ 实行完全的国家社会保险，即由国家负担全部费用，而职工无须缴纳保险费的设想在俄国社会民主工党第二次代表大会通过的党纲中就得以体现。

列宁的工人国家保险的基本原则是：工人因伤残、疾病、年老、生育等丧失劳动能力，或因失业失掉工资的情况下国家保险都应给工人以保障；被保险者要包括一切雇佣劳动者及其家属；对一切被保险者都要按照补助全部工资的原则给予补偿，同时一切保险费都由企业主和国家负担；各种保险应由统一的保险组织办理，一切保险机关都由被保险者自己管理。

十月革命以后，列宁在"最好的工人保险形式是工人的**国家保险**"⑥ 的论断基础上进一步强调实行"国家对保险事业的垄断"⑦。国家应当成为社会主义社会保障的主体，这是列宁对社会主义社会保障的新

①② 苏联共产党和苏联政府经济问题决议汇编：第 1 卷．北京：中国人民大学出版社，1984：386.

③ 同①473－474.

④ 同①474.

⑤ 列宁．列宁全集：第 29 卷．北京：人民出版社，1985：489.

⑥ 列宁．列宁全集：第 21 卷．北京：人民出版社，1990：155.

⑦ 列宁．列宁文稿：第 14 卷．北京：人民出版社，1988：333.

认识，为社会主义国家建立社会保障制度指明了方向。以国家为责任主体的社会保障的基本特点有：社会保障事务全部由国家包办；个人不缴纳任何费用；保障范围覆盖全体国民，保障目标上追求完全公平；保障待遇不与缴费相关联，而与劳动贡献挂钩；各级工会组织代表国家管理具体事宜。

但在十月革命胜利初期，苏维埃政权面临的恶劣环境使一切保险费都由企业主和国家负担的这种设想暂时搁置，列宁领导布尔什维克党拟定保险基金从累进的所得税、财产税和遗产税中提取，在实施这些税收之前，临时向雇主征收专款。在国内困难的经济形势下，这种临时的办法被保留了下来。自1918年8月起，苏俄政府规定所有国有企业必须缴纳社会保险费。当"战时共产主义"时期结束，社会生产走上正常轨道后，列宁领导苏俄政府恢复工人和职员的国家社会保障制度，在恢复国家保险的同时，又组织了农民互助会。对于非雇佣工作者个人（农民、手工业者、自由职业者）的社会保障实行互助方式，主要通过农民社会互助委员会全面帮助红军战士家庭、贫农和力量单薄的农户。到1922年底保险制度最终形成时，保险基金主要是由国营和合作企业的公共基金构成。在私营企业里，保险基金完全由雇主负担，这样，关于社会保险基金的筹集问题在社会建设的不同阶段得到不同的且较好的解决。

三、以社会主义国家为主体的社会保障模式的初步实践

列宁在十月革命前提出的实行完全的国家社会保险，即由国家负担全部费用，而职工无须缴纳保险费的设想在苏维埃取得政权后得到了不同程度的贯彻和实施，社会保障权由人民的应有权利变成实有权利，形成了历史上第一个以国家为主体的社会主义社会保障模式。这种社会保障模式在制度建设、管理建设等方面都具有开创意义，并且遵循着社会主义社会保障的基本原则。

首先，在社会保障法律制度建设方面，十月革命后，虽然遭受国内战争和帝国主义战争的破坏，国家经济极端困难，社会保障事业难以全

面展开，但苏维埃政权一建立就宣布"通过立法手续对于一切不剥削他人劳动的劳动者实行了充分的社会保障，凡丧失劳动能力的人以及——世界上破天荒第一次——遭到失业的人，都由雇佣者和国家给予生活保障"①。并在十月革命胜利后的第六天，列宁及其为首的苏维埃政府就发表了关于社会保险的政府通告。仅在革命胜利后的头两年内，苏维埃政权就颁布了一系列关于职工患病、失业问题的社会保险法令以及关于社会保险机构开展工作的程序法令。在 1917 年到 1922 年的 5 年内，列宁亲自审批和签署的有关劳动者社会保障问题的重要法令就有 100 多个，如有关于失业保险和疾病保险、关于劳动者社会保障、关于从事雇佣劳动人员的社会保险、关于消费公社、关于劳动保护和社会保障的法令等，这些法令对劳动者的社会保障权做了明确的规定：凡是失去劳动能力（不管其原因如何、疾病或其他）而暂时失去生活资料来源者，因伤残、疾病、年老及其他原因丧失劳动能力而永久失去生活资料来源者，因失业失去生活资料来源者，都有权享有社会保障。社会保障基金的最初来源主要是国营企业、机关和私营企业按照规定的比例缴纳的费用，劳动者不缴纳任何费用。以后，随着国家经济状况的好转，国营企业和机关不再缴纳费用，只剩下私营企业继续缴纳，社会保障费用主要由国家预算拨款承担。

1920 年以后，政府为改善红军伤残战士及其家属的社会保障，第一次实行特定残恤金补助，并先后通过了建立社会保险制度、残疾人员的社会保障、失去赡养人条件下劳动者和军人家庭成员的社会保障等决议，并通过了第一个养老金法。通过立法，把保障没有劳动能力的劳动者的制度固定了下来，并在世界历史上破天荒地规定了国家保障劳动者权益和向为国家流了血的战争残废者提供残废抚恤费和退休养老金。在 1936 年苏联通过的新宪法中，明确规定了苏联公民在年老以及患病和丧失劳动能力时享有国家保证的物质保障权，这就使劳动者的社会保障以国家根本法的形式固定了下来。之后苏联逐渐完善社会保障制度，包括以职工为主要对象的国家保险制度、集体农庄庄员的社会保障制度、国家预算直接拨款的社会保障制度、免费医疗（保健）以及各种补助金制度等，充分体现了列宁提出的社会主义保障原则，最大限度地维护了

---

① 列宁 . 列宁全集：第 36 卷 . 北京：人民出版社，1985：422.

广大人民的社会保障权。

其次，在社会保障的管理工作方面，列宁认为，劳动者本人必须参加社会保险管理工作，苏联的各级工会组织必须参与社会保障的管理工作。在颁布第一批关于社会保障法令的同时，苏维埃政权开始改组并建立新的社会保障机构，把最初成立的国家救济人民委员会改名为社会保障人民委员会，使机构的名称更加符合其工作的性质，负责各种形式的社会帮助，如支付残疾金、对残疾者进行职业培训、给予失业者的物质保障、帮助红军家属等。这些近百条有关社会保障的法令，均通过政府相关机构贯彻执行。

在外国武装干涉和内战时期，国家的各项保险计划都无法得到执行。战争结束后，列宁领导苏俄实行了新经济政策，着手恢复十月革命胜利后制定的各项社会保障政策。1921 年 10 月 6 日下达了关于国家保险组织建立的通知。1925 年 9 月 18 日，苏联国家保险条例出台，该条例对于巩固和发展苏联国家保险的作用是巨大的。同时成立了合作社保险和它的组织，并成立了苏联国外保险组织。

再次，在社会保障的适用范围方面，苏维埃政权颁布的社会保障法令适用于全国，新的保险制度毫无例外地覆盖到所有雇佣工人与城乡贫民；适用于各种丧失劳动能力的人（患病、残疾、年老的人等）以及鳏寡孤独者和失业者；全部保险费用完全由企业承担，在失业和丧失劳动能力期间偿付全部工资；保险者在一切保险机构享有自治的权利。农村的社会保障，在苏俄建国初期，主要是通过农民自己的力量来解决。农民在丧失劳动能力时，由农民互助会提供物质保障和劳动上的帮助，如发给一次性补助、修葺房屋、耕种宅旁园地等。与此同时，国家也拿出一部分资金进行帮助。医疗护理，是由苏联与各加盟共和国的卫生部及其地方附属机关办理，对全国人民不问其是否加入保险，一概免费供给医疗服务。社会保险制度与医疗设施间的联系，由地方联合委员会维持。

最后，在社会保障的资金运行方面，列宁继承了马克思社会保障思想的基本原则。列宁认为，在资本主义制度下，保险基金的来源是剩余价值，而在社会主义经济中的保险基金是从没有剥削的劳动所创造的社会总产品的一部分中建立起来的。建立起来的新国家是社会主义国家，因此，社会主义的保险基金是社会主义财产，是用来保障社会主义扩大再生产过程的继续不断和劳动者的个人利益的。苏俄政府贯彻了列宁国家保险思想的核心，即社会保险由国家承担责任主体。在列宁国家社会保险思想的指导下，苏俄继续主张应当由国家承担全部费用，而职工无须支付社会保险费用，较好地处理了社会保险基金的筹集问题，解决了社会保险政策实施的物质保障。保险资金的严格集中的支配，最有效地保障了社会主义扩大再生产过程的继续不断和苏维埃公民个人的物质福利，是充分利用保险基金从事社会主义建设的方法之一。

关于苏俄的社会保险制度。苏联宪法明确地保证了社会保险的实施，其中有如下的规定："苏联公民于年老、患病及丧失工作能力时，有享受物质安全之权利，此权利之保证，为国家出资广泛发展工人职员之社会保险，实行免费医疗，并广泛设置疗养机关供劳动者之用。"①而苏联实行的社会保险，是以 1922 年颁布的劳工法典为根据的。后来也办过失业保险，但随着 1933 年社会保险的结构与范围的大规模调整和失业现象的逐渐消失，失业保险予以取消，并对大家庭开始给予家庭津贴，以后更将此家庭津贴制度推行于中等人数的家庭。国家社会保险制度所未包括的人，可在特殊社会保险制度下被保险，如果特殊制度的保护也享受不到的话，便可受领社会救助。比如集体农庄农民的社会保险，就由特别的以自愿原则成立的互助基金会办理，基金会设在各集体农场。有疾病、老年、残废等事故发生时，给予基金会会员的给付，一部分是现金，一部分是实物。基金会同时还要负责房屋的拨付、贷款及遗孤、阵亡军人的遗族和残废军人的照顾。

凡无权受领国家社会保险制度或以上任何一种特殊制度的给付的人，到老年时可以受领救助，如发生残废，可被安置在残废院。残废院由社会救助机关主持，经费由政府拨付。到 1922 年底，全国逐步形成了一种全新的、以国家保险为主要内容的、各阶层群众广泛享受的社会保障制度。在人类发展史上，首次实现了工人阶级及其广大的劳动者享受社会保障并得到自己阶级专政政权下的制度保障。

总之，列宁的社会保障思想实现了社会保障制度现实性、广泛性和普遍性的有机统一。从社会保障的实质看，苏俄的社会保障制度具有现实性。列宁认为，社会主义社会保障不是在形式上宣布，而是让人民能

---

① 张永懋. 苏联的社会保险. 北京：中华书局，1950：4.

够实际地享受这些权利，苏维埃政权的建立为人民群众社会保障权利的实现奠定了坚实的经济基础和政治基础。从社会保障的内容看，苏俄的社会保障制度具有广泛性。尽管新生政权面临着困难重重，但人民群众能够享受的社会保障种类比较齐全，远远超过了当时资本主义国家的社会保障种类。随着苏维埃政权的巩固和发展，社会保障种类不断丰富，社会福利水平不断提升。从社会保障的主体看，苏俄的社会保障制度具有普遍性。列宁认为，社会主义社会保障的主体具有普遍的平等性，不因主体的财产、文化、居住地、性别、民族、宗教信仰的不同而受到任何限制，即一切公民都有受到社会保障的平等的权利，完全取消任何人任何形式的特权。

列宁关于社会保障的思想及其实践，为我们提供了宝贵的思想财富和实践经验。但我们必须看到，列宁的社会保障思想及其实践毕竟处在探索的阶段，因此，考察列宁的社会保障思想，应坚持历史的辩证的观点，既要看到列宁在特定历史条件下对社会保障思想及其实践进行探索所取得的成就，又要看到有些思想在新生的苏维埃俄国缺少必要的实现条件，或超越了当时的客观条件；既要看到列宁的社会保障思想与资本主义社会保障思想的本质区别，又要实事求是地看待其实际作用。列宁的社会保障思想的某些具体内容也许随着实践的发展而凸显了其局限性，但列宁的开拓精神、研究方法和阶级立场是永远值得我们学习的。

第十二章　列宁关于社会主义
社会管理的思想

十月社会主义革命胜利以后，列宁立即提出要由"夺取俄国"转变为"管理俄国"，在他的许多著作和讲话中，不仅精辟地阐明了社会主义社会实现科学管理的可能性和必要性，而且对社会主义的社会管理原则、社会管理方式、社会管理主体、社会管理机制及社会管理策略等问题进行了阐述和探索，创造性地提出了一系列社会主义社会建设的新思想，开创了当时俄国社会主义建设的新局面。列宁关于社会主义社会组织建设和社会管理的思想是同苏维埃俄国的建立和巩固以及劳动人民的民主思想的发展联系在一起的，既尊重了唯物论，也尊重了辩证法。在他领导的社会主义建设实践中实现了对马克思恩格斯关于社会管理思想的丰富和发展，但由于时间短暂，还没有形成完整严密的关于社会主义社会管理的科学体系，只是创立了这一体系的雏形。

一、社会主义社会管理概述

社会主义制度的建立是人类进步的伟大创举，巩固和发展社会主义制度是一项艰巨而复杂的历史任务。高度重视社会组织和社会管理在社会主义建设中的作用，是列宁在指导和亲历社会主义建设实践过程中的经验总结。

（一）社会管理的重要性

列宁认为，社会主义社会是个复杂而又统一的社会有机体，包括经济、政治、思想文化和社会生活在内的各个组成部分都处在相互联系和运动发展之中，这是对社会主义社会进行科学管理的客观基础和理论根据。对社会主义社会进行科学管理符合社会有机体内在联系和发展的客观要求，没有管理就无秩序，就不能进行有效的社会化大生产，就不能实现提高效能、效益和最大节约的要求。列宁所说的管理，其内容包括了经济生活和政治生活在内的社会生活的各个环节。

为了战胜资本主义和建设社会主义，对社会主义社会实行科学管理就具有重要意义。早在苏维埃政权成立之初列宁就提出，要把科学管理的方法摆到党和国家工作的首要地位，并用它来代替武装镇压的方法，他认为用这种方法同样能够战胜资本主义。他说："我们用镇压的方法获得了胜利，我们也能够用管理的方法获得胜利。"① 当时苏维埃俄国面临着一个生死攸关的问题，即必须尽快地创造出较资本主义更高的劳动生产率。在这方面，列宁深信社会主义制度较资本主义制度有无可比拟的优越性，但他也清楚地知道，社会主义的巨大优越性不可能自然而然地发挥，而需要通过正确、有效的管理来实现。列宁要求全党把管理工作视为必须马上用全力抓住的一个环节，其道理也就在这里。

特别值得一提的是，列宁不但重视管理对社会主义建设的意义，而且重视社会主义作为一种崭新的制度对管理的意义。列宁非常强调苏维埃管理机关的社会主义性质，他主张起用"一心为社会主义奋斗的工人"，建立真正新的"名副其实的社会主义机关"，而为了建立这样的机关，"我们应该提出的不是西欧资产阶级所提出的要求，而是向一个以发展成社会主义国家为宗旨的国家应该提出的恰如其分的要求"②。列宁主张建立一个社会主义社会的管理体系，这个体系就是共产党领导下的国家组织和社会组织的总和。他要求人们"非常慎重地、考虑周到

---

① 列宁．列宁全集：第34卷．北京：人民出版社，1985：160．
② 列宁．列宁选集：第4卷．北京：人民出版社，1995：786．

地、熟悉情况地利用我们社会制度中真正的精华来建立新的人民委员部"①。列宁的这番教诲对我们今天在各项管理活动中坚持社会主义的方向，坚持共产党的领导，充分发挥社会主义的制度优势，仍然是富有启迪的。

（二）社会管理者

管理者是社会管理活动的主体，管理者的科技文化水平、业务能力直接影响社会管理的水平和质量。为了对苏维埃俄国进行管理，列宁极为重视提高管理者的素质。1922 年，在苏维埃共和国首都，居然出现几万普特的罐头堆在码头发霉变质，而普通居民却买不到罐头的怪事。列宁责问道：钱也有了，权也有了，究竟缺少什么呢？"任何一个经过资本主义大企业训练的店员，都会办这种事，而百分之九十九负责的共产党员却不会办，并且不想懂得自己没有这种本领，应该从头学起。"②针对当时从事管理的共产党员普遍缺少文化、不擅长管理的情况，列宁曾语重心长地指出，从事管理的领导者必须是行家，他们要有专长，要有管理的科学知识。

列宁不仅强调管理者要学习、要成为内行，还进一步强调指出，任何一种科学的理论和方法，都是社会实践的产物，没有社会主义的实践和经验，就没有社会主义社会科学管理的理论和方法。改善苏维埃国家机关的关键在于要有实践家和实践行动，发现精明强干的人才，把苏维埃政府的指令变为生动的实践。因此，需要特别认真地整顿国家机关，把真正具有现代水平的人才即不亚于西欧优秀模范的人才集中到国家机关里来。列宁在谈到如何选拔和正确地使用管理干部特别是共产党员时指出："资本主义扼杀、压制、摧残了工人和劳动农民中的大批人才。这些人才在贫穷困苦、人格遭到侮辱的压迫之下毁灭了。现在我们的职责就是要善于发现这些人才，让他们担任工作。"③列宁在任命管理干部时，总是要从政治素养、业务知识、管理才能和工作态度等方面进行全面的考核。

---

① 列宁 . 列宁选集：第 4 卷 . 北京：人民出版社，1995：786.
② 同①688－689.
③ 同①56.

列宁主张用完全特殊的办法，经过极严格的考试来挑选从事各种管理的工作人员。比如，在录用工农检查院职员时"必须通过关于我们国家机关知识的考试"，"必须通过有关我们国家机关问题的基本理论、管理科学、办文制度等等基础知识的考试"①。考试制只是选拔和任用管理者的一种方式，在不同的历史条件下，对不同层次、不同类别的管理人员还可以采用以下几种不同的选用方式：第一，选举制。列宁认为，国家的行政管理人员要实行选举制，通过人民民主选举，然后由国家领导机关集中群众的意见，任命国家行政管理人员，而且人民群众有权监督和罢免。第二，委派制。列宁主张，要委派那些"有知识、受过教育和训练的人"做行政领导工作，在工厂、在企业要委派那些真正懂得经营，并且能顺利经营的人员去担任管理工作。第三，招聘制。列宁主张用高额薪金聘请国内外优秀的专家，以提高苏维埃国家机关的管理工作效率。第四，推荐制。列宁提出，挑选国家行政领导人员，要有几个共产党员介绍，以保证其政治质量，要推荐具有各种特长的人员，不要事先就排除某一种人，要使苏维埃国家机关成为多种品质和各样优点的结合。

真正搞好社会管理工作不能仅仅依靠少数管理者的努力，还要发扬民主，吸收群众参加管理，执行监督和监察的职能。列宁认为，社会主义社会的管理是群众的管理，只有发动群众和依靠群众，才能真正实现社会主义社会的管理。

（三）社会管理方式

列宁在十月革命之前和之后的社会主义革命和社会主义建设阶段，对如何管理好处在初建时期的社会主义社会提出了许多具体的方式方法，其中最主要的有以下三项：

（1）吸收广大人民群众参加社会的全面管理。要广大人民群众参加管理，是列宁提出的社会主义社会管理的首要方法。十月革命胜利后，列宁强调，社会主义国家管理最重要的形式就是普遍吸收所有的劳动者来管理国家。苏维埃政权依靠劳动者，依靠全国的绝大多数

① 列宁. 列宁选集：第 4 卷. 北京：人民出版社，1995：788.

人，它给他们以管理国家的权利。列宁反复强调，社会主义民主的实质在于吸引劳动群众参加对国家的民主管理并在其中起决定作用，社会主义民主的重心放在保证劳动群众能够实际地参与国家管理上面。因此，必须"吸引劳动者，吸引贫民参加管理国家的日常工作"①，"只有千百万人学会亲自做这件事的时候，他们才能实施社会主义"②。列宁还一再要求通过立法形式，把人民当家作主、管理国家事务的民主权利固定下来。

根据列宁的意见，党中央、全俄苏维埃代表大会、中央执行委员会、人民委员会，都对此做过许多具体的规定。列宁认为，广泛吸收人民群众参加国家管理，是反对和克服国家机关的官僚主义的根本方法。"只有当全体居民都参加管理工作时，才能把反官僚主义的斗争进行到底，直到取得完全的胜利。"③ 在他的主持下，1920年2月的全俄苏维埃中央执行委员会通过了《关于工农检查院条例》，决定把国家监督机关改组为工农检查院。为了提高工农检查院的地位，列宁还建议把它与中央监察委员会合并，使中央监察委员享有中央委员的一切权力，不仅可以监督党的中央和地方机关，而且可以监督党的领导人。在列宁的支持下，劳动群众可以以工农检查院成员的资格对国家机关进行实际的检查。

（2）建立个人负责制。列宁强调建立个人负责制的社会管理体制，是因为社会主义国家的全部政治、经济、文化和社会工作都是由共产党领导的。为了防止职责不明、党政不分，必须在坚持集体领导的原则下，建立各级管理机关的个人负责制，只有这样才能更好地提高管理效率。必须尽可能利用一切机会使被选举出来的领导人对整个机构负起管理责任。列宁明确指出，要建立各项工作的个人负责制，每个苏维埃委员会和每个苏维埃机关必须毫无例外地立即通过一项决议来明确划分各委员会或负责人的工作和职责，十分明确地规定执行某项委派人员的责任，使每一个人都清楚地知道自己的工作，确实负责。这就是无产阶级应走的道路。

建立各级社会管理机关的个人负责制，是充分发挥管理机关的职能

---

① 列宁. 列宁选集：第3卷. 北京：人民出版社，1995：303.
② 同①464.
③ 同①770.

作用、提高管理机关工作效率、防止和克服官僚主义的重要措施，也是列宁提出的社会主义管理的一个重要原则。列宁指出，苏维埃机关中的一切管理问题应该通过集体讨论来决定，同时要极明确地规定每个担任苏维埃职务的人对执行一定的任务和实际工作所担负的责任。但"任何时候，在任何情况下，实行集体管理都必须极严格地一并规定**每个人**对**明确**划定的工作所负的个人责任。借口集体管理而无人负责，是最危险的祸害"①。列宁要求同普遍存在的每个人的职务模糊不清以及由此产生的完全不负责任的现象进行无情的斗争。对于工作中拖拉、失职的人员要给予党纪行政处分，甚至没收财产、剥夺自由、逮捕法办。列宁认为，只有明确职权范围，建立责任制，才能克服无人负责和办事拖拉的现象，从而消除工作中的抵触情绪和矛盾，大大提高管理机关的工作效率。

列宁认为，个人负责制的权力是由国家政权"赋予的"，其实施管理的路线、方针、政策是由党和国家制定的。个人负责制同集体领导制并不是对立的。在重大问题上通过集体讨论而集中正确意见，是正确解决领导的问题，但是集体领导不等于集体共同执行，实际处理具体事情和任务的责任，则由个人负责。只有明确集体领导和个人负责制的职权范围，建立明确的专人负责制，才能提高国家行政机关的工作效率。

（3）精简机构，提高效率。十月革命打碎了资产阶级国家机器，建立了工农当家作主的国家政权。这一历史性的转变把一个迫切的任务——高效率地组织管理俄国提到苏维埃国家的日程上来。有效地"管理俄国"的任务必然要通过国家机关来实行，但是，当时苏维埃国家机关的状况是怎样的呢？1918年8月，中央机关和莫斯科市机关工作人员为23.1万人，到1922年10月，增加到24.3万人，中央机关有120个委员会，列宁说真正必要的只有16个。许多机构机构重叠，人浮于事，浪费了人力、物力、财力。在这个管理体系中，官僚主义开始复活起来。共产党员成了官僚主义者，严重腐蚀着整个国家机关的肌体，妨碍了苏维埃对俄国进行有效的管理。

上述弊病，列宁早在1918年就提出要加以改进，但当时正在进行

---

① 列宁. 列宁全集：第37卷. 北京：人民出版社，1986：41-42.

国内战争，无暇顾及。战争一结束，列宁就领导布尔什维克党做了大量的工作。

首先，列宁提出按照"宁肯少些，但要好些"的原则来精简国家机构和精减公职人员，减少层次，协调各部门工作，使各机关工作准确、有秩序、守纪律、高效率。列宁要求人民委员会和劳动国防委员会裁减所属的各种委员会，使它们熟悉和解决自己分内的事情，而不把精力耗费在无数的委员会上；要求各人民委员、人民委员会主席和副主席，用审查人员和检查实际工作的办法与官僚主义和拖拉作风的泥潭做斗争，毫不留情地赶走多余的官员，缩减编制，免去不认真学习管理工作的共产党员的职务，促使苏维埃机关有条不紊地工作。根据列宁的指示，俄共（布）做出决定："裁减为党服务的机构的官僚主义部分"，加强对边疆和基层的领导，把中央的工作人员从莫斯科抽调到地方工作。后来的实践证明列宁的主张是正确的。

其次，合理地设置机构。列宁指出，要在把机关合并和正确划分各机关界限并保持每一机关一定独立性这两者之间，找出一个明智的、适当的办法。不能随意增加机构，也不能随意合并机构。机构重叠会影响行政管理工作的效率，应设的机构而不设同样也会影响行政管理工作。机构的精简和设置都要以"管理俄国"和提高行政管理工作效率为准绳。列宁要求把中央机关办成：第一，它是模范的；第二，它是大家绝对信任的；第三，要能向所有的人证明，它的工作确实不愧为中央高级机关所做的工作，它不只是由于职衔才受到大家的尊敬。经过精简机构和改革机构的设置，苏维埃国家机关的管理工作得到很大改善，工作质量和工作效率得以大大提高。

二、社会主义社会管理的内容

列宁关于社会主义社会管理的思想更多地体现在他关于国家管理、经济管理和文化管理的认识和阐述之中。虽然列宁亲自领导社会主义建设的时间十分短暂，但他在特定历史条件下对社会主义社会建设和管理特定方面的探索和实践，为社会主义社会建设理论的产生和发展奠定了基础。

（一）国家管理

列宁在俄国十月革命前后，对社会主义国家的管理问题做了多方面研究与探索，提出了一系列重要的理论观点和管理原则，倡导并推动俄共（布）党的机关和苏维埃机关实行了不少具有民主性、科学性的管理措施和办法。列宁晚年在领导苏维埃国家建设中，进一步提出了一系列科学管理国家事务的主张，从而创立了内容丰富的无产阶级国家管理思想。

（1）加强国家管理是社会主义取得完全胜利的条件。列宁在十月革命前夕写的《国家与革命》一书中，已初步谈到无产阶级国家对整个社会加强管理的必要性，认为这是社会前进的必经阶段。革命胜利后，由于苏维埃政权迫切需要恢复和发展经济、文化，增强国防力量，扭转恶劣局势，因此加强国家管理成为执政党和国家十分迫切的任务。

第一，只有加强国家管理，才能巩固无产阶级政权，巩固无产阶级革命的胜利成果。列宁认为，根据历史的经验，单靠暴力、专政、强制是保不住无产阶级政权的，唯有掌握了文明的、技术先进的管理经验的无产阶级亲自实施国家管理政策，有效地组织国家建设，切实提高人民的政治地位，改善他们的生活条件，才能巩固已经取得的政权。在他看来，俄国是一个小农经济占优势地位、实行过长期的封建君主专制、文化落后的国家，是一个没有组织纪律性、缺乏管理的国家。在这种国家成长起来的无产阶级夺取政权后，不可能立即具备熟练的管理国家事务的本领，无法即刻确立起较完善的国家管理体制和方法。只有加强国家管理，无产阶级的国家政策才能得到落实，才能加强无产阶级的领导权，改变普遍存在的无组织无纪律现象、管理混乱现象，进而保证无产阶级把农民群众紧密地团结和组织起来，完成巩固政权的任务。

第二，只有加强国家管理，才能充分发挥社会主义制度的优越性，推动社会主义事业的发展。列宁指出，社会主义国家建立后，许多人往往忽视了扎扎实实的国家管理工作，以为不依靠国家"组织正确的管理"，社会主义就会自然而然地发展，就会立即赶上并超过资本主义。这是非常幼稚的想法。应该懂得，社会主义发展得如何，取决于社会主义国家制度同先进的管理经验和技术结合得如何、人们"经营"社会主义事业的本领如何。社会主义战胜、赶上甚至超过资本主义，除了历史的、经济的、文化的条件外，更重要的在于社会主义国家的管理工作。加强国家管理，就是通过它把社会主义制度的优越性充分发挥出来，为社会主义事业的发展创造良好的条件。

（2）国家管理的根本任务是进行经济建设。列宁认为，由于苏维埃国家的根本任务是进行经济建设，经济建设工作就是国家管理工作的根本任务和中心环节。在国家管理的实际工作中，列宁根据这种认识，并结合俄国的实际情况，提出了许多关于国家管理经济和更好地使经济发展为社会建设服务的主张。

第一，要把经济建设始终放在国家全部工作的首位。苏维埃政权建立不久列宁就指出，主要的意义不是政治，而是经济的时期已经到来了，无产阶级在剥夺和镇压方面的任务大体完成后，必然要把经济建设这个根本任务提到首要地位。无产阶级建立自己的国家不是为了别的，而是为了它的最主要最根本的利益，即增加产品数量，提高社会生产力，使人民获得更大更多的物质利益，更好地为社会主义社会建设事业提供物质基础和保障。随着新经济政策的实施和苏维埃社会主义事业的发展，列宁在对社会主义的看法有了根本变化的同时，进一步强调把经济建设当作国家工作重点的重要性。他认为，在无产阶级掌握着国家政权和生产资料的条件下，合作社制度就是社会主义制度，合作社的发展就等于社会主义的发展。阶级斗争、军事政治斗争等已不再是国家的主要任务。党和国家要坚定不移地抓住经济建设这个重点，围绕这个重点展开工作。

第二，要掌握一个国家经济建设的规律。列宁认为，仅仅懂得经济建设的重要性是不够的，在国家的经济管理和组织工作中，必须按照俄国经济建设的规律办事。首先，要注意经济建设的渐进性。他经常提醒全党注意，俄国是生产力发展程度低且发展不平衡的国家，改变这种状况只能通过坚持不懈的经济建设。其次，要明确不同时期经济建设的主要内容，党和国家要善于引导经济建设主要内容之间的转变。最后，要正确制订国家经济计划。国家经济计划起统一调节国家经济建设的作用。为了保证经济建设按规律办事，必须要求国家制订经济上有根据的计划，并要保证计划提案能切实完成。

第三，国家要有正确的经济政策。在小农经济占优势的国家建立社会主义物质基础，党和国家要解决的重要问题是制定正确的经济政策。列宁提出的问题是，通过什么样的劳动组织或经济制度提高劳动生产率，通过什么中间环节使工业经济同小农经济联结起来，最终达到改造小农经济，建立起社会主义物质基础的目的。在苏维埃政权建立初期，他认为这个中间环节就是实行国家的全民的生产统计和监督，由国家直接分配消费品，期望以此达到国家资本主义，再进入社会主义。但是，战争结束后，由于出现了一系列危机事件，列宁认识到通过国家法令直接过渡到社会主义是错误的政策。在落后的俄国，国家的经济政策必须有利于商品经济的发展，有利于工农间的商品交换。这就是新经济政策，即直接利用小资产阶级的资本主义，将其"作为小生产和社会主义之间的中间环节，作为提高生产力的手段、途径、方法和方式"①。列宁认为，通过上述政策，可以把小农占优势的经济引导到苏维埃的国家资本主义轨道上去，进而建立起社会主义的物质基础。

（3）国家管理机关的工作要制度化、科学化。列宁在国家管理的实际工作中感觉到，由于多种原因，苏维埃国家管理机关在国家管理中的作用发挥得不充分、不正常，工作效率低下，甚至到了"可悲"的程度。针对这种情况，他提出了一系列使国家管理机关工作制度化和科学化的原则。

第一，处理好党政关系，实行党政职能分开。党政不分是苏维埃国家管理机关作用发挥不充分、工作效率不高的主要原因，也是管理机构不完善的表现。在苏维埃政权初期和战争时期，党的领导机关不得不代做了国家管理机关的工作，并由此形成了以党代政的习惯。1920年以后，列宁深切认识到党政不分同官僚主义、拖拉作风、文牍主义和不负责现象的密切联系，认为党政不分是导致这些现象出现的重要原因。他十分明确地指出了理顺党政关系、实行党政分开的必然性和必要性，清楚地说明了党的领导机关同国家管理机关的关系。他指出，"党的任务则是对所有国家机关的工作进行总的领导"②，不予直接、具体地进行管理，不要频繁地、不正常地在细节上干涉国家管理机关的活动，不能把所有的事情（不论大小）都拿到党中央政治局去讨论决定，否则必然会使党放弃领导责任而陷入事务泥坑，必然束缚国家管理机关的主

---

① 列宁. 列宁选集：第4卷. 北京：人民出版社，1995：510.

② 列宁. 列宁全集：第43卷. 北京：人民出版社，1987：64.

动性。

第二，理顺管理机关内部的关系，明确职责，实行严格的管理制度。列宁主张，苏维埃国家管理机关内部要实行比旧政权更加严格的管理制度，以防止和克服旧的官僚习气，抵制小生产者的影响，使国家机关真正成为崭新的管理机关，担负起繁重的国家管理任务。严格管理制度，就是加强制度管理，通过科学的制度使管理机关的职权、责任、效率、奖惩等内容协调统一起来，促使管理机关在机构设置、职能划分、人员配备、人员素质和工作效率等方面能够不断地满足社会发展的需要。在列宁看来，加强制度管理的主要内容在于：一是要在制度上理顺管理机关内部各部门的关系，明确它们的职权范围；二是在制度上分类落实管理机关工作人员的责任，实行层层负责制，保证甚至"强迫"工作人员加强责任意识；三是在制度上明确奖励和惩罚的内容。

第三，管理机关要由内行主持，严格选拔管理干部，重视发挥专家的作用。列宁强烈感到，做国家管理工作的共产党员普遍缺乏管理本领，不善于担任组织者和管理者。他指出，没有内行管理，就没有科学管理，就没有高效率。为了把外行转变为内行，列宁首先要求做管理工作的共产党员在工作中努力学习，虚心向有经验的管理者求教，善于在实践中总结经验。同时，他主张党和国家建立专门学校，成批地培养、培训管理干部，大幅度地提高工作人员的管理水平，从根本上提高国家机关管理人员的素质。其次，他主张国家机关制定严格选拔干部的制度，保证国家能够广泛地、有计划地、公开地挑选全国最优秀的工农分子进入管理机关。最后，他要求管理机关重视发挥专家的作用，特别要发挥他们在国家决策方面的作用，他认为这是保证国家管理机关由内行主持的重要条件。

第四，管理机关要按实事求是的原则办事。按实事求是的原则办事是管理机关工作科学化的重要条件。列宁认为，苏维埃国家管理机关遵守这个原则，就需要它在实际的工作中处理好以下三个关系：一是要处理好管理内容与形式的关系。管理内容是根据一定的环境和条件提出来的，管理形式应该具有灵活性，内容要通过多种形式为自己开辟道路，而不能拘泥于一定的形式。二是要处理好前进与后退的关系。他经常讲，为了有效地管理，应该允许管理政策上的后退。三是要处理好成功与失败的关系。无产阶级在管理自己国家事务的实践中，出现某些挫折和失败是不可避免的。如果只有成功，没有挫折和失败，不通过摸索就能确立比较完善、完全适合实际情况的管理体制和方法，这在理论上是荒谬的。

第五，管理机关要不断地进行改革。列宁指出，社会主义国家管理机关有一个生长壮大的过程，其中要经过一系列的改革。在苏维埃政权初期他就提醒人们注意，不能把国家政权机关变成一种停滞不前的东西。后来，他在许多文件、演说、报告和论文中都尖锐地指出了改革国家管理机关的重要性。他认为，只有大胆地改革国家机关，打破那些习以为常的陈规旧习，才有利于精简机构，才能减少普遍存在的拖拉作风、官僚主义、文牍主义，提高工作效率。在改革方式上，他主张重视改革质量，不要追求数量；他主张通过试验，通过模范机关的创造性来带动整个国家机关的改革。

（二）经济管理

十月革命后，随着党和国家的工作重心转移到社会主义经济建设上来，列宁对经济管理问题格外重视，提出许多有价值的思想并付诸实施，对苏维埃俄国的经济发展和社会建设起到了重大推动作用。

（1）加强对国民经济的计划领导。合理制定国民经济的战略目标，搞好经济发展预测、总量调控、重大结构与生产布局规划，是促进经济发展的重要手段。早在1918年，列宁就指出："只有按照一个总的大计划进行的、力求合理地利用经济资源的建设，才配称为社会主义的建设。"① 为了保证劳动国防委员会对统一的经济计划工作的全面领导，列宁首先考虑建立一个实施计划的专门机构。1920年10月底，人民委员会根据列宁的提议建立了经济委员会，以协调所有经济部门的计划。列宁指出，科学的统一的经济计划要规划好各个生产部门的布局、生产方向，协调好其相互关系，从而使国民经济协调发展。列宁认为，制订计划必须善于把长远规划同当前任务结合起来。列宁同时指出，要确保经济计划的完成，就必须对计划的执行情况进行研究和检查。而行政管理人员则要根据这种研究，提出建议或采取措施，从而使计划顺利

---

① 列宁. 列宁全集：第35卷. 北京：人民出版社，1985：18.

实施。

（2）建立和实行经济核算制度。社会主义经济核算是指在社会主义制度下，有计划地管理企业的方法。它建立在企业用价值形式比较经济活动的消耗和成果、核算企业的耗费与收入的基础上，要求企业用销售产品的收入抵偿支出，并取得盈利。在苏维埃由"战时共产主义"过渡到新经济政策后，列宁首次提出社会主义企业要实行经济核算的思想。1921 年 8 月，列宁亲自签署的人民委员会《关于贯彻新经济政策原则》的指令中规定：对由国家自己直接管理的相当数量的大型企业或重要企业，要根据真正的经济核算原则进行经营。列宁把经济核算看作进行社会主义现代化建设必须运用的一项重要措施。列宁指出，新经济政策不但容许发展由国家调节的自由贸易和资本主义，而且也要求国营企业改行经济核算，即实行商业原则。这充分说明，列宁主张国营企业实行经济核算是苏维埃客观实际的需要和实践的产物，是建立在经济规律这一科学基础之上的。

（3）搞活企业、扩大企业的自主权。在由"战时共产主义"向新经济政策过渡时期，列宁认识到，"战时共产主义"高度集中的经济管理体制抑制了企业的生机与活力，不利于经济的发展。因此他主张，要振兴经济，政府就必须相应地放权，以扩大企业特别是大企业的自主权力。1921 年 5 月，俄共（布）第十次代表会议通过的列宁起草的《关于新经济政策问题的决议草案》中规定，要"扩大每个大企业在支配资金和物资方面的独立程度和首创精神"[①]。同年 9 月 14 日，列宁在为俄共（布）中央政治局起草的《关于组建国营托拉斯的决定草案》中进一步强调，要提高大企业在财政和经济上的独立自主性，扩大国营企业在财政和支配物资方面的权力。新经济政策实施过程使列宁和俄共（布）更加认识到，要想使国营企业取得好的经济效益，根本之点还是要扩大企业的自主权，以及发挥企业的创新精神。

（4）贯彻物质利益原则和奖励制度。为了推动苏维埃社会主义经济的发展，更好地贯彻社会主义分配原则，列宁提出必须贯彻物质利益原则和奖励制度。列宁主张必须把国民经济的一切大部门建立在同个人利益的结合上面。列宁指出，社会主义国家特别是经济基础落后的国家，

---

① 列宁 . 列宁全集：第 41 卷 . 北京：人民出版社，1986：328.

首先需要的是增加生产，发展生产力。而只有在企业中以及其他生产部门贯彻物质利益原则，把劳动者的劳动好坏、贡献大小同其个人利益结合起来，才能激发劳动者的劳动兴趣，才能"增加生产"。与物质利益相联系的是奖励制度。列宁指出，苏维埃政府力求使任何劳动的报酬一律平等，但在共产主义到来之前，绝不能给自己提出立刻实现这种平等的任务。因此，"在一定的时间内仍要给专家们较高的报酬"，同时，"也不能取消鼓励成绩优良的工作特别是组织工作的奖励制度"①。

为了推动经济的迅速发展和获得必要的利润，增加国家财政收入，列宁进一步提出按营业额和按利润提成分红。他在 1922 年 3 月 3 日《就财政人民委员部的提纲给俄共（布）中央政治局的信》中，要求各人民委员部、莫斯科苏维埃和彼得格勒苏维埃必须在一周内提出一项决议案，即在所有与经济工作有关的职员中开始实行按营业额和利润分成的制度。列宁还建议根据对外贸易人民委员部、合作社以及其他贸易机关的交易额和利润额来奖励苏维埃职员。这突出表明，列宁坚决主张对苏维埃职员按其对社会的贡献大小予以相应的报酬，多劳多得，少劳少得。

（三）文化管理

列宁在领导苏维埃社会主义革命和建设的过程中，看到了俄国的落后状态在很大程度上要归咎于文化的落后。列宁强调，文化问题对于发展生产力、建设社会主义社会具有特殊的意义。在无产阶级取得政权之后，文化落后就成为建设社会主义的主要障碍，因为生产力的提高、社会主义民主的发扬、道德水平的提高等的重大课题的解决，没有一项可以离开现代文明。为改变俄国文化落后的面貌，列宁提出了建设"文明的社会主义"的目标，强调"使文化和技术教育进一步上升到更高的阶段"②，是保证整个苏维埃建设获得成功所必须的。重视科学文化，必须重视知识分子的作用。列宁认为，没有科学家，没有具备各种专门知识、技术和经验的专门人才的参加，就不能建成社会主义。十月革命胜利后，关于如何加强社会主义文化建设和文化管理同加强经济建设一样

---

① 列宁．列宁全集：第 36 卷．北京：人民出版社，1985：89.
② 列宁．列宁全集：第 38 卷．北京：人民出版社，1986：176.

摆在了新生的苏维埃政权面前，而文化建设被列宁视为彻底改变苏维埃俄国落后面貌的重要问题。在具体实施文化建设和管理的过程中，列宁也提出了许多卓有建树的设想和主张，对苏维埃俄国改变文化落后状况做出了巨大贡献。列宁的文化建设和文化管理思想体现在以下重要措施上：

第一，注重对全体青年宣传马克思主义，培养其共产主义道德观念。列宁认为，青年一代是建设社会主义的未来希望和重要力量，他们文化素质的高低、掌握科技知识的多少直接关系到建设未来共产主义社会的进程。为使青年一代学好建设未来社会的本领，列宁对其提出以下基本要求：首先，要把书本知识与实际工作紧密结合。青年担负建设新社会的重任，在学习的同时必须把书本知识运用于工作，运用于生活。其次，要学习和掌握人类创造的一切知识财富。在新的历史条件下，青年必须吸取旧学校中有益于实现共产主义的东西，学习了解人类创造的一切知识财富。在这里列宁特别强调，苏维埃国家要利用学校这个场所，在青年学生中大力宣传马克思主义，使他们树立共产主义信念，这是成为真正合格的"共产主义青年"所必须掌握的知识。最后，要培养共产主义道德观念。列宁提出，青年一代"只有把自己的训练、培养和教育中的每一步骤同无产者和劳动者不断进行的反对剥削者的旧社会的斗争联系起来，才能学习共产主义"①。

第二，注重对农民开展文化教育工作。俄国是个农村人口占大多数的落后国家，革命胜利后，如何促进农村经济发展、提高农民生活水平是俄共（布）面临的重大难题，而要完成这项工作关键在于提高农民的文化水平，使其积极参加合作社。因为在列宁看来，合作社的发展就等于社会主义的发展。为促进合作社的建设和发展，列宁提出，必须在农民中开展文化工作。他指出："我们要做的事情'**仅有**'一件，就是要使我国居民'**文明**'到能够懂得人人参加合作社的一切好处，并参加进去……可是为要完成这一'仅有'的事情，就需要一场变革，需要有全体人民群众在文化上提高的一整个阶段。"② 此外，列宁还具体提出了促进农村文化建设的举措：首先，教会农民识字，使他们学会读书看报。只有这样，农民才能摆脱文盲的困扰，提高文化水平，改进自己的

---

①　列宁.列宁选集：第4卷.北京：人民出版社，1995：292.

②　同①769－770.

经营和改善国家的状况。其次，城市工人组成文化团体，经常下农村满足农民的各种文化需求。最后，农民要学会文明经商。列宁提出，农民要把革命热情与能写会算的商人本领结合起来，按欧洲方式经商，这样才能成为文明商人。

第三，注重发挥教师的作用。列宁认为，要建设社会主义文化，单靠共产党员是绝对做不到的，必须把旧制度下的教师改造成为拥护社会主义的工作者，发挥他们教书育人的重要作用。列宁强调指出："应当不断地加强组织国民教师的工作，以便使他们从资产阶级制度的支柱（在无一例外的所有资本主义国家里，他们一直是资产阶级制度的支柱）变成苏维埃制度的支柱，以便通过他们去争取农民，使农民脱离同资产阶级的联盟而同无产阶级结成联盟。"[1] 要完成这一工作，必须提高教师的地位，提高他们的觉悟和业务能力。列宁还把这一点看作俄共（布）和苏维埃政权"主要的事情"，并指出"应当把我国国民教师的地位提到在资产阶级社会里从来没有、也不可能有的高度"[2]。

第四，注重对机关工作者的文化素质与能力的培养。苏维埃国家机关建立后，因为缺乏有知识、有文化修养的人才，导致机关工作效率低下，不能文明地处理业务，并且出现严重的官僚主义。针对这些情况，列宁要求机关工作者要努力学习业务知识。他在《宁肯少些，但要好些》一文中提出："为了革新我们的国家机关，我们一定要给自己提出这样的任务：第一是学习，第二是学习，第三还是学习，然后是检查，使我们学到的东西真正深入血肉，真正地完全地成为生活的组成部分，而不是学而不用，或只会讲些时髦的词句。"[3] 在这里列宁三次提到"学习"二字，可见他对机关工作者加强学习的强烈呼唤。只有这样，才能克服官僚主义与拖拉作风，提高机关的管理水平，真正使机关成为数量少、质量高的为人民服务的部门。

第五，注重对资产阶级旧知识分子的教育改造工作。无产阶级夺取政权后，必须把资产阶级积累的对社会主义建设有用的经验、知识、技术由资本主义的工具很快变为社会主义的工具。在这一过程中就包含一个能否正确对待资产阶级旧知识分子的问题。苏俄的社会主义建设需要大量的知识分子与技术专家，但是当时具有各类知识和技术的专家大多

---

[1][2] 列宁.列宁选集：第4卷.北京：人民出版社，1995：764.
[3] 同[1]786.

是旧社会培养的，"与资产阶级有着千丝万缕的联系"。列宁提出，必须充分利用旧专家掌握的一切知识、经验、技术为社会主义建设服务，绝不能因为他们不同程度地"浸透了资产阶级世界观"而全盘否定甚至排斥他们。列宁强调指出："没有各种学术、技术和实际工作领域的专家的指导，向社会主义过渡是不可能的。"① 为了充分发挥旧专家的作用，列宁还指出："应该珍视每一个专家，把他们看作技术和文化的唯一财富，没有这份财富，什么共产主义也不可能实现。"②

列宁领导俄国十月革命胜利后，对如何进行社会主义文化建设和管理工作进行的不懈努力和探索，提升了人们对文化建设和管理在整个社会建设中的地位和意义的认识和理解，其中的一些重要思想和举措对于我国文化建设和文化管理工作也具有很好的借鉴和指导意义。

（四）社会管理

列宁在探索社会管理和社会建设的实践中，总是从如何把巩固政权与加强社会管理和社会建设两者统一的角度来思考问题，把国家观作为社会管理的理论基础，并以这种思想来指导社会建设和发展的实践。

十月革命之后，列宁在领导新型国家的社会建设过程中，提出了一系列带有过渡性质的社会管理原则和管理方法，如社会管理要坚持激励和效益相结合、坚持集中领导与民主管理相结合、坚持实行责任制、同官僚主义进行坚决的斗争、注重对管理人才的选拔与培养、加强管理知识学习从而成为管理的内行等。此外，列宁提出的"苏维埃政权＋普鲁士的铁路秩序＋美国的技术和托拉斯组织＋美国的国民教育等等等等＋＋＝总和＝社会主义"这一建设苏俄的著名公式，强调的是利用资本主义国家的先进技术和资产阶级专家方面的思想智慧，特别是如何对待资产阶级专家的问题，包括发展生产力要立即广泛地和全面地利用资产阶级专家、资产阶级专家同广大群众的结合是"通往社会主义新社会的桥梁"、资产阶级专家代表"最大限度的管理效率"、用高薪吸引资产阶级专家等。这些使新社会实现有效管理的原则和方法反映了列宁对社会建设的周密思考和整体规划，展示了列宁对苏俄社会建设的重视和全方位

---

① 列宁.列宁选集：第 3 卷.北京：人民出版社，1995：482.
② 列宁.列宁全集：第 38 卷.北京：人民出版社，1986：242.

的谋略。

透过列宁对国家建设与社会建设问题的论述和他所制定并实施的各种方针政策可以发现，列宁的国家观与其社会管理思想有着密切的联系。他在专门研究国家问题时也关注社会管理的内容，强调社会管理是国家作用的重要组成部分。他对社会管理问题的研究贯穿着国家建设的基本思想，强调国家在社会管理方面的巨大作用。这两个方面的思想是有机统一的，只有从这种有机统一体的角度才能从深层次理解列宁的国家观与社会管理思想。

列宁对新型国家管理社会的方式和措施进行阐述的过程展示了他的管理思想。新型国家管理社会的方式是什么呢？"计算和监督，——这就是把共产主义社会**第一阶段**'调整好'，使它能正常地运转所必需的**主要条件**。在这里，**全体**公民都成了国家（武装工人）雇用的职员。**全体**公民都成了**一个**全民的、国家的'辛迪加'的职员和工人。全部问题在于要他们在正确遵守劳动标准的条件下同等地劳动，同等地领取报酬。对这些事情的计算和监督已被资本主义**简化**到了极点，而成为非常简单、任何一个识字的人都能胜任的手续——进行监察和登记，算算加减乘除和发发有关的字据。"① "整个社会将成为一个管理处，成为一个劳动平等和报酬平等的工厂。"② 这就是作为过渡性的新型国家集中领导经济、管理社会的具体形式，是列宁对即将成为"统治阶级"的无产阶级如何进行社会管理的理论探索。列宁的这些思想把马克思恩格斯关于国家所具有的经济职能的论述更具体和清晰地凸显出来了。

列宁不仅从理论上对国家的管理问题进行论证，而且进一步设想管理的具体制度，在所有制、生产、商品交换和分配等方面都做出了明确的设想：在所有制方面，逐步地实行土地、银行和大工业国有化的措施，在此基础上，实行国家对社会产品的生产和分配的统计和监督；在生产方面，国家不仅直接管理经济，而且直接组织、指挥生产，"坚决实行全国范围的经济生活的集中化"，建立起"国家的生产"，把全国变成一个大工厂，一个使几百万人都必须遵照一个计划工作的经济机体，由最高国民经济委员会统一管理和调整；在商品交换方面，取消市场，禁止私人交换，并打算取消商品货币，向产品交换过渡；在分配方面，

---

① 列宁.列宁选集：第3卷.北京：人民出版社，1995：202.
② 同①202－203.

国家对居民消费按计划实行统一分配，要求全国公民都必须加入当地的消费合作社，每个消费合作社除了采购和分配产品以外，还要经营当地产品的销售，而私人如果没有供给委员会的书面证明，则不许运输和买卖任何产品。

在十月革命刚刚成功之后，列宁就以这一思想指导社会实践，不断在实践中检验和调整这一理论的准确性，"现在一切都**在于实践**，现在已经到了这样一个历史关头：理论在变为实践，理论由实践赋予活力，由实践来修正，由实践来检验"①。这里所说的"实践"就是"经济具有主要的意义"。这是一个质的转变，一个全新的转变，新型国家的巩固与发展不仅需要掌握坚强有力的国家暴力机器，更要通过国家进行有效的社会管理，迅速发展经济。在关于《苏维埃政权的当前任务》的提纲中，列宁明确指出：提到日程上来的主要任务是如何管理俄国。组织正确的管理，坚定不移地执行苏维埃政权的决议，是苏维埃的迫切任务，是苏维埃类型的国家取得完全胜利的条件。这种类型的国家只是以法令形式宣告成立是不够的，只是在全国各地建立起来是不够的，还必须实际地组织好，并且通过正规的、日常的管理工作加以检验。

列宁对这种新的实践不断地进行探索，"战时共产主义"政策和新经济政策就是这种探索的反映。虽然"战时共产主义"政策和新经济政策是有重大区别的社会发展战略模式，但是，作为列宁的思想产物，二者始终贯穿着一条不变的主线，这条主线就是国家在社会管理过程中的重要意义，尽管国家在这两种模式中起作用的方式和发挥作用的程度不同。

"战时共产主义"政策是列宁关于如何管理社会的最初设想，被称为列宁的直接过渡思想，是列宁曾设想的采取一系列措施逐步消灭商品经济，建立起直接由国家统一对产品进行生产和分配的制度。这种政策的具体措施是：在粮食问题上采取"余粮收集制"，国家实行粮食垄断；在交换和分配问题上，禁止贸易自由，用有计划有组织的产品分配来代替自由贸易，最迅速、最有计划、最节省地和用最少的劳动来分配一切必需品等。从这些措施来看，列宁是想通过无产阶级的国家政权来消灭资本主义经济，对社会产品的生产和分配采取共产主义的管理方法，这

---

① 列宁．列宁全集：第33卷．北京：人民出版社，1985：208.

是最大程度地发挥国家在社会管理中的作用的体现，是国家观在实践上的直接运用。但是，"战时共产主义"政策的实践结果使列宁认识到，在小农经济占优势的国家里，试图用无产阶级国家下命令的办法消灭资本主义、实现"直接过渡"，不仅不能达到目的，反而会阻碍社会过渡的进程。所以，1921 年 3 月，在俄共（布）第十次代表大会上，列宁果断地废除了"战时共产主义"政策，采取了新经济政策。狠抓新经济政策，使小农、小手工业者、小商人、私营企业主等可以自由地组织生产和经营，国有企业也获得了许多自主经营的权利。在这种情况下，国家如何实现对经济活动的管理呢？为此，列宁进行了大量的实践活动，提出了极为重要的理论观点，其中的核心就是在理论上说明为什么和如何利用国家资本主义的问题。

作为一种经济形式，国家资本主义既可以存在于资本主义制度的国家中，也可以存在于无产阶级政权的国家中，因为国家资本主义的性质取决于国家政权的性质，取决于国家为谁的利益服务。"在政权属于资本的社会里的国家资本主义和无产阶级国家里的国家资本主义是两个不同的概念。在资本主义国家里，所谓国家资本主义，就是资本主义得到国家的认可并受国家的监督，从而有利于资产阶级而不利于无产阶级。在无产阶级国家里，做法相同，但是这有利于工人阶级，目的是为了和依然很强大的资产阶级抗衡和斗争"①。

综上所述，作为管理社会的两种不同模式，"战时共产主义"政策和新经济政策与列宁国家观都有不可分离的联系，这两种模式之所以导致不同的历史结果，主要是因为国家运行的方式和起作用的程度不同。"战时共产主义"政策是国家直接管理社会的模式，国家的作用发挥到了极限；新经济政策是国家间接管理社会的模式，国家只是发挥它的监督和调节作用。由此可以看出，列宁的社会管理思想始终贯穿着国家的理念，社会管理的立足点就是他的国家观。这一理论对于我国当今的社会建设和发展也有重要的现实意义。当前，我国融入国际社会的程度越来越高，国家面对全球化的现实，既应该思索如何发挥它的对外对内的职能，也应该思索如何发挥我们的制度优势以更好地实现社会主义政治文明。

---

① 列宁. 列宁全集：第 42 卷. 北京：人民出版社，1987：50.

三、社会主义社会管理体制的建设

社会管理的目标是促进社会公平与公正，消除或减少社会问题，保障人民的福祉随经济发展而不断得到发展。为建立和完善社会管理体制必须建立与经济发展相适应的社会管理系统和机制，做好社会管理的基础性工作，大力支持社会领域的公共事务，妥善解决社会管理体制改革的整体推进问题。列宁虽然没有直接提出如何建立社会管理体制的问题，但他的社会管理思想中包含了建设社会管理体制应有的一些基本方面。

（一）重视社会管理理论研究和社会管理知识的普及，提高管理效率

重视社会管理理论研究和社会管理知识的普及是提高人们的管理意识和管理理念的前提和基础，是建立社会管理体制的基础性工程。列宁关于社会主义社会管理体制基础性工程应该如何建立的思想更多地体现在他的国家管理理念中，要建立有效的、符合国家整体建设所需要的管理体制，管理理论的研究、管理知识的学习和普及至关重要。他在《宁肯少些，但要好些》一文中多次提到这个问题。对此，列宁首先要求各级领导和机关的工作人员都要钻研和学习管理理论和管理实践经验，并能把这些理论和好的管理经验实际地运用到自己的管理实践中。他还积极倡导管理专家能够参与和指导国家和社会的实际管理工作，注意发挥各类专家在管理中的作用，强调要在党和国家的一些高级领导机关中吸收专家组成"专家委员会"。其次要重视提高管理效率，改善工作作风，克服官僚主义，防止腐败。建立必要的工作责任制，精减人员、压缩编制、厉行节约是提高管理效率的必要手段。要克服官僚主义就应当让全体人员都参加管理工作，并始终不渝地与官僚主义做长期的斗争。为防止工农检查院官员走向腐败，列宁提出两项要求：第一是政治上可靠，"他们应该是高度熟练、经过特别审查、非常可靠的人"[①]；第二是高

---

① 列宁．列宁选集：第4卷．北京：人民出版社，1995：781.

薪，"要给他们很高的薪金，使他们完全摆脱目前工农检查院官员们的真正不幸的（如果不说得更重的话）处境"①。列宁提出要加强制度建设，建立和完善管理机关的工作准则，而且工作准则应具体到每个人在一定时期内所从事的工作量上。精简和效率是相统一的，国家机关要有高效率，就要实行精简；提高效率的另一个重要方面，就是要厉行节约，这是加强管理和提高效率必须高度重视的问题。

列宁在亲自领导的第一个社会主义国家的社会主义建设中，提出的关于如何管理好新型国家的一系列思想是对马克思主义国家学说的继承和发展。他晚年著作中涉及了大量的关于社会主义国家行政管理的思想，这些思想主要体现在他对社会主义经济、政治和组织制度及社会管理进行必要的"改良"或改革的思考中。列宁认为，作为马克思主义的革命家不仅应懂得并正确采用"革命方法"，同时也要注意运用适当的"改良方法"。前者针对旧社会各项制度的彻底摧毁，后者则针对新型社会中原有各项制度的完善。列宁关于社会主义社会建设和管理的思想具有强烈的现实针对性，这些思想丰富和发展了马克思主义社会管理思想，是列宁晚年思想的重要内容。

（二）共产党是社会主义社会组织和管理的领导核心

社会主义社会组织和管理的领导核心问题是整个社会管理体制的支柱，是实现社会管理全部职能的依靠力量，列宁曾针对当时苏俄的实际情况进行了探索和总结。

在外国武装干涉和国内战争结束后，苏维埃政权的各项工作逐渐走上了建设轨道。在这期间俄国也出现了一些新的矛盾和关于领导权的斗争。在十月革命胜利后的初期，由于国家的各项管理机关还没有健全，工会除了执行工人监督外，几乎成了能够担负起组织和管理生产的唯一机关，以后又与国家最高国民经济委员会共同组织对企业的国家管理。当俄国社会主义建设步入正轨时，关于工会在社会主义建设中的作用和任务问题，在党内就产生了意见分歧。托洛茨基坚持"工会国家化"，主张按照各个工业部门把经济机关和工会合并，执行行政管理和经济管

---

① 列宁．列宁选集：第 4 卷．北京：人民出版社，1995：781.

理的职能。以施略普尼柯夫等人为代表的"工人反对派"则提出"国家工会化"，主张由各种产业中的工会代表选出中央机关来管理整个国家的建设，将工会与苏维埃政权对立起来。

这场争论的实质是在社会主义社会建设和管理中要不要坚持党的领导的问题。列宁针对这场争论发表了一系列重要文章，批评"工人反对派"特别明显地暴露出来的工团主义倾向，指出"只有工人阶级的政党，即共产党，才能团结、教育和组织无产阶级和全体劳动群众的先锋队，而只有这个先锋队才能抵制这些群众中不可避免的小资产阶级动摇性，抵制无产阶级中不可避免的种种行业狭隘性或行业偏见的传统和恶习的复发，并领导全体无产阶级的一切联合行动，也就是说在政治上领导无产阶级，并且通过无产阶级领导全体劳动群众"①。工人阶级不仅在取得政权之前，而且在夺取政权时期，在掌握政权之后，都需要共产党的领导。为了顺利推进社会主义建设事业，必须继续毫不动摇地坚持共产党的领导，这是社会主义建设取得胜利的根本政治保证。

列宁在批评托洛茨基的错误观点时，科学地阐明了党、国家政权和工会之间的正确关系。他充分肯定工会在社会主义社会建设和管理中的重要作用，认为工会是建立先锋队和群众之间的联系的纽带，是具有最广泛群众基础的工人阶级组织，正确调节各种不同性质不同类型的矛盾是工会的重要任务。"但是，工会却不是国家组织，不是实行强制的组织，它是一个教育的组织，是吸引和训练的组织，它是一所学校，是学习管理的学校，是学习主持经济的学校，是共产主义的学校。"② 列宁阐明了共产党应是社会主义社会建设和管理的领导核心的思想。

社会主义的全部事业必须由无产阶级政党领导。列宁指出，党是有组织的整体，这是工人阶级政党之所以成为有组织部队的一个重要标志。党如果不能形成一个有机的整体，就无法实现领导，有组织的部队也就成了一句空话。他在《进一步，退两步》中则更明确地提出，党应当是组织的总和（并且不是什么简单的算术式的总和，而是一个整体）。党是有机的整体组织，具有三个基本特点：一是有组织的整体，二是有内在联系的整体，三是有领导的整体。单个无产者是无能为力的，而组织起来的无产者形成一个战斗的机体，它就是不可战胜的。也就是说，

---

①　列宁．列宁选集：第 4 卷．北京：人民出版社，1995：474.

②　同①368.

党一旦组织起来，就会产生统一的意志，而党的统一意志就会变成阶级的意志，形成强大的凝聚力、召唤力和战斗力，就能攻无不克、战无不胜。

无产阶级执政党在社会主义革命和建设中的领导地位不是自封的，而是历史发展的必然结果。在无产阶级取得政权并成为执政党后，无产阶级执政党仍然要通过各种群众组织把群众组织起来，还要建立各种无产阶级的政权组织和军事组织，为巩固无产阶级专政和逐步实现党的最终目标而努力。无产阶级要完成自己的历史使命。在众多的阶级组织和群众组织中，只有无产阶级政党是最高组织形式，是起领导作用的核心组织。对此，列宁曾提出著名的原理，党是"无产阶级联合的最高形式"。列宁之所以要如此突出地强调党在各种组织中的地位和作用，首先是因为这些组织本来就是党根据革命发展的需要组织和建立起来的，党是这些组织的组织者和领导者，负有政治上的领导责任，应当成为整个无产阶级事业的领导核心。

（三）加强法制建设，实现社会管理法制化

加强法制建设，实现社会管理法制化是实现高效而规范的社会管理的重要保障。无产阶级取得政权、建立社会主义国家之后，究竟依靠什么来治理国家、实行何种治国方略，这是一个长期未得到很好解决的历史性课题。俄国十月革命后，随着政权的巩固和经济、文化的发展，列宁开始关注法制建设问题，他指出："我们的政权愈趋向稳固，民事流转愈发展，就愈需要提出加强革命法制这个坚定不移的口号。"[①] 他认为，建设社会主义、实现共产主义需要法律，需要依法治国。

列宁强调要通过加强立法和完善法制来实现依法治国。当无产阶级革命首先在彼得格勒取得胜利的第一天，列宁就起草了四个重要法令，即《告工人、士兵和农民书》《和平法令》《关于成立工农政府的决定》《土地法令》。在列宁领导的苏维埃国家建设时期，先后制定了两部宪法即 1918 年苏俄宪法和 1924 年宪法，与此同时还制定了大量各部门法律并且开始编纂法典，到 1923 年已相继颁布了《苏俄婚姻、家庭和监护

---

① 列宁.列宁全集：第 42 卷.北京：人民出版社，1987：353.

法典》《苏俄刑法典》《苏俄民法典》《苏俄土地法典》《苏俄劳动法典》《苏俄刑事诉讼法典》等，他在最短的时期内初步建立起了社会主义法律体系。列宁不仅强调健全法制，而且特别强调要保证法制的统一。他指出，法制不能是卡卢加省的法制、喀山省的法制，而应是全俄统一的法制，甚至是全苏维埃共和国联邦统一的法制。为此，列宁通过苏维埃第八次代表大会确定全俄中央执行委员会及其主席团和人民委员会为立法机关，其他任何机关都无权制定和颁布在全国通行的法律，这从源头保证了全国法制的统一。

实现对国家和社会的有效管理，仅靠制定和完善法律法规和改革执法体制是远远不够的，还必须严格执行和遵守法律。列宁强调，必须遵守严格的革命秩序，必须恪守苏维埃政权的法律和命令，并监督所有人来执行。法律制定得再完备，若得不到执行，那无异于一纸空文。在这方面，列宁提出一个极其重要的思想，就是共产党员尤其必须遵守法律。绝不允许利用执政党的地位规避法律，共产党员因一般刑事案件交法庭审判时应加重判罪，消除任何利用执政党地位从轻判罪的可能性。他指出，对共产党员的惩办应比非党人员加倍严厉，这是起码常识。

为保证法律全面准确地实施，就必须创制和完善法律监督体系，这是实现依法治国和有效管理的重要环节。首先，建立和完善国家的监督机构。在列宁的亲自领导下，1918 年设立了监察人民委员部，1920 年改组为工农检查院。1923 年列宁又向党中央建议，把工农检查院和中央监察委员会结合起来，使之拥有更高的威信和更广泛的权力，并指出检察长有权利和义务做的只有一件事：注意使整个共和国对法制有真正一致的理解，不管任何地方差别，不受任何地方影响。其次，列宁强调要实现"从下面""自下而上"的监督。他指出，热情欢迎群众来信来访，不管是揭发、批评、意见、建议、申诉等，都能直接或间接地暴露国家机关或工作人员的问题，对政权建设大有裨益。再次，列宁强调要重视舆论监督。在 1923 年俄共（布）第十二次代表大会上列宁指出，工农检查院和中央监察委员会应当有系统地有计划地利用苏维埃的和党的报刊来揭发各种犯罪行为（懒怠、受贿等）。最后，列宁还重视知识分子在监督工作中的作用。他指出，吸收知识分子和专家是为了把具有真正现代水平的人才，即不亚于西欧优秀模范的人才集中到工农检查院中来，以便提高工农检查院的工作效能。

　　综上所述，列宁在领导人类历史上第一个社会主义国家建设和发展的过程中，在实现巩固政权、建设国家、发展民主、改善经济、提升文化和培育人民方面都取得了重大成果，顺利完成了社会主义国家建立之初新旧政权和新旧体制的过渡，全面开创了苏维埃社会主义国家建设的新局面，这些成就的取得得益于高效务实的管理。列宁所建构的管理理论和所进行的管理实践是丰富而全面的，覆盖了社会生活的方方面面，其中一些重要的管理理念、管理方法和管理原则是带有普适性的方法论准则，它不仅适用于一个国家内部不同领域的管理，而且适用于具有相同社会性质的不同国家的管理，尤其对我们今天中国特色社会主义社会建设和社会管理具有重要的指导意义和借鉴价值。

后 记

　　本书是国家哲学社会科学重大基金项目"马克思列宁主义、毛泽东思想、邓小平理论和'三个代表'重要思想论社会主义社会建设"（批准号05&ZD039）最终成果的部分内容。本书稿完成于2010年10月，出版前部分内容做了修改。

　　本书编写分工如下：

　　导论主要由梁树发撰写，黄刚、杨奎、袁方等为导论撰写提纲及部分初稿。

　　参加"马克思恩格斯论社会主义社会建设"写作的成员有张新、刘明合、赵成、郜世奇、白琳、苗贵山、李建国、韩华，由张新统稿。

　　参加"列宁论社会主义社会建设"写作的成员有梁树发、潘西华、黄刚、赵兴罗、冯海波、袁方、隋秀英，由梁树发统稿。

　　全书由梁树发统稿，张永光协助。

　　感谢中国人民大学出版社"马克思主义研究论库"编委会将本书列入国家出版基金项目"马克思主义研究论库"第二辑出版。中国人民大学出版社的编辑们为本书的出版付出了辛勤劳动，在此表示衷心感谢！

　　社会主义社会建设总的来说还是一个新的课题，由于我们对于这个问题的认识还不够深刻，研究水平有限，本书难免有不当之处，敬请读者批评指正。

梁树发

2018年7月25日

图书在版编目（CIP）数据

马克思恩格斯列宁论社会主义社会建设/梁树发主编.—北京：中国人民大学出版社，2018.9

（马克思主义研究论库. 第二辑）

ISBN 978-7-300-23745-9

Ⅰ.①马… Ⅱ.①梁… Ⅲ.①马克思主义-社会学-研究 Ⅳ.①A811.64

中国版本图书馆 CIP 数据核字（2016）第 288045 号

国家出版基金项目

马克思主义研究论库·第二辑

马克思恩格斯列宁论社会主义社会建设

梁树发　主编

Makesi Engesi Liening Lun Shehui Zhuyi Shehui Jianshe

出版发行	中国人民大学出版社	
社　　址	北京中关村大街 31 号	**邮政编码**　100080
电　　话	010 - 62511242（总编室）	010 - 62511770（质管部）
	010 - 82501766（邮购部）	010 - 62514148（门市部）
	010 - 62515195（发行公司）	010 - 62515275（盗版举报）
网　　址	http://www.crup.com.cn	
	http://www.ttrnet.com（人大教研网）	
经　　销	新华书店	
印　　刷	涿州市星河印刷有限公司	
规　　格	160 mm×235 mm　16 开本	**版　　次**　2018 年 9 月第 1 版
印　　张	18 插页 3	**印　　次**　2018 年 9 月第 1 次印刷
字　　数	283 000	**定　　价**　78.00 元